サンエイ新書
22

戦況図解
信長戦記

小和田哲男 監修
Owada Tetsuo

はじめに――

織田信長の伝記としては、信長の家臣だった太田牛一が著した『信長公記』が一番詳細で、かつ信憑性も高く、信長が直接あるいは間接に関わった戦いは、『信長公記』に依拠する形となる。ところが、『信長公記』は文字だけで、たとえば、敵対する相手と対峙する場面が描かれていても、地名だけでは、その距離感がつかめないので、どうしても臨場感に欠ける憾みがある。

その都度、地図を取り出して確かめることになるが、結構、手間がかかる。もちろん、姉川の戦いとか、長篠・設楽原の戦いなど、超有名な合戦は対陣図などが作られているが、小さい戦いなども含め、戦況を視覚的につかめる図が欲しいと以前から考えていた。本書『戦況図解信長戦記』は、そのような狙いから編集されたものである。

また、近年、城跡や古戦場を実際に探訪する人が増えているように思われる。城と城の位置関係を知って歩く場合と、知らないで歩く場合とでは得られる成果はかなり違うのではないかと考えている。古戦場ガイドブックの役割も果たせるのではないだろうか。

なお、これまでにも、信長と合戦に焦点を当てた本は何冊も出ているが、本書の特徴の一つは、信長のその時点に置かれている状況を図解で示していることである。誰と誰が手を結んで信長と敵対していたかを文章で説明するのは難しいし、理解するのも大変である。しかし、図解だと一枚の図で納得できるということも少なくない。本書では、そのような図解も試みている。

よくいわれるように、研究は日進月歩である。それは、信長の戦いにおいても例外ではない。十年前、二十年前の通説はかなり書き換えられており、本書では最新の研究成果を盛りこんだつもりである。史料も新しいのが見つかっており、考古学的発掘調査によって新しい理解が生まれているものもかなりある。ということは、今後の研究によっては、本書で展開された内容も、将来的には書き換えが必要になってくるかもしれないことを意味するわけであるが、現時点での最新研究成果はお届けできたのではないかと考えている。

小和田哲男

第二章　天下布武

第三章　野望、果つ

第四章　信長没後の戦国情勢

もっと知りたい！　戦国合戦の舞台裏──

序章

信長以前の尾張情勢

越前国の荘官から尾張国の守護代へ

織田家の系譜

◆越前国にはじまる織田氏

全国に戦国大名が割拠する中、一躍「天下人」に近い存在にまで上り詰めた織田信長《おだのぶなが》。もともと織田氏は、越前国織田荘《おたのしょう》の荘官をつとめた家柄であったと伝わる。諸系図によると平重盛《たいらのしげもり》の次男資盛《すけもり》の子・親真《ちかざね》が祖であるとされるが、一方で、越前国織田劔《つるぎ》神社の神官・忌部《いんべ》氏を祖とする説もあり、その出自については判然としない。

その織田氏が荘官から有力な**国人**へと成長を遂げたのは、十四世紀後半のことであるという。室町幕府の**管領**《かんれい》で越前国の**守護**であった**斯波義重**《しばよししげ》**（義教**《よしのり》**）**に仕えるようになったのである。応永七年（一四〇〇）頃に斯波氏が尾張国の守護を兼任すると、応永九年（一四〇二）頃、織田教広《のりひろ》（常松《じょうしょう》）が尾張国**守護代**に任じられた。ここに、織田氏は尾張に進出することになった。

国人
地方の荘官や地侍などが自立し、領主化したもの。国衆とも呼ばれる。

管領
室町幕府将軍を補佐し、政務全体を管理する職。室町中期以降、足利一門の細川、斯波、畠山の三家が交代で就任するのが常態化した。

守護
鎌倉時代、各

織田家略系図

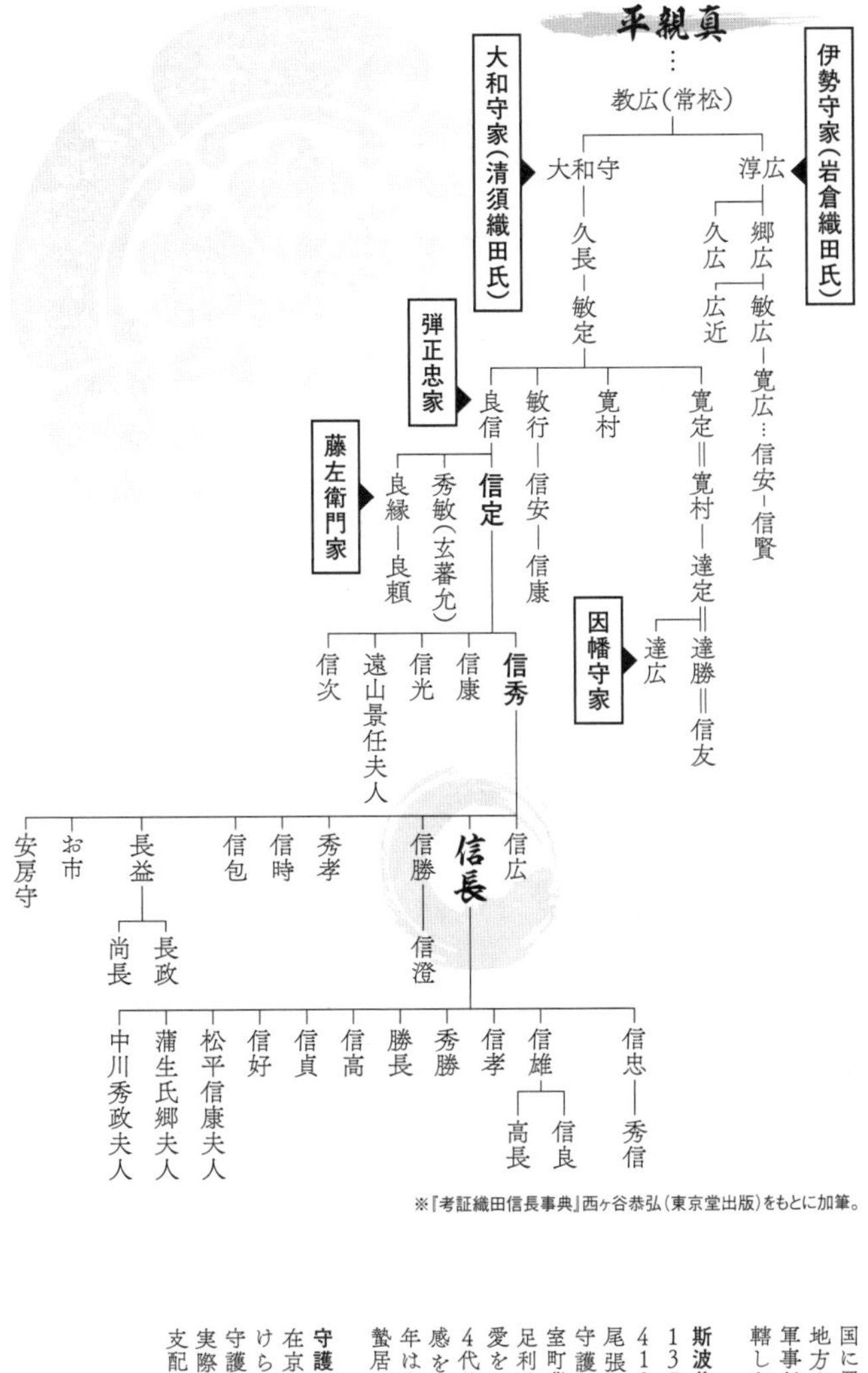

※『考証織田信長事典』西ヶ谷恭弘(東京堂出版)をもとに加筆。

国に置かれた地方官のこと。軍事行政を統轄した。

斯波義重
1371～1418。越前、尾張、遠江の守護を兼任。室町幕府3代足利義満の寵愛を受けるが、4代義持の反感を買い、晩年は高野山に蟄居した。

守護代
在京が義務づけられていた守護に代わり、実際に現地の支配にあたる。

◆織田家の分裂

その後も尾張国守護代の地位は淳広《あつひろ》、郷広《さとひろ》、久広《ひさひろ》、敏広《としひろ》と教広の血筋が受け継いでいったが、一方で、主君である斯波氏は義重ののち義敦《よしあつ》、義郷《よしさと》、義健《よしたけ》と短命の当主が続き、十五世紀中頃には義敏《よしとし》と義廉《よしかど》が家督を巡って激突。**応仁・文明の乱**では義敏は東軍に、義廉は西軍に与し、覇を競った。この斯波氏の家督争いに巻き込まれる形で、織田家も分裂を余儀なくされる。岩倉城にあった織田敏広の伊勢守《いせのかみ》家は義廉側に、清須城にあった織田敏定《としさだ》(貞)の大和守《やまとのかみ》家は義敏側に加担したのである。

文明九年(一四七七)十一月、西軍の解散に伴って京における応仁・文明の乱が終結すると、翌年八月、室町幕府八代将軍足利義政・義尚《よしひさ》父子は敏定を尾張国守護代に任じ、尾張国の凶徒、斯波義廉・織田敏広を討伐し、尾張に安定をもたらすよう命じた。しかし敏広も女婿である美濃の斎藤妙椿《みょうちん》の助力を得て反撃に転じ、敏定方の諸城に攻め入る。同族争いが繰り広げられる中、文明十一年(一四七九)正月、両者の間に和議が成立。のち、敏広が尾張国上四郡(丹羽《にわ》・羽栗《はぐり》・中島《なかしま》・春日井《かすがい》)を、敏定が下四郡(海東《かいとう》・海西《かいさい》・愛知《あいち》・知多《ちた》)を支配することとなったのであった。

その後も両家の対立が続く中、大和守家の当主は敏定ののち寛定《とおさだ》、寛村《とおむら》(寛定の弟)、

応仁・文明の乱 室町幕府8代足利義政の後継を巡る争いと畠山家、斯波家の家督争いに管領・細川勝元と守護・山名持豊が介入して勃発。

達定《たつさだ》（寛定の子と推測）、達勝《たつかつ》（達定の子と推測）と続いた。そして達勝の時代に三奉行、すなわち因幡守《いなばのかみ》家、藤左衛門《とうざえもん》家、弾正忠《だんじょうのじょう》家が大和守宗家を支える体制が確立したのである。

このうち、信長を輩出した弾正忠家は信長の祖父・信定《のぶさだ》（貞）の時代に勝幡《しょばた》城を築くと、尾張第一の湊町で牛頭天王《ごずてんのう》社《しゃ》の門前町・津島《つしま》と清須《きよす》・萱津《かやつ》を結ぶ交通の要衝を押さえ、三奉行家の中でもっとも強大な権勢を誇った。

尾張国要図

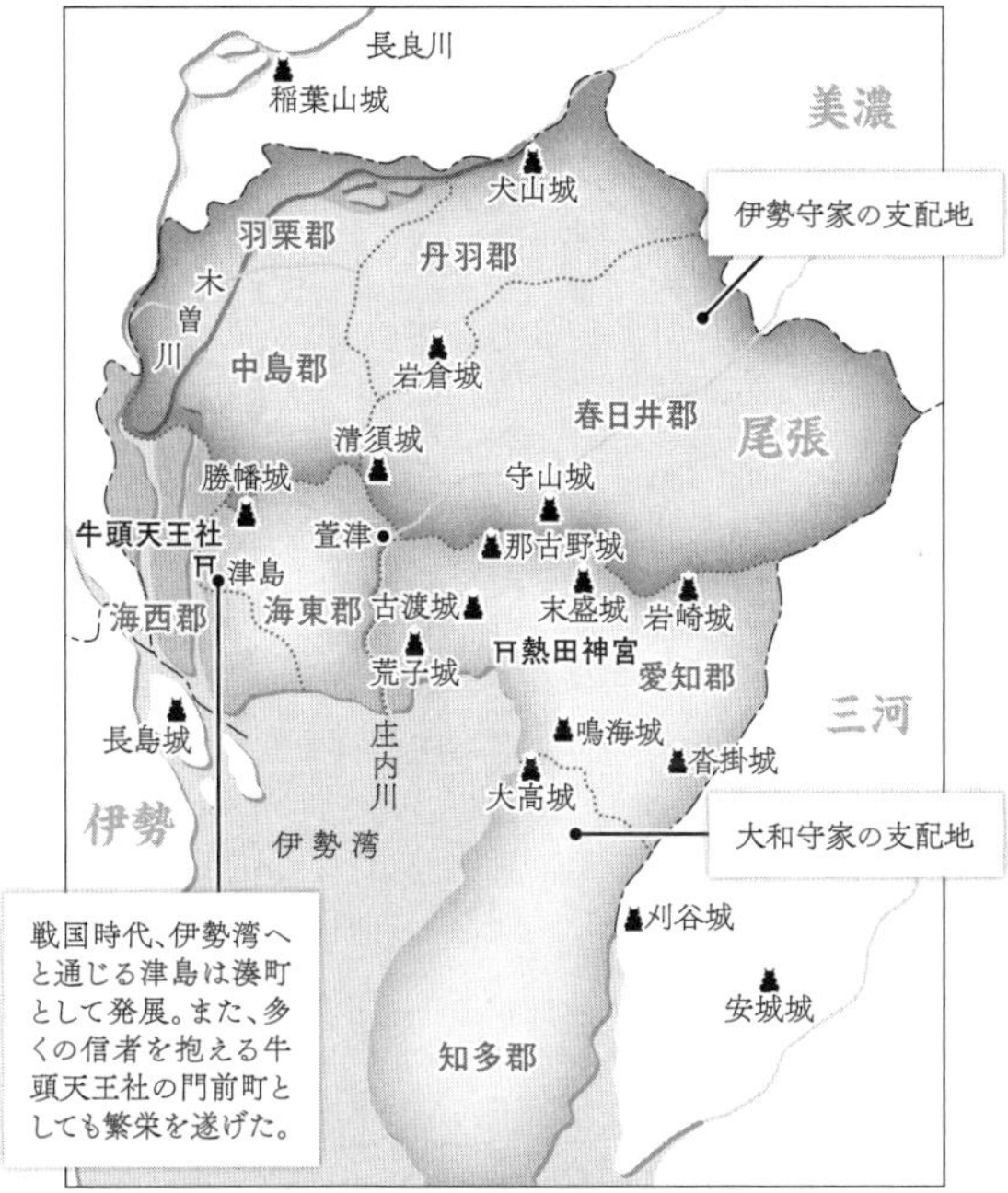

尾張国内で伊勢守家と大和守家が相争う中、信長の祖父・信定は津島を押さえることで大きく台頭した。

経済力をもって織田家中に台頭した信秀

織田信秀の時代

◆織田弾正忠家の新たな経済基盤・熱田

伊勢湾に向かって開かれた湊町・津島を掌握し、弾正忠家を経済的に発展させた織田信定。その跡を継いだのは信長の父・信秀《のぶひで》で、大永六年（一五二六）四月から同七年（一五二七）六月までの間に家督を継承したと見られている。

当時の尾張国守護代は織田達勝であるが、『言継卿記《ときつぐきょうき》』によると、天文元年（一五三二）、信秀は達勝、及び信秀と同じく清須三奉行家の一であった小田井《おたい》の織田藤左衛門と抗戦状態にあったといい、同年、和睦に至った。両者が対立した理由は不詳だが、弾正忠家が勢力を伸長しつつあった状況に達勝らが危機感を抱いたためだと推測されている。

天文三年（一五三四）に嫡男・信長が誕生した頃、隣国三河の松平清康《まつだいらきよやす》（徳川家《とくがわいえ》康《やす》の祖父）が勢力を伸長し、天文四年（一五三五）、尾張東部へと侵攻してきた。しかし清康が家臣に殺害されるという事件（守山《もりやま》崩れ）が起きると、以降、松平宗家は駿河の今川氏の庇護下に入ることとなり、その権勢は失墜した。こうして三河からの圧力が弱まると、信秀は達勝と連携して天文七年（一五三八）、※**今川氏豊《うじとよ》から那古野《なごや》城を奪い**、拠点を勝幡城から那古野城へと移した。翌年には古渡《ふるわたり》城を築き、熱田神宮の門前

勢力拡大を図る信秀

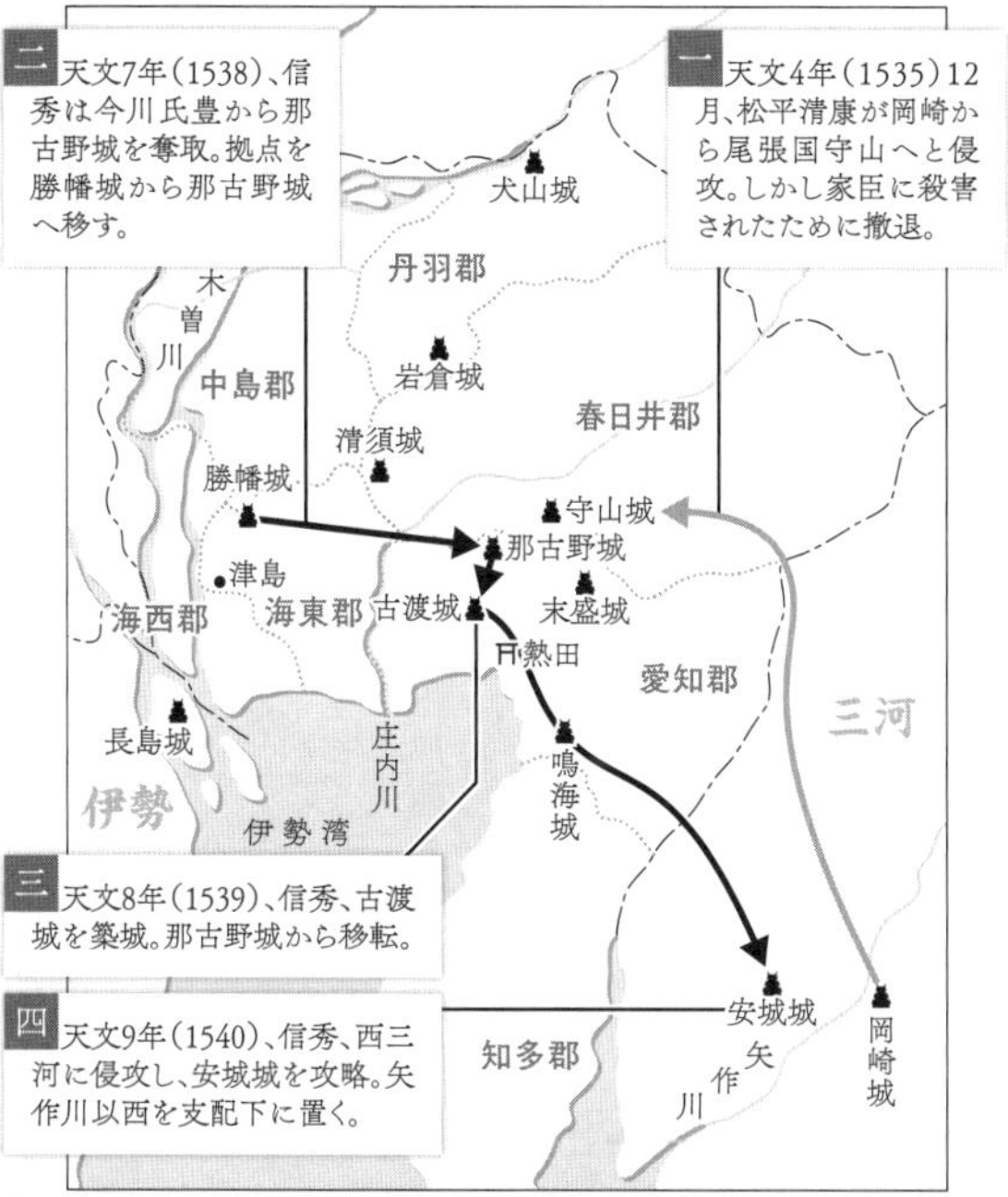
一 天文4年（1535）12月、松平清康が岡崎から尾張国守山へと侵攻。しかし家臣に殺害されたために撤退。
二 天文7年（1538）、信秀は今川氏豊から那古野城を奪取。拠点を勝幡城から那古野城へ移す。
三 天文8年（1539）、信秀、古渡城を築城。那古野城から移転。
四 天文9年（1540）、信秀、西三河に侵攻し、安城城を攻略。矢作川以西を支配下に置く。
犬山城
丹羽郡
木曽川
中島郡
岩倉城
春日井郡
清須城
勝幡城
守山城
那古野城
津島
海西郡
海東郡
古渡城
末盛城
熱田
愛知郡
三河
長島城
庄内川
鳴海城
伊勢
伊勢湾
安城城
知多郡
矢作川
岡崎城
信定の跡を継いだ信秀は勝幡城から尾張中部、しいては西三河にまで勢力を伸長した。

※『名古屋合戦記』によると、信秀は今川氏豊の連歌の相手をして城中に逗留し、わずかな人数で攪乱して城を奪ったという。

町であり湊町としても栄えていた熱田の町を押さえている。

◆徐々に求心力を失っていった信秀

その後も信秀は愛知郡や春日井郡南部を勢力下に治めるなど着実に支配圏を拡大していき、天文九年（一五四〇）六月には三河への侵攻を開始。松平長家《ながいえ》が治める安城《あんじょう》城を攻略した。このとき、**矢作川以西の領主の多くは織田方に与した**[※1]という。

こうして**西三河にまで影響力を及ぼした信秀**[※2]は、次に北方の美濃に狙いをつけ、天文十三年（一五四四）八月、大垣《おおがき》城を攻略した。さらに支配領域を拡大すべく、同年九月二十二日、越前・朝倉《あさくら》氏と連合して**斎藤利政《としまさ》（道三《どうさん》）**の居城・稲葉山《いなばやま》城に侵攻。しかし大敗を喫し、美濃国進出は失敗に終わった。

この敗北によって信秀の威勢は動揺し、三河では今川氏の、美濃では斎藤氏の攻勢が強まっていった。天文十七年（一五四八）には大垣城を道三に奪い返されている。

一方、尾張国内においては守護代の家臣ら清須衆が信秀の古渡城を攻撃するなど、対立が深まっていった。そうした中、美濃と三河二国に敵を抱えることは不利であると悟った信秀は道三と講和を結ぶことを決し、嫡男・信長と道三の娘・濃姫《のうひめ》との婚姻を

※1 佐々木の松平三左衛門忠倫、桜井の松平清定ら尾張国内に所領を持っていた者らが信秀に通じたという。

※2 『多聞院日記』によると、天文12年（1543）2月、信秀は禁裏修繕費用として4000貫を朝廷に納めた。

失敗に終わった信秀の美濃・三河侵攻

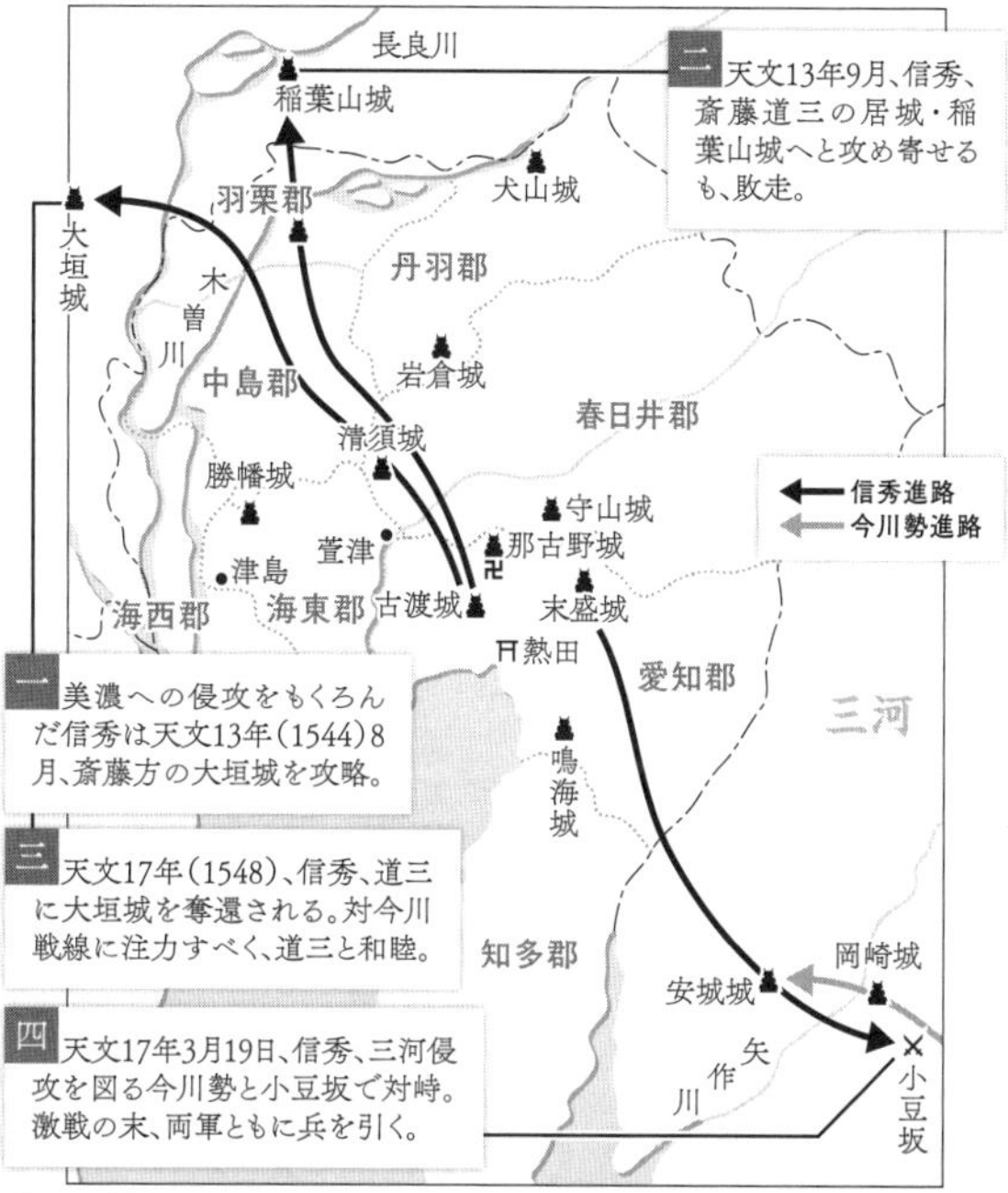
長良川
稲葉山城
二 天文13年9月、信秀、斎藤道三の居城・稲葉山城へと攻め寄せるも、敗走。
大垣城
羽栗郡
犬山城
木曽川
丹羽郡
岩倉城
中島郡
春日井郡
清須城
勝幡城
守山城
信秀進路
今川勢進路
萱津
那古野城
津島
海西郡
海東郡
古渡城
末盛城
熱田
愛知郡
一 美濃への侵攻をもくろんだ信秀は天文13年（1544）8月、斎藤方の大垣城を攻略。
三河
鳴海城
三 天文17年（1548）、信秀、道三に大垣城を奪還される。対今川戦線に注力すべく、道三と和睦。
知多郡
岡崎城
安城城
四 天文17年3月19日、信秀、三河侵攻を図る今川勢と小豆坂で対峙。激戦の末、両軍ともに兵を引く。
矢作川
小豆坂

順調に勢力を拡大していった信秀であったが、今川氏の三河侵攻が本格化するに至り、三河支配からの撤退を余儀なくされた。

成立させた。

これにより北方の憂いを取り除いた信秀は三河における戦いに備え、同年、古渡城を破却し、末盛《すえもり》に築城。居城を移して三河への勢力伸長を企図したが、天文十八年（一五四九）十一月、今川勢の攻撃により安城城が陥落した。こうして信秀は三河における支配地を失い、尾張と三河の国境付近では今川氏の勢力が強まることとなった。

このとき、駿河・遠江の今川義元が上納した金額500貫と比べると破格の額であり、信秀の経済力が相当のものであったことがうかがえる。

斎藤道三
1494?〜1556。父の代から仕えていた長井氏を倒し、さらには美濃の守護・土岐氏を追放して実権を掌握した。

もっと知りたい！戦国合戦の舞台裏❶

「半農半士」から「兵農分離」へ

信長による常備軍の編成

十九歳で織田家の家督を継承したのち、破竹の勢いで「天下」を平定した織田信長。なぜ信長は他の戦国大名を圧して台頭することができたのか。

その理由としてしばしば語られるのが、「兵農分離」である。

戦国時代、合戦には多くの足軽が動員されたが、彼らは半農半士、つまり平時は農作業に従事し、合戦時にのみ定められた数の兵を率いて戦場に向かうという形だった。そのため農繁期の合戦は避けられる傾向にあり、また集団訓練を行なうこともできなかった。

これに対して信長は、早い段階から常備軍の編成に取り組んでいた。地侍の次男や三男以下の者、すなわち家の跡を継がない者らを親衛隊として組織し、彼らを居城、もしくはその周辺に住まわせたのである。すでに永禄三年（一五六〇）の桶狭間の戦い以前の段階で、その数は七、八百にのぼっていたという。ちなみに信長の軍が兵農分離を完了したのは、天正六年（一五七八）のことだったといわれている。その後、豊臣秀吉の時代に完全な兵農分離がなされ、江戸時代の身分制度へとつながっていくことになる。

兵農分離のメリット

兵農分離の大きなメリットは、農繁期を考えずに戦闘を行なえた点にある。

兵農未分離のときには、たとえ敵方の城を囲んだところで、農繁期に入る前に撤退せざるを得なかった。農作業に支障をきたすと、経済基盤そのものを揺るがすことになりかねなかったためだ。

しかし常備軍が編成されると、兵站線さえ確保できていれば長期間の滞在が可能となり、敵方が降伏を申し出るまで城を攻囲することができるようになったのである。また、それに加えて集団での訓練ができるようになったのも兵農分離の利点のひとつだった。たとえば長篠・設楽原の戦いで織田勢が鉄砲による一斉射撃を行なえたのも、訓練の賜物であったといえるだろう。

第一章

信長の台頭

天文二十一年（一五五二）四月十七日

尾張統一戦①赤塚の戦い

今川義元との抗争のはじまり

◆信秀の跡を継いだ信長

短期間で三河、美濃へと勢力を伸長した織田信秀《おだのぶひで》であったが、その支配は安定したものではなかった。今川《いまがわ》氏、斎藤《さいとう》氏の反撃にあって安城《あんじょう》城、大垣《おおがき》城など他国の拠点を失ったばかりか、尾張国内においても清須《きよす》衆との対立が続き、苦境に陥ることになる。

そのような状況下、信秀は病に倒れてしまう。代わって領国内の政務を行なったのが信長《のぶなが》であった。天文十八年（一五四九）十一月、信長は熱田社の造営などについて熱田八か村に制札を与えた（「加藤秀一氏所蔵文書」）。これが、信長が発給した文書の初見であるという。時に、信長十六歳。信秀は信長を政務に関与させることで、織田弾正《だんじょうのじょう》忠家の体制を強化しようとしたと推測されている。『信長公記』によると、

信長家督継承時の尾張情勢

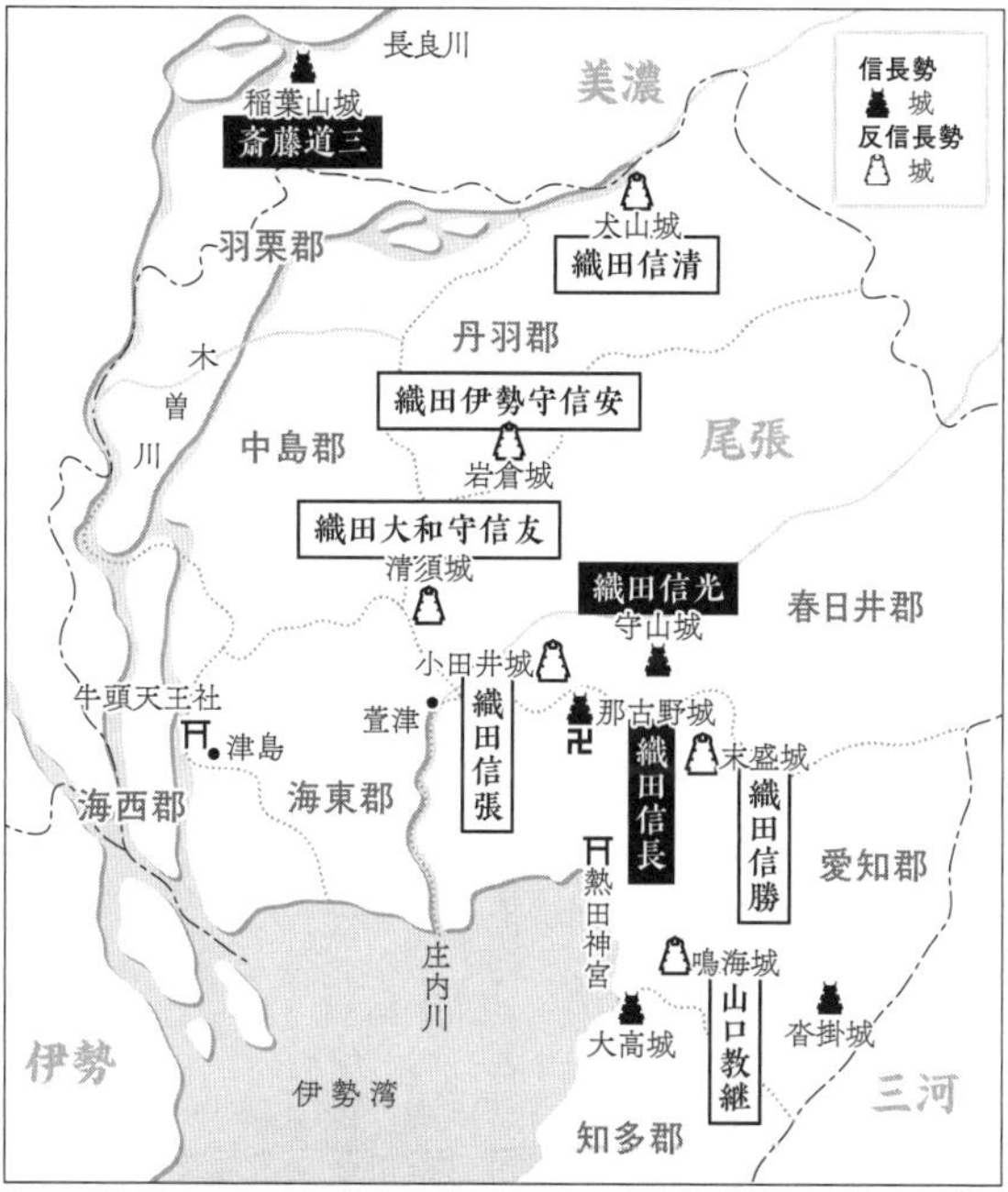

父信秀の跡を継ぎ、家督を継承した信長であったが、その地位は不安定なものであり、尾張国内で激しい抗争を生み出すこととなった。

天文十九年（一五五〇）正月十七日にはそれまで信秀に従っていた犬山城主・織田氏と楽田《がくでん》城主・織田氏が柏井口まで攻め込んでくるという事態が勃発するが、信秀麾下の軍勢がこれを撃退したという。

天文二十一年（一五五二）三月、信秀は病死し、信長が弾正忠家を継承した（信秀の没年については天文二十年説もある）。しかし、その前途は多難であった。まだ若年であった信長には父が築いた勢力を継承するだけの威信はなく、国内では弟・信勝《のぶかつ》をはじめとする親族や清須衆が、三河では今川氏が虎視眈々とその座を狙っていたのである。

◆信長を裏切った鳴海城主

そのような状況下、鳴海《なるみ》城主・山口左馬助教継《やまぐちさまのすけのりつぐ》が信長を見限り、今川義元《よしもと》に通じるという事件が勃発する。教継は笠寺《かさでら》近辺を本拠とする武士の一族の出で、信秀の那古《なご》野《や》城攻略後に仕え、鳴海城主に任じられた人物である。信秀からはとくに目をかけられていたと伝わり、信秀の生前は織田家と今川家の和睦に奔走してもいる。

しかし信長への代替わりで織田家の将来に暗雲が立ち込める中、教継は不安に駆られる。いざ今川勢が尾張へ侵攻してきた際、まず危機に晒されるのは三河国境付近に位置する鳴海城だからである。教継が義元の誘いかけに乗ってしまったのは無理からぬことであろう。

こうして義元に与した教継は鳴海城の守備を子・九郎二郎《くろうじろう》に任せ、笠寺に構築した砦に葛山勝嘉《かずらやまかつよし》、岡部元信《おかべもとのぶ》、浅井政敏《あさいまさとし》ら今川方の武将を招き入れ、また自身は中村に構築した砦に立て籠もった。

赤塚の戦い要図

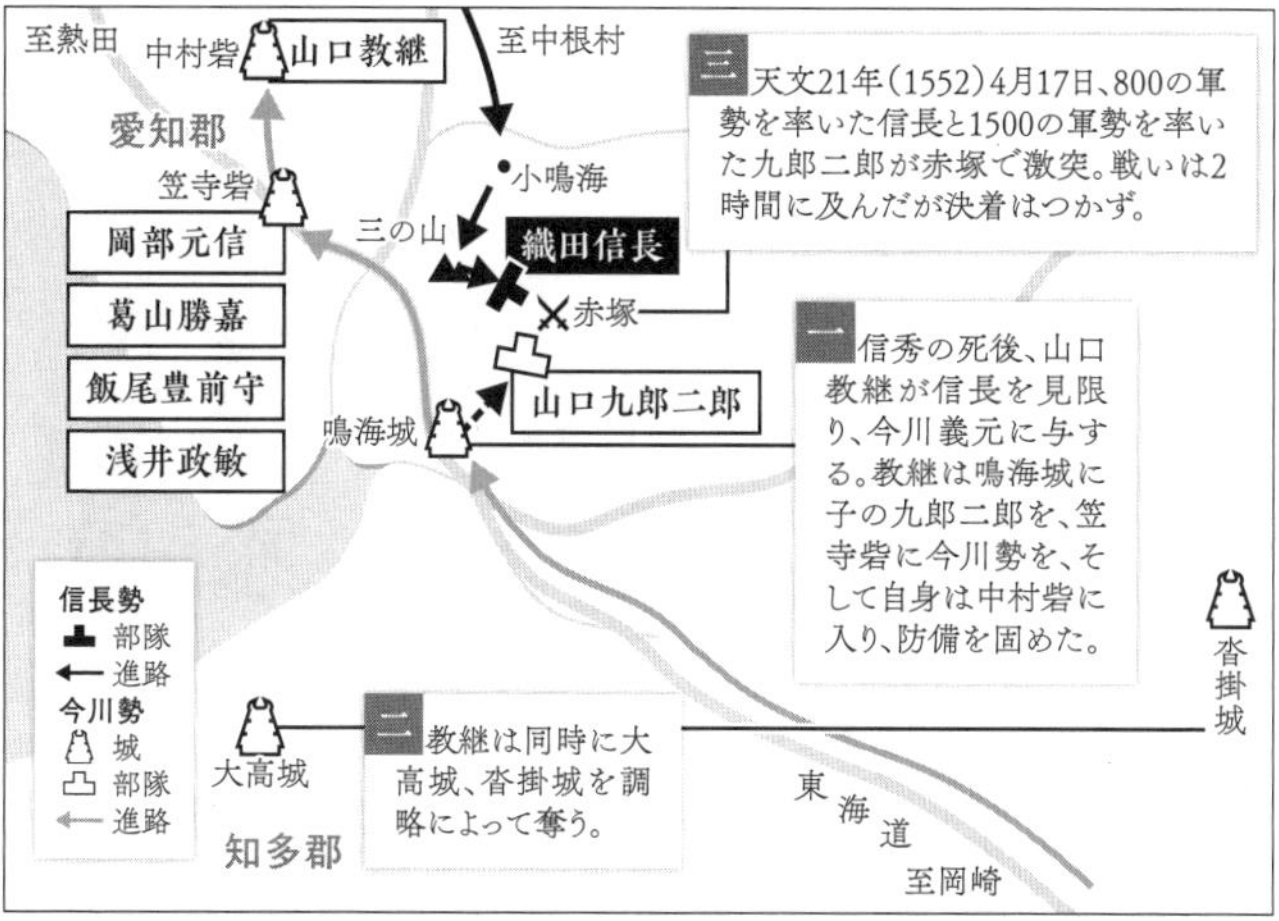

信長は離反した山口教継を征討すべく、出兵したが、鳴海城の攻略に失敗。以降、桶狭間の合戦まで愛知郡、知多郡は今川氏の勢力下に置かれることとなった。

天文二十一年（天文二十二年説もある）四月十七日、信長は約八百の兵を率いて出陣。中根村から小鳴海、三の山へと進み、鳴海城の北、赤塚《あかつか》で九郎二郎率いる千五百の軍勢と対峙した。午前十時頃、まず戦いは矢戦にはじまり、その後、正午頃まで両軍入り混じっての白兵戦が繰り広げられたが、勝敗は決せず、信長は那古野への帰陣を余儀なくされた。その後、教継の調略により、沓掛《くつかけ》城、大高《おおだか》城も今川方の手に渡ることになる。結局、信長は鳴海城の奪還を果たせなかったばかりか、義元の尾張進出を許す形となった。

天文二十一年（一五五二）八月十六日

尾張統一戦②萱津の戦い

信長打倒を掲げた清須守護代家

◆尾張国守護代家との対立

山口教継の離反に続き、今度は織田一族の中で信長打倒の動きが起こることになる。その先鞭をなしたのは、尾張国守護代織田信友《のぶとも》の重臣・坂井大膳《さかいだいぜん》、坂井甚介《じんすけ》、河尻与一《かわじりよいち》らであった。

この頃、清須城内では守護・斯波義統《しばよしむね》と信友の権威は失墜しており、坂井らが実権を掌握していた。信秀没後の弾正忠家の混乱を見て取った坂井らはこれを機と捉えて挙兵。天文二十一年（一五五二）八月十五日、それまで弾正忠家に従っていた松葉城《まつばじょう》と深田城《ふかだじょう》を奪い取った。

松葉城と深田城の陥落はすなわち、那古野城から津島に至る陸路の遮断を意味する。そこで信長はただちに両城の奪還を決し、翌十六日払暁のうちに那古野城を出陣。稲《いな》

萱津の戦い要図

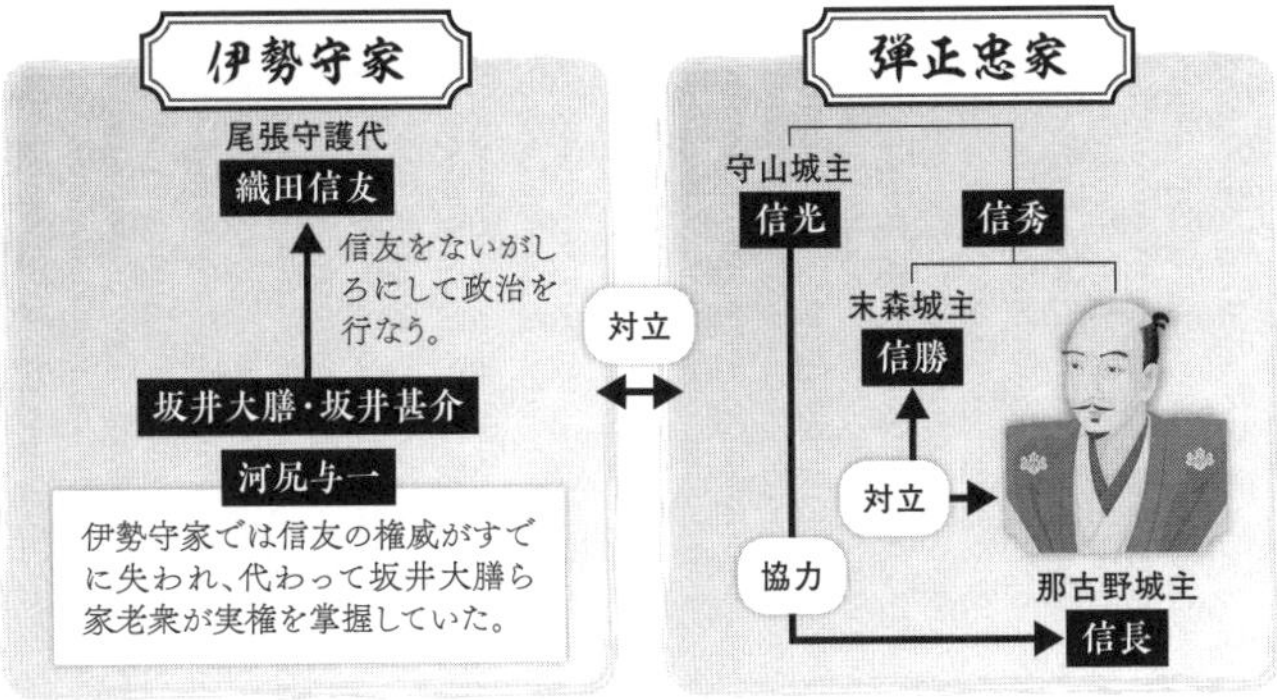

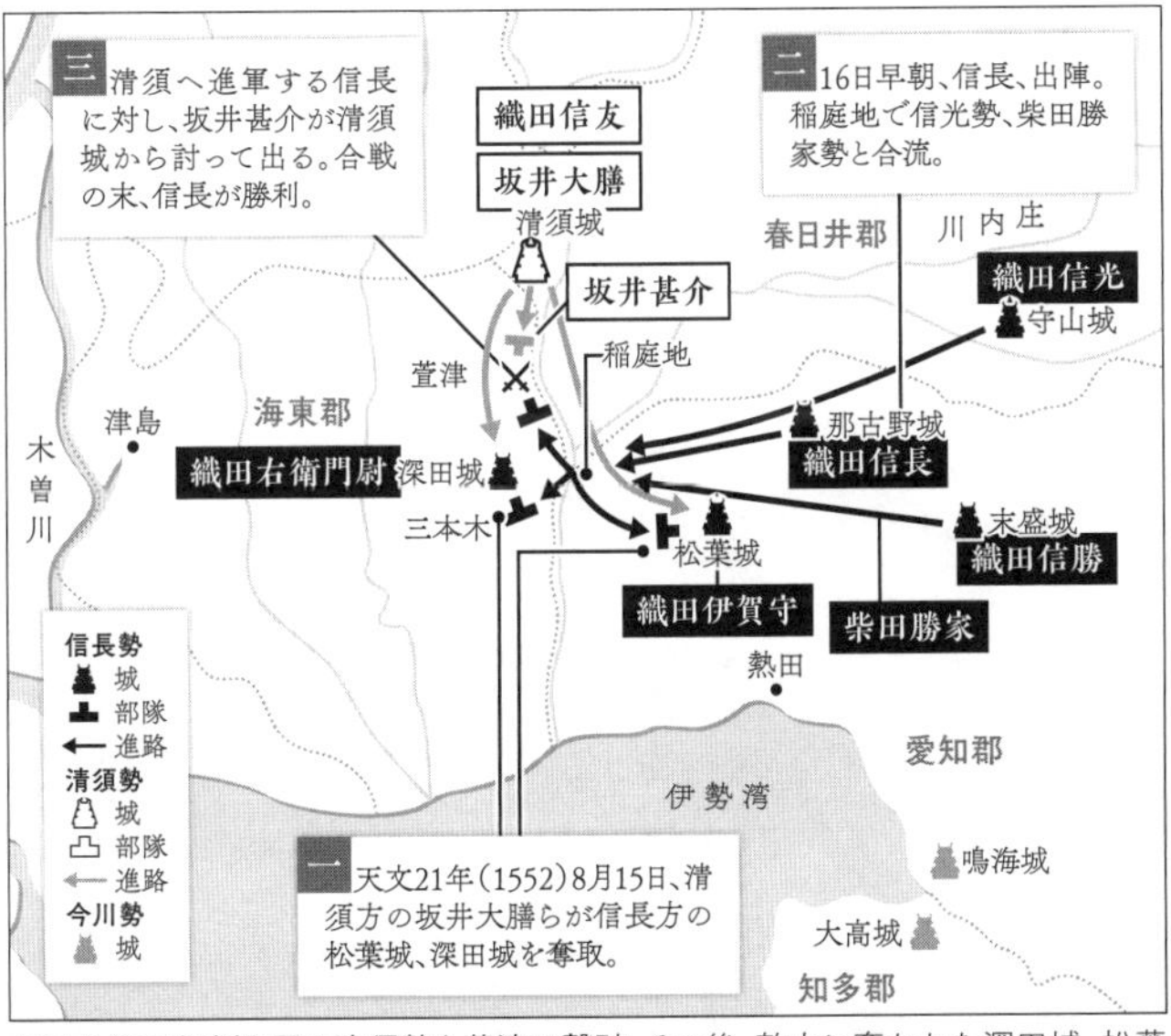

信長は信長打倒を図る清須勢を萱津で撃破。その後、敵方に奪われた深田城、松葉城を回復した。

庭地《ばじ》まで軍を進めたところで、叔父で守山《もりやま》城主の信光《のぶみつ》、末盛城から派遣された**柴田勝家**《しばたかついえ》らと合流すると、軍を松葉口、三本木口《さんぼんぎ》、清須口の三方面に分け、自らは庄内川《しょうない》を渡って清須を目指した。

この信長の動きに対し、清須城からは坂井甚介率いる軍勢が出撃し、城外でこれを食い止めようともくろむ。

午前八時頃、両軍は萱津《かやつ》で激突した。数刻に及ぶ戦いの末、信長勢が甚介以下五十騎を討ち取る大勝利を収め、清須勢の撃退に成功した。また、清須勢の敗走によって松葉城、深田城の守兵も清須へと撤退。こうして信長は両城の奪還に成功したのであった。その後、義統の家臣・簗田弥次右衛門《やなだやじえもん》が内通してきたことを受け、信長は軍を率いて清須城下へと侵攻。町を焼き払い、裸城にしたうえで城の乗っ取りを図ったが、このときは失敗に終わっている。

◆平手政秀の諫死

こうして領内における敵対勢力を着実に征討していった信長だったが、今度は弾正忠家内で事件が勃発する。天文二十二年（一五五三）閏正月十三日、信秀、信長の二

柴田勝家
?～1583。信勝に仕えたのち、信長に仕える。信長の死後、秀吉と対立。賤ヶ岳の戦いで敗北し、自害。

信長と道三の軍事同盟強化

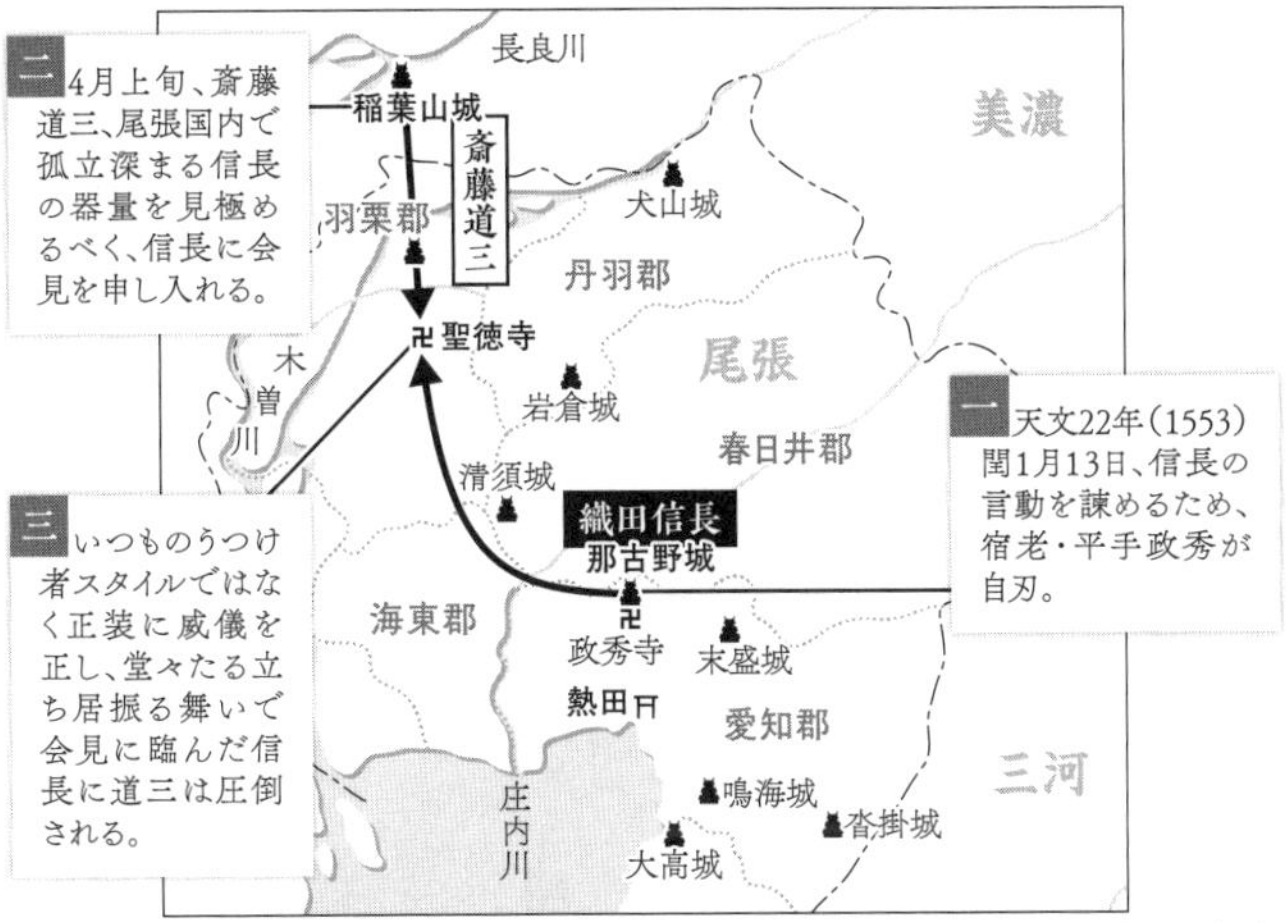
長良川
美濃
二 4月上旬、斎藤道三、尾張国内で孤立深まる信長の器量を見極めるべく、信長に会見を申し入れる。
稲葉山城
斎藤道三
羽栗郡
犬山城
丹羽郡
聖徳寺
尾張
木曽川
岩倉城
一 天文22年(1553)閏1月13日、信長の言動を諫めるため、宿老・平手政秀が自刃。
春日井郡
清須城
織田信長
那古野城
三 いつものうつけ者スタイルではなく正装に威儀を正し、堂々たる立ち居振る舞いで会見に臨んだ信長に道三は圧倒される。
海東郡
政秀寺
末盛城
熱田
愛知郡
三河
庄内川
鳴海城
沓掛城
大高城

聖徳寺における会見で信長の将来性に確信を得た道三は、以降信長の良き理解者として協力を惜しまなかった。

代に仕えた宿老で信長の傅役《もり》・平手《ひらて》政秀《まさひで》が突如として自害を遂げたのである。※**通説では信長の素行を諫めるためだったと解釈されている。**信長は政秀の死をひどく悼み、政秀寺《せいしゅうじ》を建立して菩提を懇ろに葬った。

一方、同年四月、信長の舅である斎藤道三《どうさん》の呼びかけにより、尾張国富田の聖徳寺《しょうとくじ》で信長と道三の会見が実現した。信長が噂通りのうつけ者かどうかを直接会って確かめようとしたといわれるが、結果的に道三は信長の真の器量を見出し、以後、庇護者として信長の尾張統一を支えることになる。

※『信長公記』によると、信長が平手政秀の子の持っている名馬をほしがったが、それを断られたことで平手一族と不和になったという。

名分を手に入れた信長が清須を制す

天文二十二年（一五五三）七月十八日
尾張統一戦③安食の戦い

◆守護代による主家殺害

萱津の戦いで己の力量を尾張国内に知らしめた信長であったが、清須城までは落とすことは叶わなかった。堅城であったことも一因であるが、主筋にあたる尾張国守護・斯波義統のいる清須城を攻略する名分がなく、強攻できなかったためでもある。

しかし幸運なことに、その機会は唐突に訪れた。天文二十二年（一五五三）七月十二日、守護代織田信友の家老・坂井大膳らが清須城内にいた義統を殺害したのである。義統の子・義銀《よしかね》が家臣を連れて川狩りに出掛けた隙を狙っての凶行であった。一説に、簗田氏の信長への内通が義統の指示によるものと見なしたためだといわれる。

清須における異変を知った義銀は那古野へと逃れ、信長に保護を求めた。こうして義統の仇を討つという大義名分を手に入れた信長は七月十八日、柴田勝家に清須攻撃

安食の戦い要図

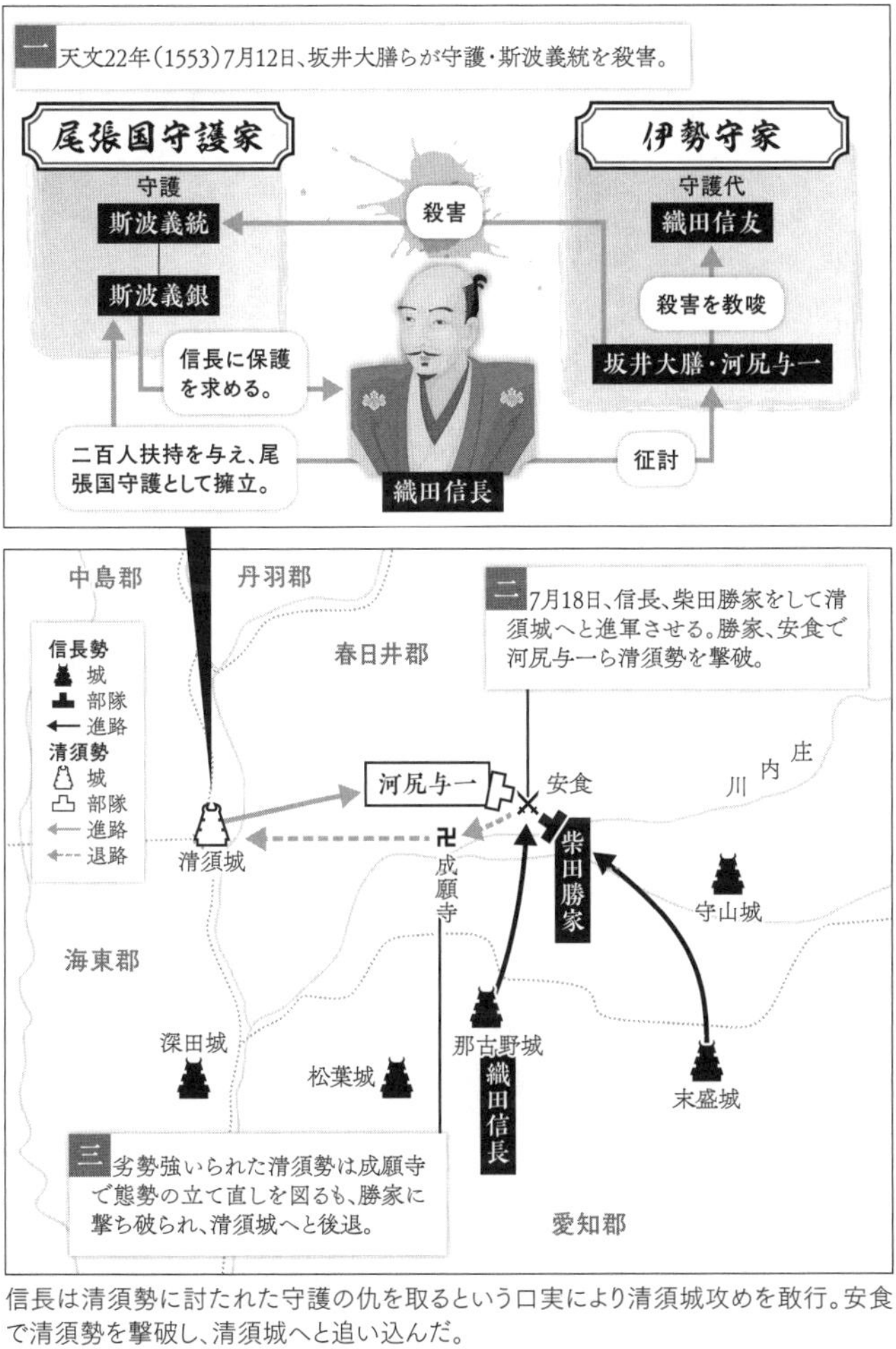

信長は清須勢に討たれた守護の仇を取るという口実により清須城攻めを敢行。安食で清須勢を撃破し、清須城へと追い込んだ。

を命じた。柴田勢は安食《あじき》で清須勢と対峙すると、これを難なく撃破。その後も成願《じょうがん》寺《じ》へと後退した清須勢を追撃し、ついには清須城へと追い込んだ。

◆ついに清須を押さえた信長

主だった家臣を失い、清須勢はいよいよ追い込まれていく。そうした中、坂井は戦況を打開すべく、調略を仕掛けた。信長の叔父・信光に内応を持ち掛けたのである。信光をもう一人の守護代として奉じ、信友が管轄する尾張下四郡のうち二郡の管轄を任せる、というのがその条件だった。信光はこれを了承すると、天文二十三年（一五五四）四月十九日、軍勢を引き連れ、清須城南櫓へと入った。

しかし、信長の方が一枚上手であった。信光は事前に自身への工作を信長に知らせていた。そして二人は調略に乗った振りをして城内に入り、城を乗っ取るという計画を立てていたのである。成功の暁には信長が清須城、信光が那古野城に入り、尾張下四郡は庄内川を境として東二郡を信長領、西二郡を信光領にするという密約が交わされていたという。

二十日、信光はひそかに行動を起こして清須城を掌握すると、信友を切腹へと追い

清須城攻め要図

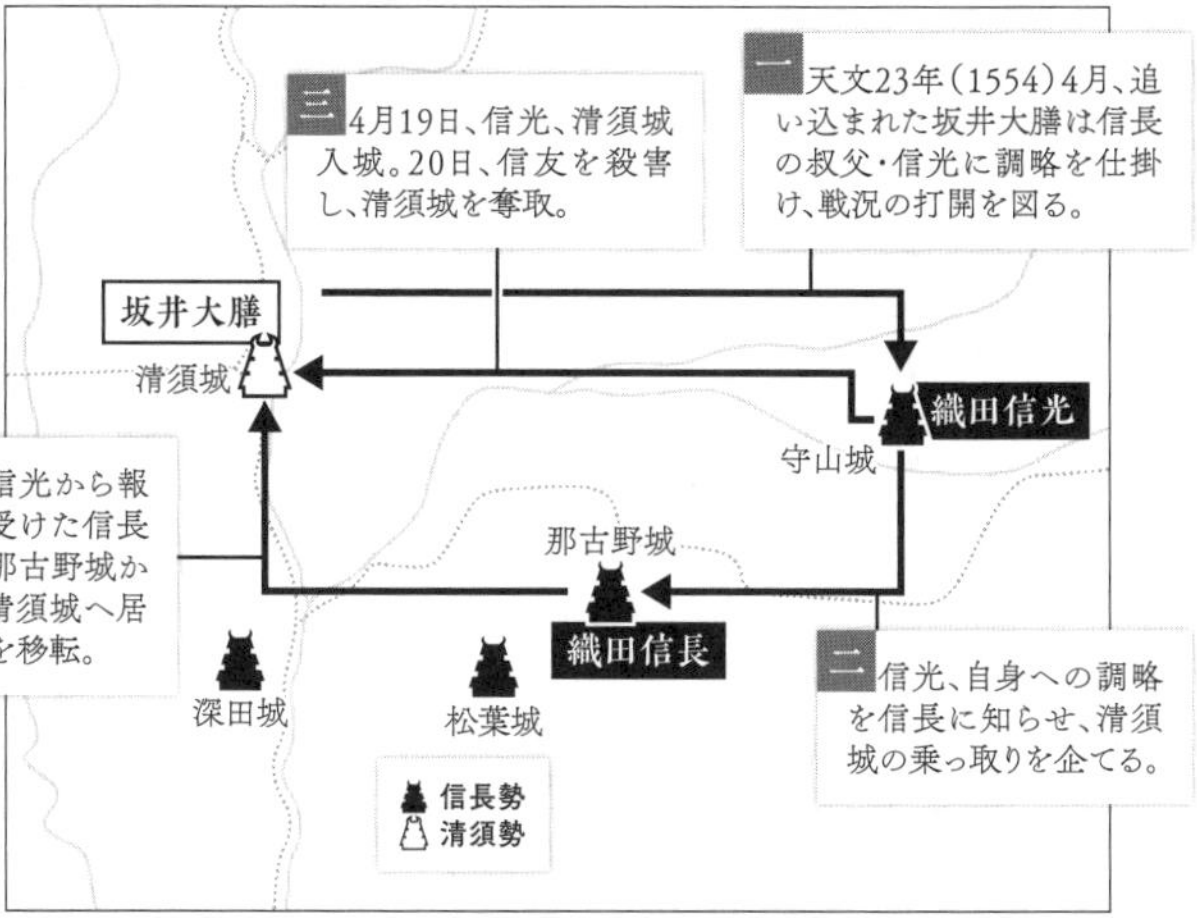
一 天文23年（1554）4月、追い込まれた坂井大膳は信長の叔父・信光に調略を仕掛け、戦況の打開を図る。
二 信光、自身への調略を信長に知らせ、清須城の乗っ取りを企てる。
三 4月19日、信光、清須城入城。20日、信友を殺害し、清須城を奪取。
四 信光から報を受けた信長は那古野城から清須城へ居城を移転。
坂井大膳
清須城
織田信光
守山城
那古野城
織田信長
深田城
松葉城
信長勢
清須勢

叔父・信光の協力によって信長は清須城の奪取に成功。以降、清須城を居城として尾張統一を進めていく。

込んだ。一方、坂井は事前に城から逃れ、駿河の今川義元の元へと落ち延びている。

　こうして清須城の制圧に成功した信長は信光を軍功第一であると称えると、事前の約定通り、信光に那古野城を譲り、自身は義銀を擁して**清**※1**須城へと入った**。ところが十一月、信光は突如として家臣に殺害されてしまう。元来、信光は野心家であり、信長自身、彼を完全に信用していたわけではなかったという。※2**この件について『信長公記』は詳細を語らない**が、信長の謀略である可能性も十分に考えられるところである。

※1 このとき信長は守護斯波氏、あるいは守護代織田氏の居館に入ったと考えられている。

※2 『信長公記』は、思いがけない巡り合わせが起こって信光は亡くなったが、信長にとっては幸運の種だったとしている。

天文二十三年(一五五四)正月二十四日
尾張統一戦④村木砦の戦い

積極的な機動戦術で今川勢を撃破

◆今川氏の尾張侵攻

信長が尾張平定を進めていた頃、東方では駿河の今川義元の勢力が三河、さらには尾張にまで及んでいた。山口教継の内応を契機として鳴海城、大高城、沓掛城をその支配下に収めたことは前述の通りであるが、義元はさらに領域を拡大すべく、天文二十三年(一五五四)正月、織田方の将・水野信元《みずののぶもと》が守る緒川《おがわ》(小河)城の攻略にかかった。まず三河の重原《しげはら》城を落とした今川勢は境《さかい》川を渡って緒川城北方の村木《むらき》に砦を築くと、寺本《てらもと》城の花井《はない》氏を調略によって寝返らせ、緒川城へと至る陸路を封鎖した。

水野氏は尾張国緒川から三河国刈谷《かりや》にかけてを領していた豪族で、もともとは親今川・松平広忠《まつだいらひろただ》派であったが、信元の時代に織田信秀方の旗手を鮮明にしたという歴史を持つ。信長にとっては大切な同盟者であり、また今川氏のこれ以上の尾張侵攻を

信長と水野氏の関係図

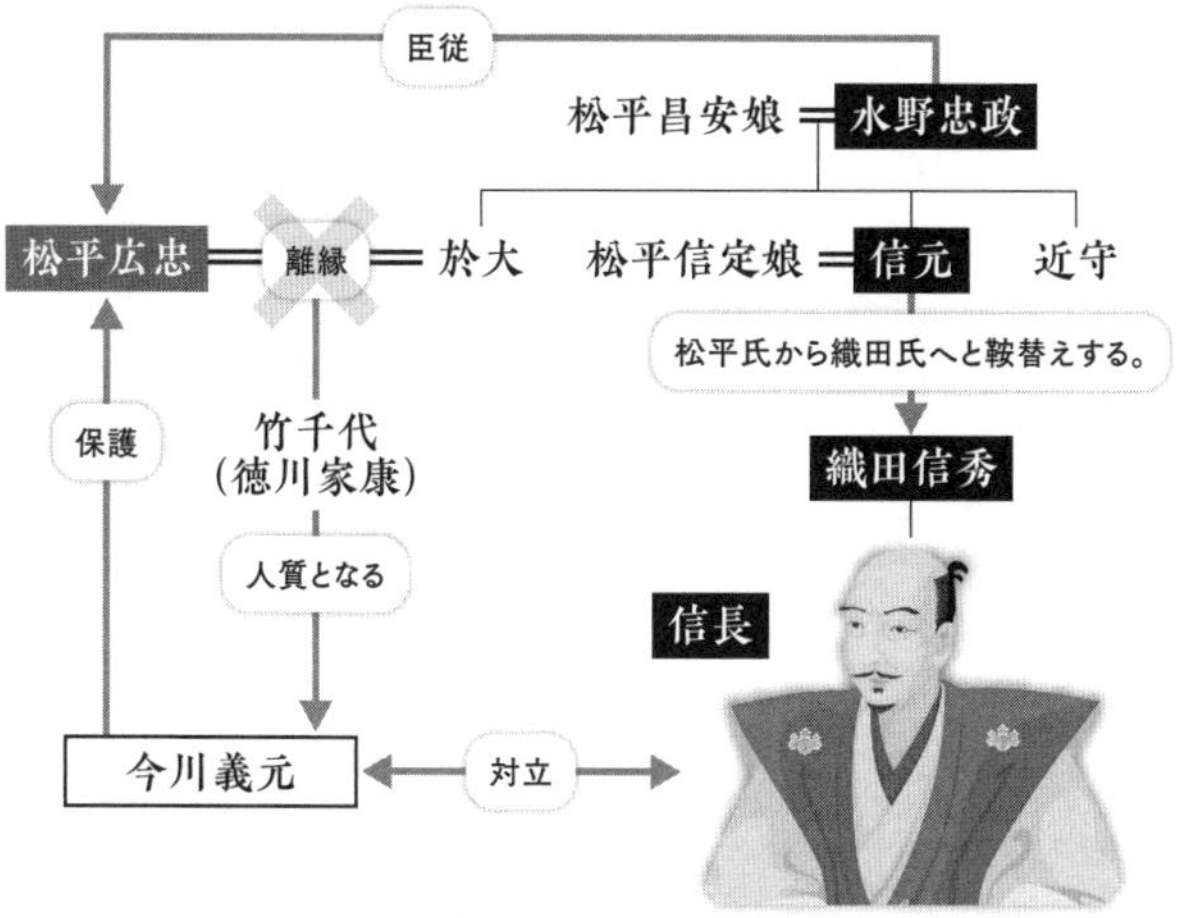

当初、松平氏に従っていた水野氏であったが、信元の時代に信秀に臣従するようになった。

防ぐためにも、信元を見捨てるわけにはいかなかった。とはいえ、清須城における戦いを進めていた最中の出来事であり、那古野城を空にすることはできない。そこで信長が頼ったのは、舅の斎藤道三であった。この信長の行動から、当時、信長と道三が相当良好で、強固な軍事同盟を締結していた様子をうかがうことができる。

◆道三を感服させた信長の戦い振り

正月二十一日、信長は道三が派遣した将・安藤守就《あんどうもりなり》率いる約千の軍勢に那古野城の留守を任せると、叔父・

信光とともに**緒川城へ向けて出陣した。**※那古野から緒川までは二十キロ余の道程であるが、陸路はすでに今川勢によって封鎖されていた。そこで信長は熱田に歩を向け、船で知多半島西岸へと渡った。この日は大風で波が高かったため、水主衆《かこ》は出航に反対したが、信長はそれを振り切り、渡海を強行したという。

二十三日、信長は緒川城に入り、信元と参会。そして翌二十四日午前八時頃、村木砦へと攻め入った。信元勢は東大手を、信光勢は西搦手《からめて》を、信長は大堀を備えた南側から攻撃を仕掛ける。このとき、信長は自ら陣頭指揮を行ない、堀端から砦に対して鉄砲による連続射撃を浴びせかけた。そしてその援護を受け、小姓衆が死をも恐れず我先にと砦への突撃を敢行する。信長勢の犠牲は多大なものがあったが、織田方の絶え間のない攻勢に砦内の死傷者も多く、午後五時頃、ついに今川勢は降伏を申し入れたのであった。

二十五日、緒川城を後にした信長は自身を裏切った花井氏の寺本城下を焼き討ちにし、那古野城へと帰陣した。

後日、帰国した安藤から合戦の経過を聞かされた道三は「すさまじき男、隣にはいやなる人にて候よ」と思わずつぶやいたという（『信長公記』）。

※このとき、信長の一長・林秀貞とその弟・美作守は斎藤勢に那古野城を任せることに異議を唱え、従軍しなかった。

村木城の戦い要図

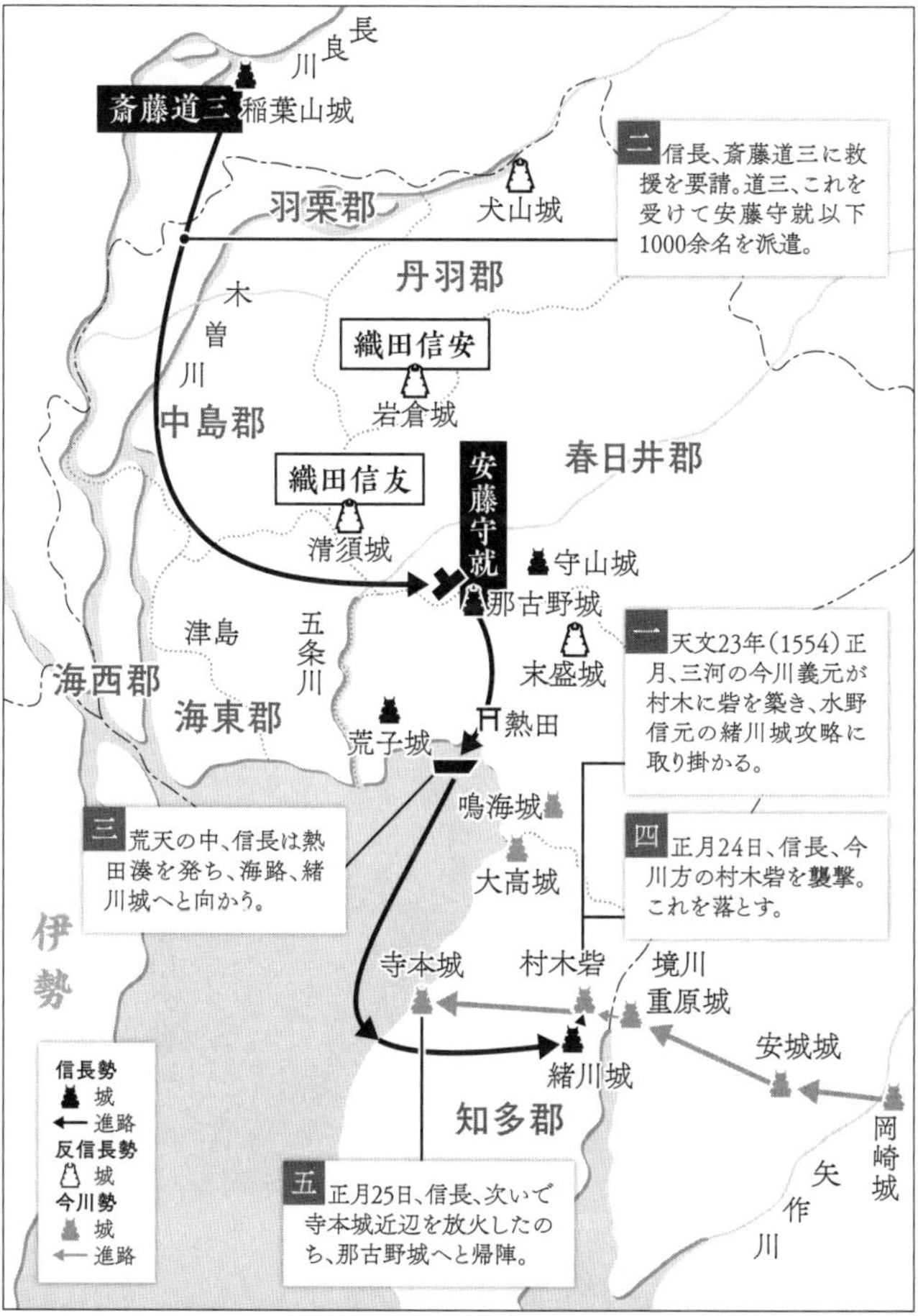

尾張侵攻を図る今川義元に対し、信長は舅・斎藤道三の力を借りてこれを防いだ。

最大の後ろ盾を失い窮地に追い込まれる信長

弘治二年（一五五六）四月二十日
長良川の戦い

◆斎藤道三の最期

斎藤道三という後ろ盾を得て今川勢を撃ち破り、また、尾張守護代・織田信友を打ち倒すなど着実に尾張の敵対分子を制圧していった信長であったが、弘治元年（一五五五）四月、戦略の見直しを余儀なくされる大事件が勃発した。道三の長子・**義龍**《よしたつ》が謀反を起こしたのである。道三が隠居し、家督を義龍に譲ったのは天文二十三年（一五五四）のことであった。その後、義龍は当主の地位を絶対的なものにすべく、叔父・長井《ながい》隼人佐《はやとのすけ》道利《みちとし》と謀って二人の弟を謀殺。道三には断絶を言い渡した。

これに怒った道三は挙兵し、義龍との一戦を決するも、美濃の在地領主のほとんどは義龍側に立ち、数の上で劣勢を強いられた。弘治二年四月二十日、道三は長良《ながら》川を隔てて義龍と対峙する。道三勢約二千七百余に対し、義龍勢は約一万七千五百余。道

斎藤義龍
1527～61。一説に、美濃守護・土岐頼芸の子であるといわれ、これが道三との不和の原因であるという。

長良川の戦い要図

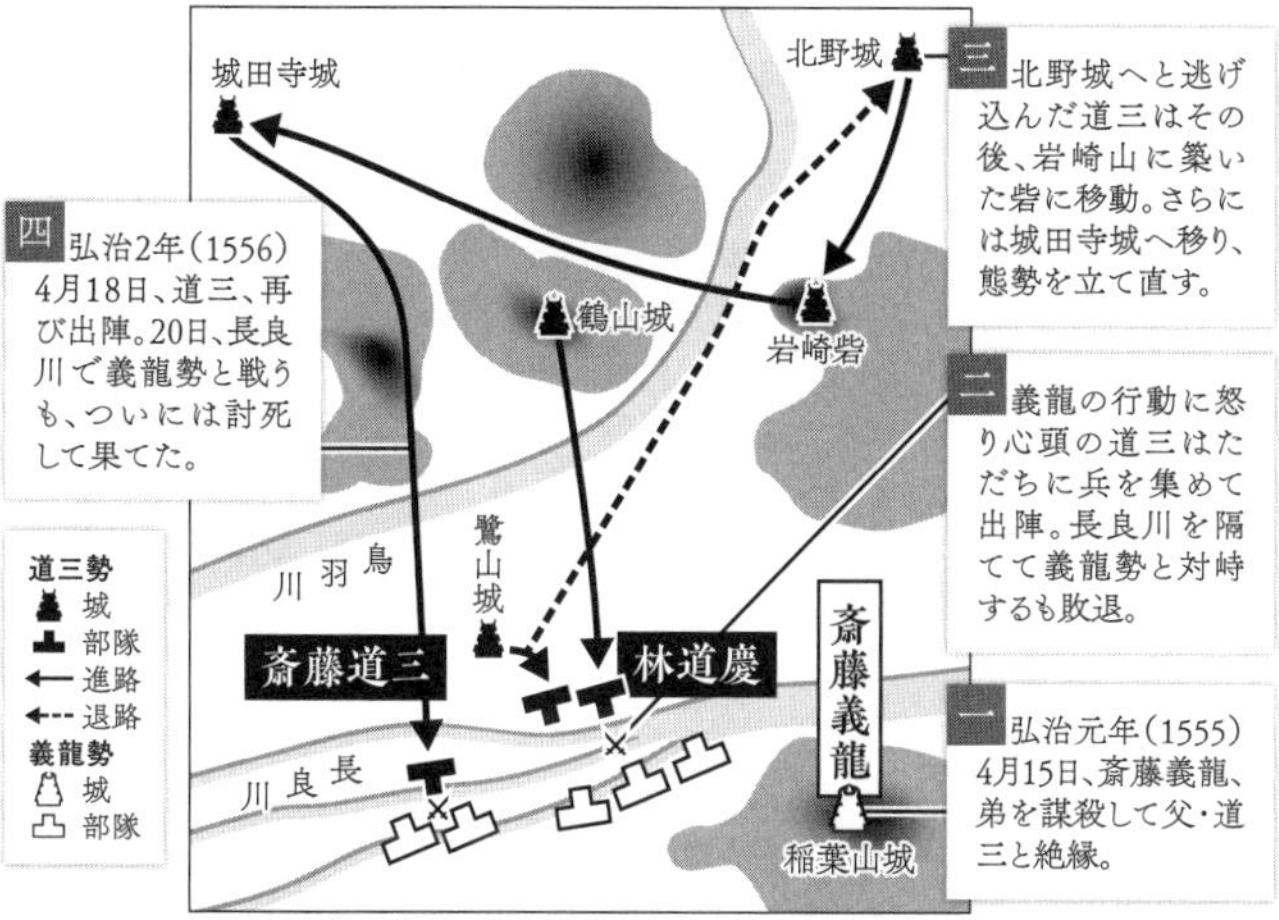
城田寺城
北野城
鶴山城
岩崎砦
鷺山城
稲葉山城
鳥羽川
長良川
斎藤道三
林道慶
斎藤義龍
三 北野城へと逃げ込んだ道三はその後、岩崎山に築いた砦に移動。さらには城田寺城へ移り、態勢を立て直す。
四 弘治2年(1556)4月18日、道三、再び出陣。20日、長良川で義龍勢と戦うも、ついには討死して果てた。
二 義龍の行動に怒り心頭の道三はただちに兵を集めて出陣。長良川を隔てて義龍勢と対峙するも敗退。
一 弘治元年(1555)4月15日、斎藤義龍、弟を謀殺して父・道三と絶縁。
道三勢
城
部隊
進路
退路
義龍勢
城
部隊

斎藤家内で起きた騒動で道三が討死したことにより、信長は斎藤家と再び敵対することとなった。

三に勝機はなく、ついには討死して果てた。

信長は道三を救援すべくただちに美濃大良《おおら》まで進軍したが、戦闘には間に合わなかった。とそこへ戦勝に意気上がる義龍勢が攻め寄せてくる。両軍は尾張と美濃の境にある及河原で対峙したが、このとき、尾張上四郡の守護代で岩倉城主の織田信安《のぶやす》が信長の留守をついて清須近郊にまで攻め入ったとの報が届く。窮地に追い込まれた信長は自ら殿軍をつとめて義龍勢の追撃を振り切ると、尾張に取って返し、岩倉近郊を焼き払って清須に帰還した。

弘治二年（一五五六）八月二十四日
尾張統一戦⑤稲生の戦い

反信長勢力の動き活発化する

◆弾正忠家の内部分裂

斎藤道三という後ろ盾を失ったことで、信長は三河に加え、美濃にも大きな敵を抱えることになり、一転して窮地に追い込まれた。のみならず、尾張国内でも反信長勢力の動きが活発化する。

そのような状況下、弾正忠家内で信長を廃し、代わって弟・信勝を家督につけようとする動きが表面化した。首謀者は、信長の宿老で、信光の死後に那古野城主となった林秀貞《はやしひでさだ》とその弟・美作守《みまさかのかみ》、そして信勝の家臣・柴田勝家である。

弘治二年（一五五六）五月下旬、林兄弟は信長への敵対意志を表明すると、米野《こめの》城、大秋《おおあき》城の守りを固めて清須～那古野間の交通路を遮断。また、秀貞の与力で荒子《あらこ》城主の前田与十郎《まえだよじゅうろう》が清須～熱田間を封鎖した。さらに守山城主で信長の異母兄であった秀俊《ひでとし》が家臣の角田新五《つのだしんご》に殺害されるという事件が起こる。『信長公記』によると、秀俊に疎んじられた角田の私怨によるものであるといい、その後、角田は岩崎の丹羽氏《にわうじ》勝《かつ》の軍勢を守山城に引き入れ、守りを固めた。のち角田が信勝に仕えている事実に鑑み、この事件の黒幕はおそらく信勝で、信長派であった秀俊の排除をもくろんだ謀略だったのではないかと目されている。

こうして清須城を囲むように、岩倉城

信長包囲網の形成

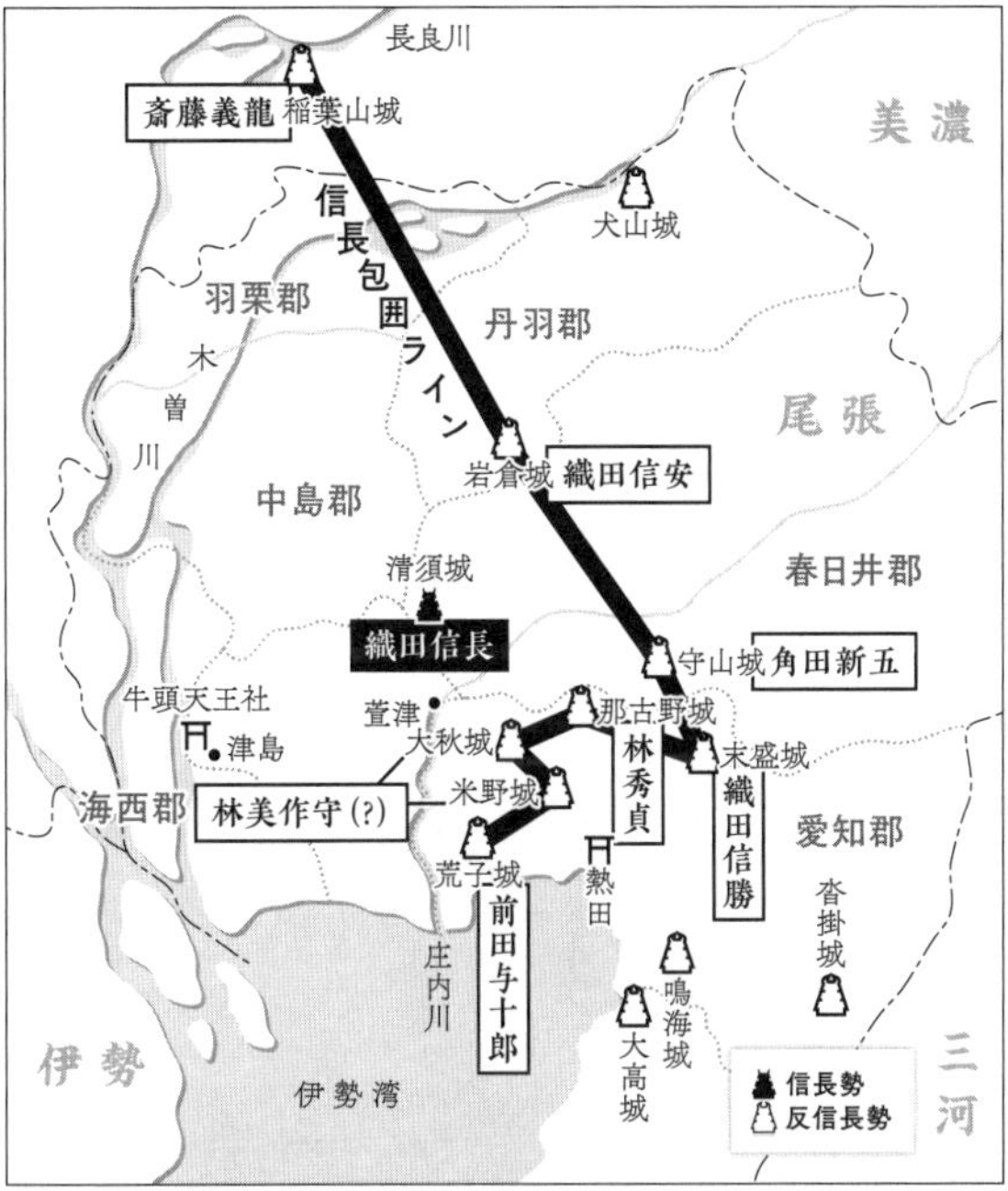

信長が尾張平定に尽力する中、弾正忠家内部で反信長の動きが表面化した。

（織田信安）～守山城（角田新五）～末盛城（織田信勝）～那古野城（林秀貞）～米野・大秋城（林美作守か）～荒子城（林の与力・前田与十郎）という信長包囲網が形成されたのであった。

◆信勝を圧倒した信長

弘治二年八月、信勝はついに信長と対決する決意を固め、信長の直轄地であった篠《しの》木《ぎ》三郷を押領した。また、庄内川（於《お》多《た》井《い》川）沿いに砦を築くなど、あからさまな敵対行動に打って出た。もはや、兄弟の関係は修復できないところにまできていた。八月二十二日、信長は信勝と対峙すべく、庄内川東岸の名塚《なつか》に砦を築くと、そこに**佐《さ》久《く》間《ま》大《だい》学《がく》（盛重《もりしげ》）**を置いた。

先に行動を起こしたのは信勝だった。二十三日、信勝は勝家に千の軍勢を与え、末盛城を出立させた。これに林美作守が七百の兵を率いて加勢している。なお、信勝自身は末盛城を離れなかった。

一方、翌二十四日、信長は自ら七百の兵を率いて清須城を出陣した。両軍は清須城の東方約五キロの稲生原《いのうはら》で激突。兵力面では劣勢を強いられたものの、主将自ら陣頭

佐久間盛重
？～1560。当初、信勝に仕えたが、その後、信長に仕える。桶狭間の戦いで戦死。

に立って指揮を執る信長勢の士気は高く、柴田勢はたちまち崩れ、林勢も美作守が信長に討ち取られたことで崩壊した。

稲生の戦い要図

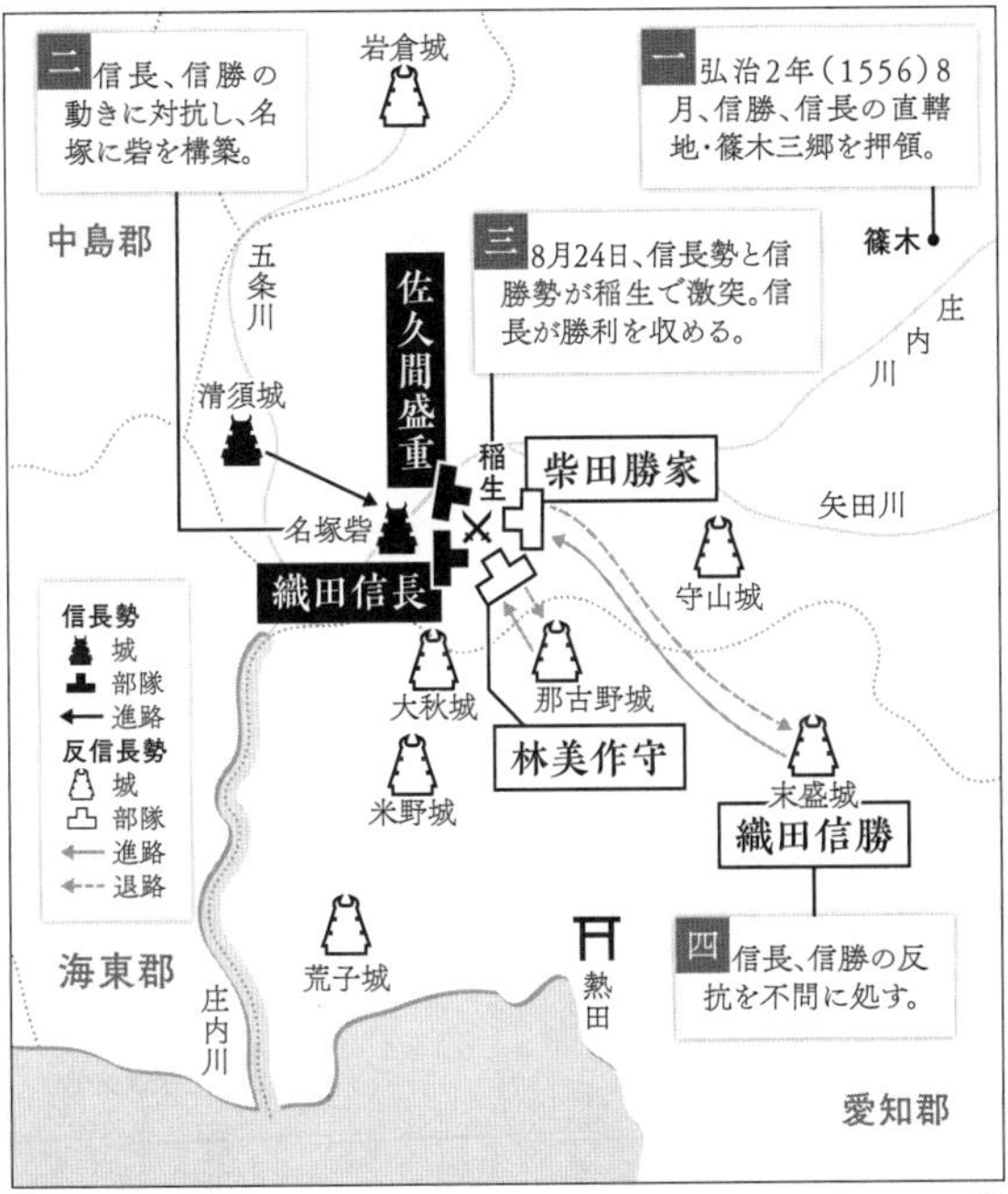
一 弘治2年（1556）8月、信勝、信長の直轄地・篠木三郷を押領。
二 信長、信勝の動きに対抗し、名塚に砦を構築。
三 8月24日、信長勢と信勝勢が稲生で激突。信長が勝利を収める。
四 信長、信勝の反抗を不問に処す。
岩倉城
中島郡
五条川
清須城
名塚砦
佐久間盛重
織田信長
稲生
柴田勝家
篠木
庄内川
矢田川
守山城
大秋城
那古野城
林美作守
米野城
末盛城
織田信勝
荒子城
熱田
海東郡
愛知郡
信長勢
城
部隊
進路
反信長勢
城
部隊
進路
退路
信勝の蜂起を武力で鎮圧した信長であったが、その後、信勝を罪には問わず、そのまま末盛城に据え置いた。

こうして兄弟対決は信長の勝利に終わったが、母土田氏の取り成しもあり、信長は信勝、勝家、秀貞らの罪を問うことはしなかった。しかし、その後も信勝は美濃の斎藤義龍と結びつき、また龍泉寺に新たに築城するなど信長への反抗をあきらめなかった。

織田伊勢守家を降し、尾張織田家を統一へ

永禄元年（一五五八）七月十二日
尾張統一戦⑥浮野の戦い

◆伊勢守家との対決の時

弟・信勝の反乱を鎮定したのも束の間、今度は異母兄の信広が信長への謀反を企てた。『信長公記』によると、信広は美濃の斎藤義龍と通じ、義龍と信長が戦っている隙に清須城を奪おうともくろんだが失敗、結局信長に許しを請うたという。こうして尾張下四郡における敵対勢力をほぼ制圧し終えた信長は、次なる攻撃目標を尾張上四郡の守護代・織田伊勢守家に定めた。いよいよ尾張全域の平定に乗り出したのである。

一方この頃、織田伊勢守家中においても御家騒動が勃発していた。次子・信家《のぶいえ》を跡継ぎに立てようとした時の守護代・信安を、嫡子・信賢《のぶかた》が岩倉城から追放したのである。そして義龍と結び、信長に抵抗の意を示したのであった。

これに対して信長は、犬山城主で従兄弟の織田信清を味方につけると、永禄元年（一

伊勢守家と信長の対立構図

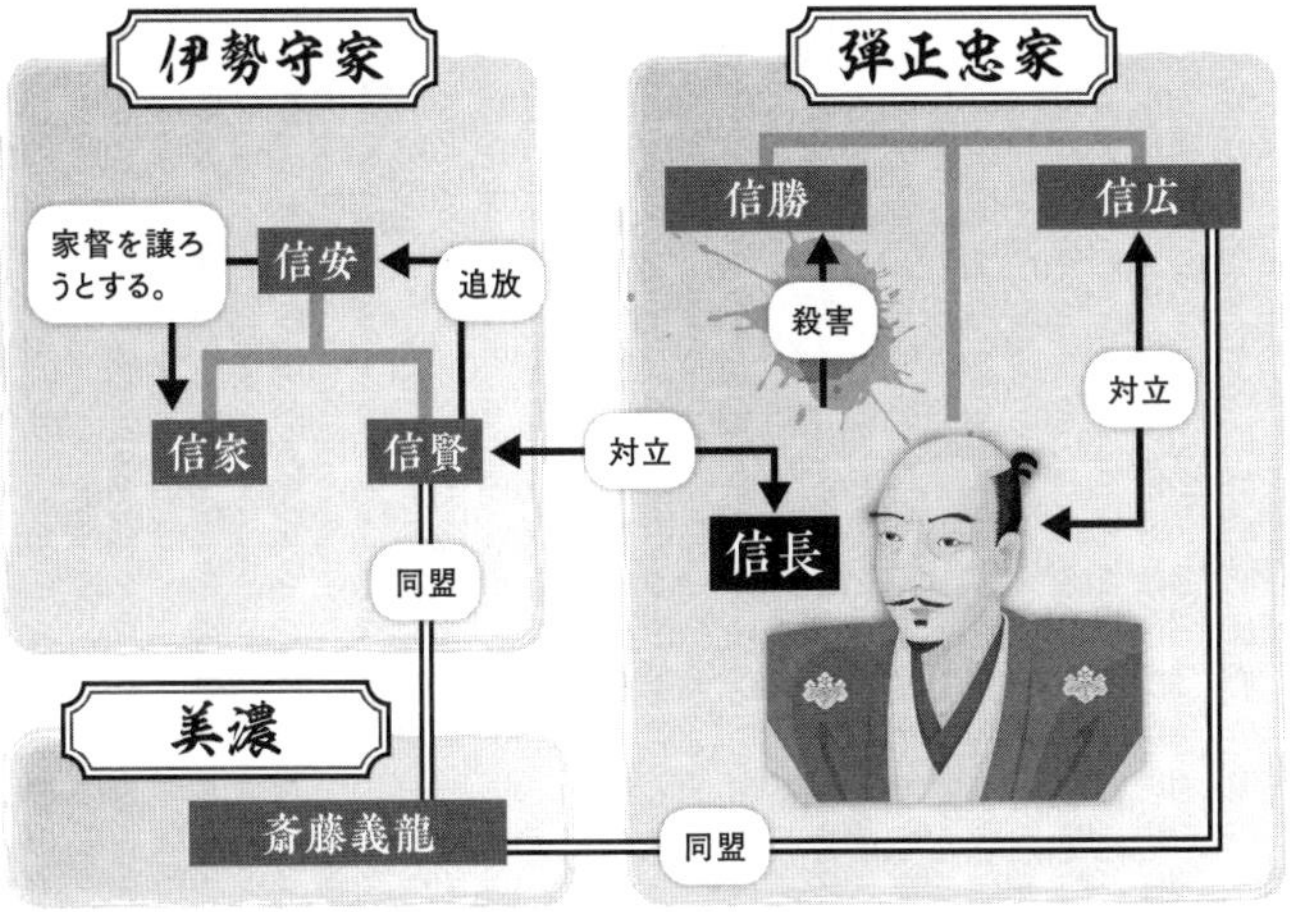

父・信安を追い出し、伊勢守家を掌中に収めた信賢は美濃の斎藤義龍と通じ、信長に敵対した。

五五八）七月十二日、二千余騎の軍勢を率いて出陣。犬山城から来援した信清勢約千と合流し、浮野《うきの》で岩倉勢約三千と対峙した。岩倉勢の三千という数字には疑問が呈されているが、それでも当時の伊勢守家が相当の勢力を誇っていた様子がうかがえる。尾張統一をもくろむ信長にとって最大の強敵であったに違いない。

だが戦いは一方的な展開となり、信長勢が岩倉勢の将兵を千二百五十も討ち取るという圧勝を収め、岩倉勢はほうほうの体で岩倉城へと退却したという。

こうして岩倉勢に壊滅的な打撃を

与えた信長であったが、そのような状況下、弟・信勝がまたしても謀反を企てているとの報が入った。密告者は、信勝のもとを去り、信長に忠誠を誓った柴田勝家である。津々木蔵人《つづきくらんど》を寵愛した信勝が勝家をおろそかにするようになったために見限ったのだと伝わる。もはや信勝を放っておくことはできないと考えた信長は十一月二日、病と偽って清須城へ呼び寄せた信勝を殺害し、憂いを断った。

◆ついに尾張織田家を統一した信長

年が明けた永禄二年（一五五九）二月二日、信長は唐突に上洛を果たし、室町幕府十三代将軍・**足利義輝**《あしかがよしてる》に拝謁した。上洛の理由については定かではないが、伊勢守家の命運が風前の灯である状況下、自身が名実ともに尾張の第一人者であることを示すとともに、尾張一国の支配権を認めてもらおうとしたのではないかと推測されている。

三月、信長はいよいよ岩倉城攻略に乗り出す。まず城下を焼き払い、裸城としたところで城の周囲に二重、三重の鹿垣《ししがき》を巡らすと、連日のように城内に向けて火矢や鉄砲を撃ち込んだ。岩倉勢も必死に持ちこたえたが、二、三か月の籠城の末、ついに降伏。こうして信長は、尾張織田家の統一に成功したのであった。

足利義輝
1536〜65。将軍権威の回復をもくろむも、松永久秀らに襲撃されて自害を遂げる。

浮野の戦い要図

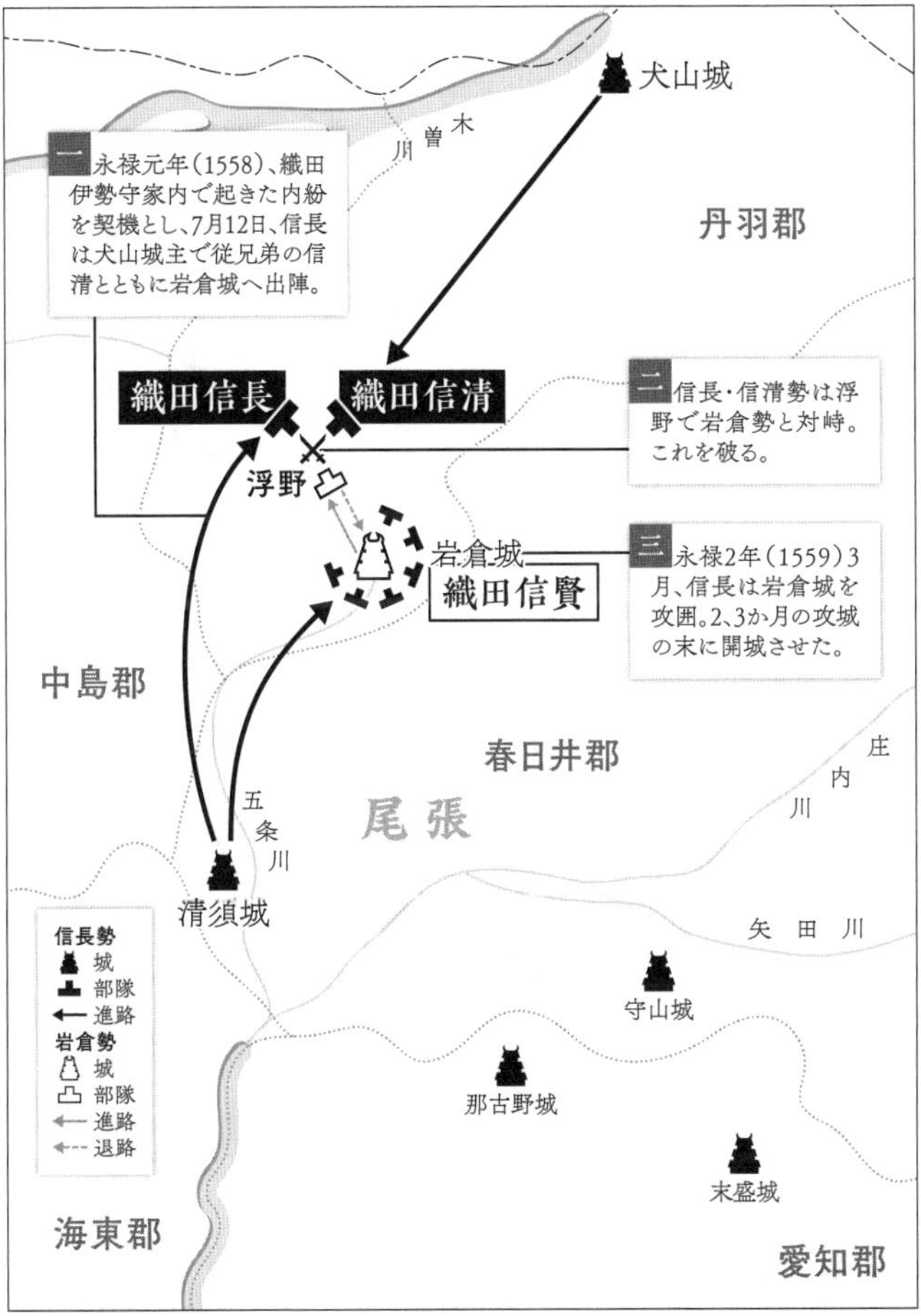

信長は強敵であった岩倉城主・織田信賢を降したことで、ほぼ尾張一国を平定するに至った。

戦国の乱世に一躍台頭した信長

永禄三年（一五六〇）五月十九日

尾張統一戦⑦桶狭間の戦い

◆今川義元の尾張侵攻

尾張上四郡の守護代・織田伊勢守家を滅ぼし、ほぼ尾張一国を支配下に置いた信長であったが、一方で、尾張南部では今川義元の圧力が強まっていた。前述のように、鳴海城主・山口教継父子の内応によって鳴海城、大高城、沓掛城を乗っ取った義元はその後、織田方との関係を疑って教継父子を殺害。代わって鳴海城には岡部元信、大高城には朝比奈泰朝《あさひなやすとも》を入れ、尾張進出の前線基地としたのである。

伊勢湾に注ぐ黒末川近くに位置する鳴海城は軍事・流通の拠点として重要な役割を担っており、ともすれば信長の経済拠点・熱田を脅かしかねなかった。そこで信長はまず鳴海城、大高城を奪還すべく、鳴海城に対しては**丹下《たんげ》砦**、**善照寺《ぜんしょうじ》砦**、中島《なかしま》砦を、さらには鳴海城と大高城との連絡を遮断するため、鷲津《わしづ》砦、丸根《まるね》砦を構築した。

丹下砦
東西約64メートル×南北約50メートルの曲輪と、東西約46メートル、南北約50メートルの曲輪が中心。曲輪の周囲には一辺100メートル以上の外構が巡らされていたという。もともと15世紀後半まではこの場所に集落が形成されていたとされる。

善照寺砦
一辺約50メートルの堀と土塁が巡らされ

桶狭間の戦い以前の信長領と今川領

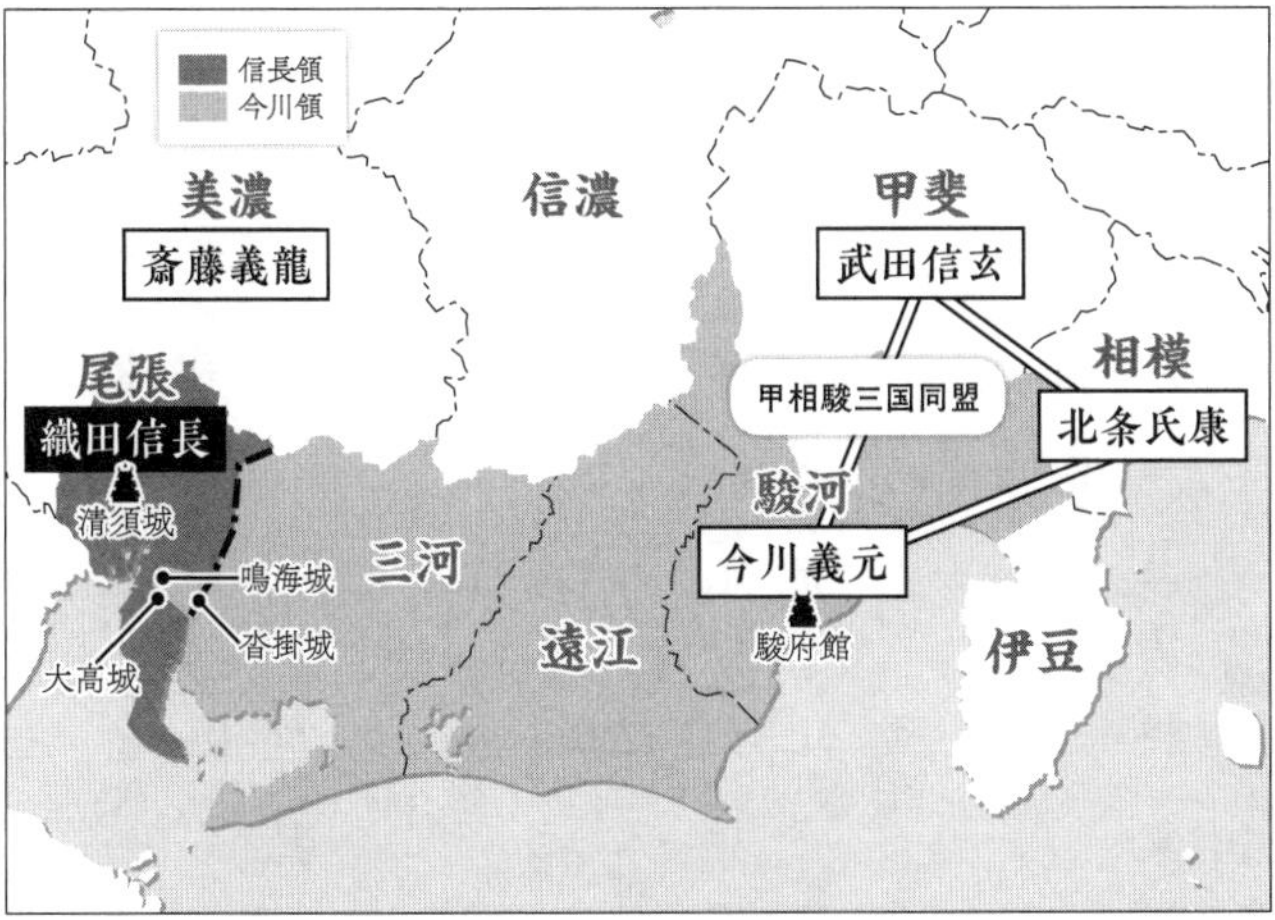

ほぼ尾張を制圧した信長の次なる軍事目標は、尾張国内に伸張していた今川氏の勢力を排除することに置かれた。

この信長の動きは、逐一義元に報告されていた。義元にしても鳴海城、大高城は尾張制圧における重要な境目の城であり、信長の動きを見過ごすことはできなかったのである。すでに天文二十三年（一五五四）には領国を接する甲斐の武田信玄《たけだしんげん》、相模の北条氏康《ほうじょううじやす》との間に軍事同盟（甲相駿三国同盟）が成立しており、背後を気にする必要もない。そして**永**※**禄三年（一五六〇）五月十二日、満を持して西進を開始した**のであった。その軍勢は二万五千とも四万ともいわれる。十八日には国境を越え、沓掛城に入った。

た砦。丘陵上、鳴海城を見下ろす位置ではなく、その反対側に築かれていたことから、鳴海城への補給路を断つとともに、今川勢の動向を監視する役割があったと見られている。

※義元は永禄2年（1559）頃、子の氏真に家督を譲って駿河・遠江の支配を託し、自身は三河支配を推し進めようとした。

◆義元の真の目的は何か

この義元の尾張侵攻について、従来は上洛を目的としたものだといわれてきたが、現在では否定する見方が強い。実際、もし上洛が真の目的であったのであれば、その途上の美濃の斎藤義龍、近江の**六角義賢**《ろっかくよしかた》らと事前に何らかの交渉があってしかるべきであるが、義元が彼らと通じていた証はないのである。であれば、義元の思惑はどこにあったのか。それは第一に、尾張侵攻の足掛かりとなる拠点、鳴海城、大高城の確保と織田方の付城の排除であり、第二に、尾張への領土の拡張であったと考えられる。このとき、三河における今川氏の支配体制はまだ不安定なものだった。また、もともと尾張那古野を治めていたのは義元の弟で尾張今川家の氏豊《うじとよ》であった。これらのことから、義元は三河の支配を固めるため、またかつての旧領を奪還するために尾張への侵攻をもくろんだとする考えが、現在、支持を集めるようになっている。

六角義賢
1521〜98。法名は承禎。近江観音寺城主。のち上洛する信長と対立するも、敗北。

◆寡兵で勝利を収めた信長

十八日、沓掛城に入った義元は将を集めると、松平元康《まつだいらもとやす》(徳川家康)、朝比奈泰朝を先鋒に命じ、十九日早暁から織田方の砦を攻撃するよう下命した。元康は大高城へ

信長による鳴海・大高城の封鎖

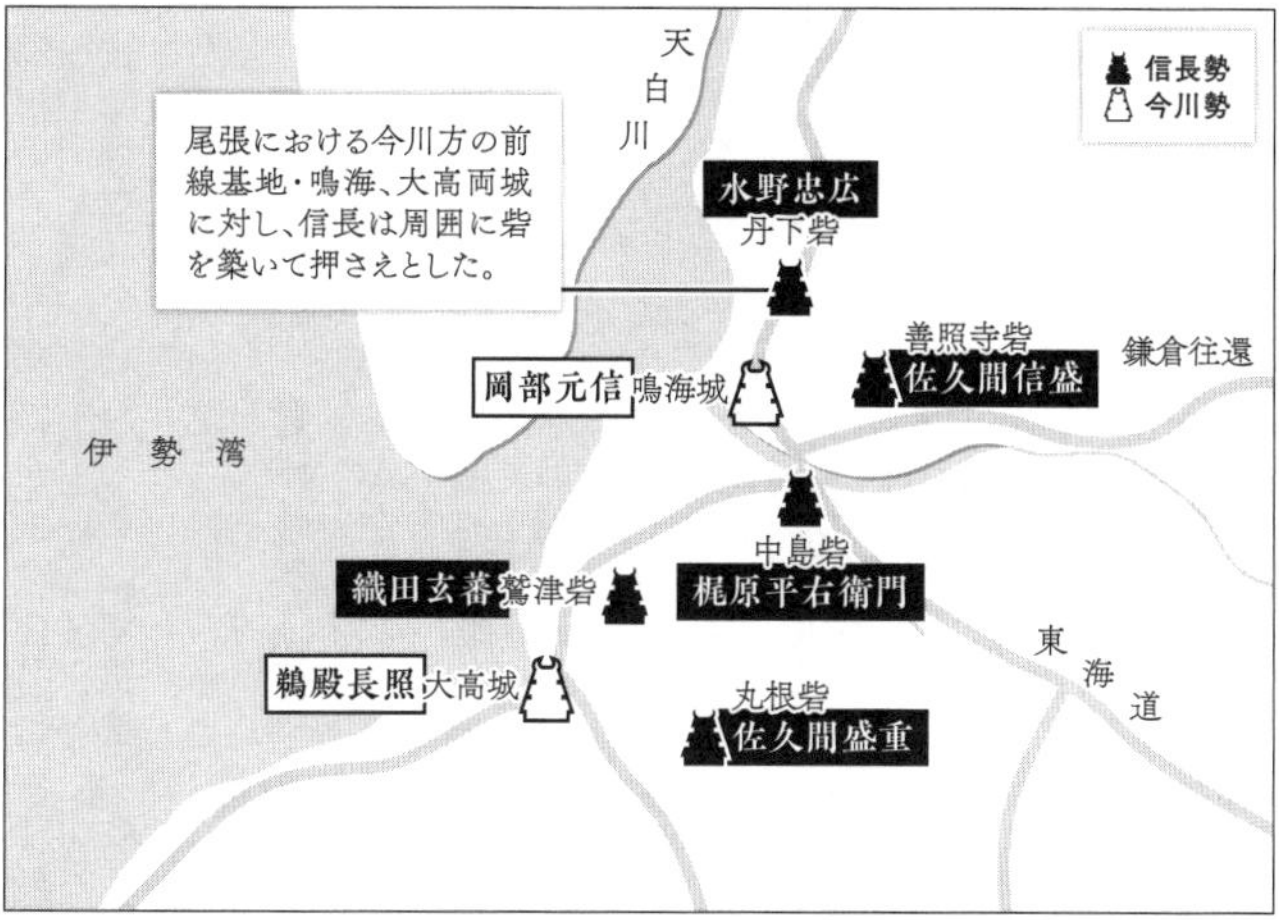

今川義元は調略によって得た鳴海城、大高城に大量の守備兵を送り込んだ。これに対して信長は両城への道を封鎖すべく、多くの付城を構築した。

の兵糧搬入と丸根砦の攻略、泰朝は鷲津砦の攻略である。

一方、十八日夕刻の時点で、これらの情報は清須城の信長のもとに届けられていたが、信長は軍議を開くことなく家臣らに帰宅を命じたため、みなあきれ返るばかりであったという。だが翌十九日早朝、今川勢が丸根砦、鷲津砦に攻め入ったという報が入ると、信長は即座に行動を開始。謡曲「敦盛《あつもり》」を舞い、立ったまま湯漬けをかき込むと、具足をつけて出陣した（『信長公記』）。あまりにも突然のことであったため、このときつき従ったのは小姓衆わずか六人であったという。清須城を出た信長はまず熱田神宮で戦勝祈願を行なうと、丹下砦を経て、善照寺砦へ入った。ここで軍勢を整えた信長であったが、その数は二千、もしくは三千に過ぎなかった。

正午頃、丸根砦、鷲津砦が陥落する。この報を聞いた義元は桶狭間山《おけはざまやま》で昼食休憩に入った。陣所では謡や舞を行なうなど、勝利に酔いしれていたと伝わる。

これに対し、信長は自ら軍勢を率いて中島砦から桶狭間山へ進軍。「小勢でも大敵を恐れるな」と兵らを鼓舞すると、大雨が降り止んだ時を見計らい、今川方の本陣に襲いかかった。たちまち前衛隊を打ち崩した信長はその勢いのままに義元の本陣を急襲。乱戦の最中、服部一忠《はっとりかずただ》が義元に槍をつけ、毛利良勝《もうりよしかつ》（新介《しんすけ》）が義元の首を取った。

『桶狭間合戦討死者書上』（長福寺文書）によると、今川方の戦死者が二千七百五十三人だったのに対し、信長方の戦死者は九百九十人余だったという。信長勢の実に半分近くが戦死するという激しい戦いであった様子がうかがえるが、この勝利で信長は尾張からの今川勢力の一掃に成功したのであった。なお従来、信長は善照寺砦から太《たい》子ヶ根《しがね》という丘陵を迂回し、そこから桶狭間の義元に奇襲をかけたとされてきたが、現在は中島砦から進軍し、正面から義元を討ち取ったとする見方が有力視されている。

桶狭間の戦い要図

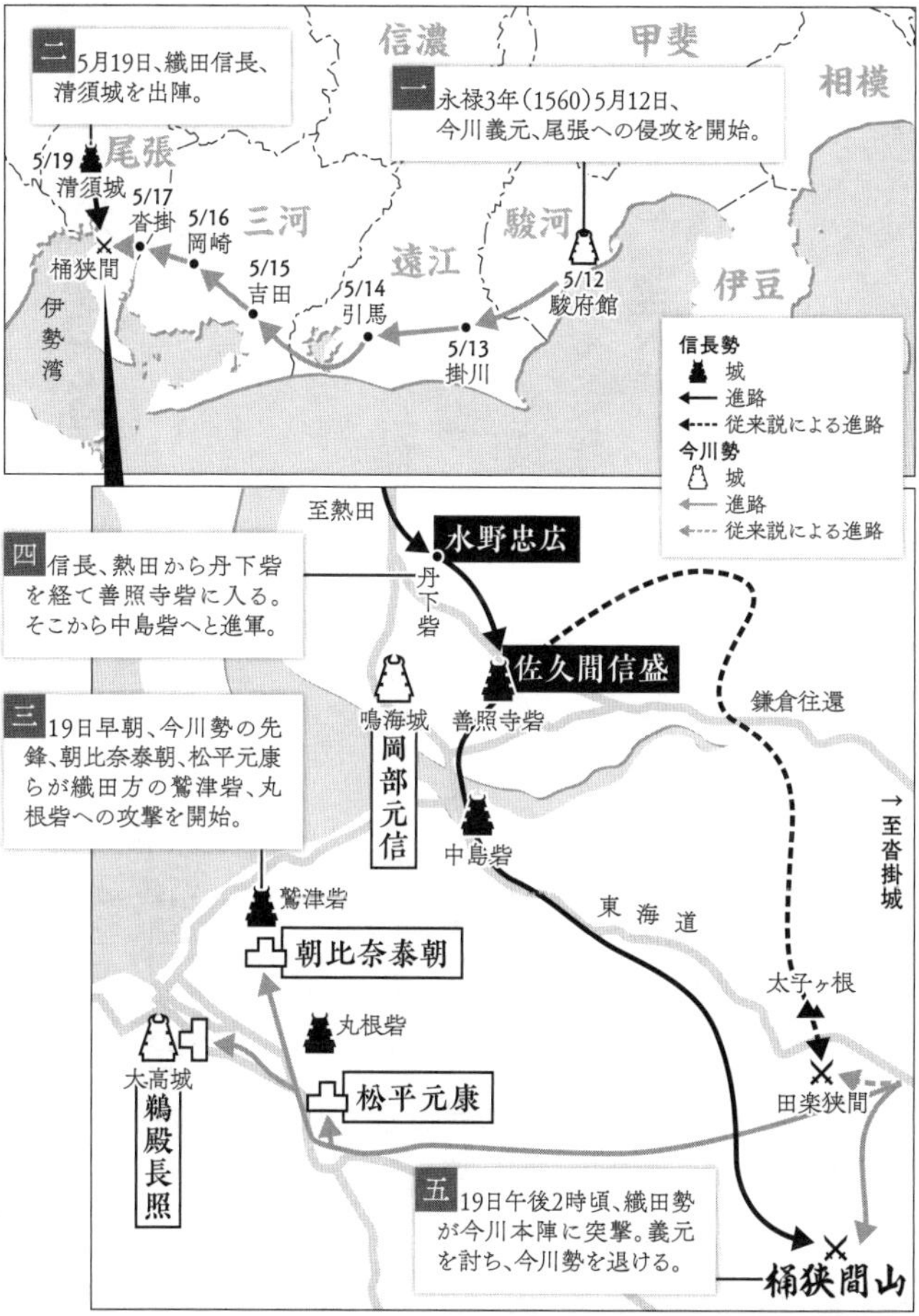

信長は桶狭間で今川義元を破り、東方の脅威を排除することに成功。一方、今川勢は以降、没落を余儀なくされた。

信長の死まで続いた堅固な盟約

永禄五年（一五六二）正月十五日

清須同盟の成立

◆松平元康の自立

桶狭間の戦いで今川義元が敗死したのち、今川氏の旧領を受け継いだのは子の氏真《うじざね》であるが、その求心力は急速に低下し、それまで従属していた国人らの離反が相次いだ。そのうちの一人に、松平元康がいる。義元の死後、今川勢の撤退した岡崎城に戻った元康は、三河における支配権を取り戻すべく、今川勢力の排除に乗り出した。永禄四年（一五六一）閏三月には、前年まで今川方であった原田新六《はらだしんろく》と簗瀬家久《やなせいえひさ》を自陣に取り込むべく起請文を発給している。一方で、三河と尾張の境を治めていた信長の同盟者で叔父の水野信元とも抗戦していることから、当初は信長とも敵対関係にあったと目されている。もっとも、信元は元康の父である広忠を見限り、信長の父・信秀方についたという経緯があるため、両者は長らく対立関係にあったと思われる。

桶狭間の戦い後の情勢

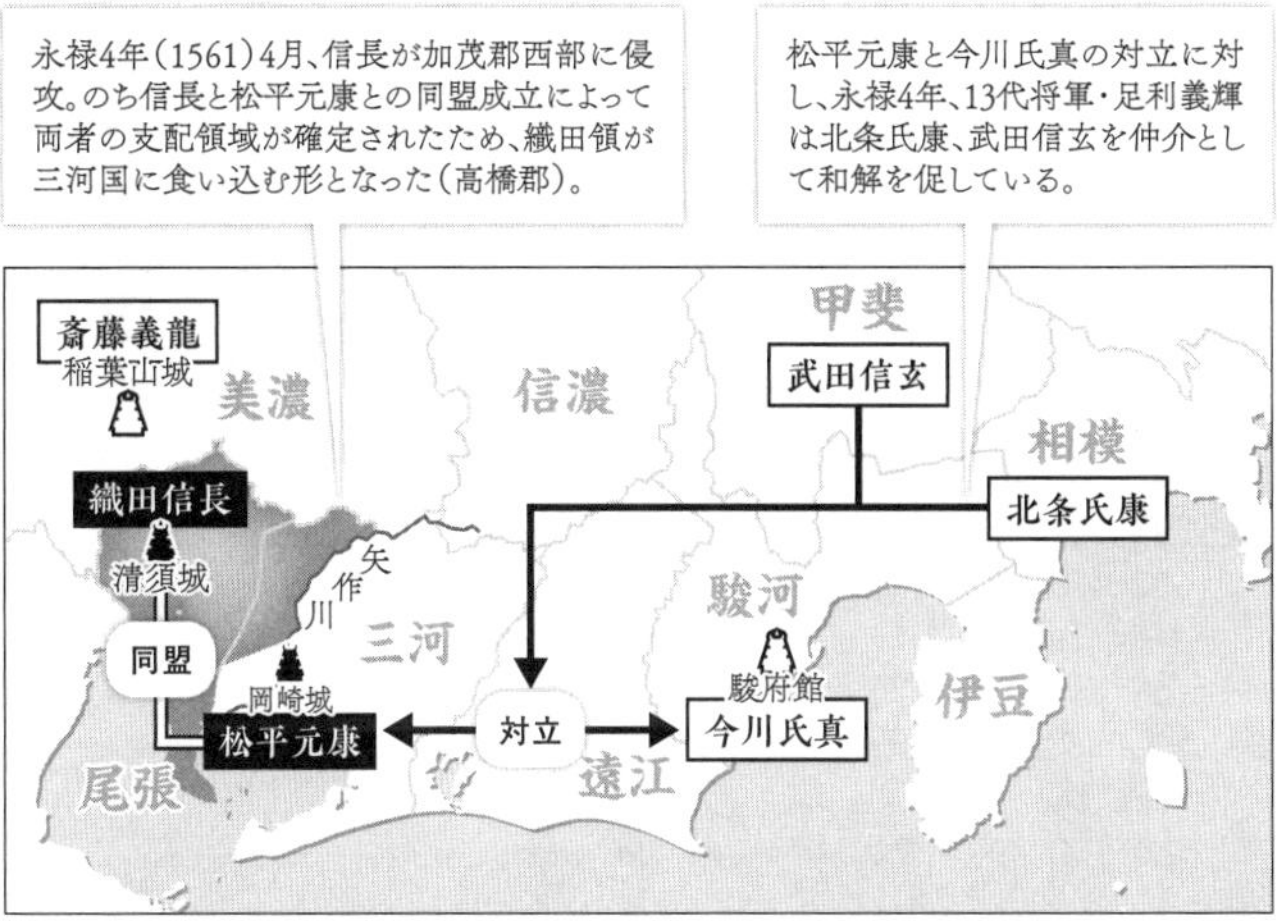
永禄4年（1561）4月、信長が加茂郡西部に侵攻。のち信長と松平元康との同盟成立によって両者の支配領域が確定されたため、織田領が三河国に食い込む形となった（高橋郡）。
松平元康と今川氏真の対立に対し、永禄4年、13代将軍・足利義輝は北条氏康、武田信玄を仲介として和解を促している。
斎藤義龍
稲葉山城
美濃
信濃
甲斐
武田信玄
相模
北条氏康
織田信長
清須城
矢作川
三河
駿河
駿府館
同盟
岡崎城
松平元康
対立
今川氏真
遠江
伊豆
尾張

桶狭間の戦い後、信長は美濃へと勢力を拡大すべく、今川氏から独立を果たした松平元康と同盟を締結した。

だが元康は反信長の姿勢を改め、信元の仲介により信長と軍事協定を締結した。いわゆる**清須同盟**である。もっとも、このとき信長・元康が清須城で会見したとする従来の説は否定されている。

この頃、織田氏と松平氏の勢力圏、尾張と三河の国境が確定された。三河制圧をもくろんでいた元康にとっては信長の後ろ盾が不可欠であり、また美濃侵攻を図りたい信長としては東方における安全を確保しておきたいという思惑があった。以降、この同盟は信長が死ぬまで継続されることとなる。

清須同盟
永禄4年にはすでに結ばれていたと考えられているが、正式に同盟が締結されたのは永禄5年（1562）正月のことだという。

尾張の完全統一、ここになる

永禄八年（一五六五）七月
尾張統一戦⑧犬山城の戦い

◆丹羽長秀による犬山攻め

三河の松平元康との同盟により、美濃攻略に専念できるようになった信長。折しも、永禄四年（一五六一）五月十一日、美濃では斎藤義龍が病死した。その跡を継いだのは、わずか十四歳の**龍興**《たつおき》である。信長はこの機を逃さず、十三日、西美濃へと侵攻。森部《もりべ》で斎藤勢を撃ち破った。そしてこの勢いに乗じ、美濃の制圧をもくろんだ。

ところが、そんな矢先に犬山城主の織田信清《のぶきよ》が斎藤氏と通じ、信長に反旗を翻すという事件が勃発する。犬山城の支城・黒田《くろだ》城、小口《こぐち》城を合わせ、尾張北部、木曽川に沿って反織田勢力が牙をむくという状況が現出されたのであった。

美濃侵攻にあたり、まず犬山を攻略しなければならないと考えた信長は、永禄六年（一五六三）、**小牧山に築城**※して本拠を清須から移すと、そこを前線基地として犬山勢

斎藤龍興
1548〜73。1567年の稲葉山城の戦いで信長に敗北。その後、三好三人衆や越前・朝倉義景などのもとで信長への抵抗を続けた。

※
小牧山城は小

犬山城の戦い要図

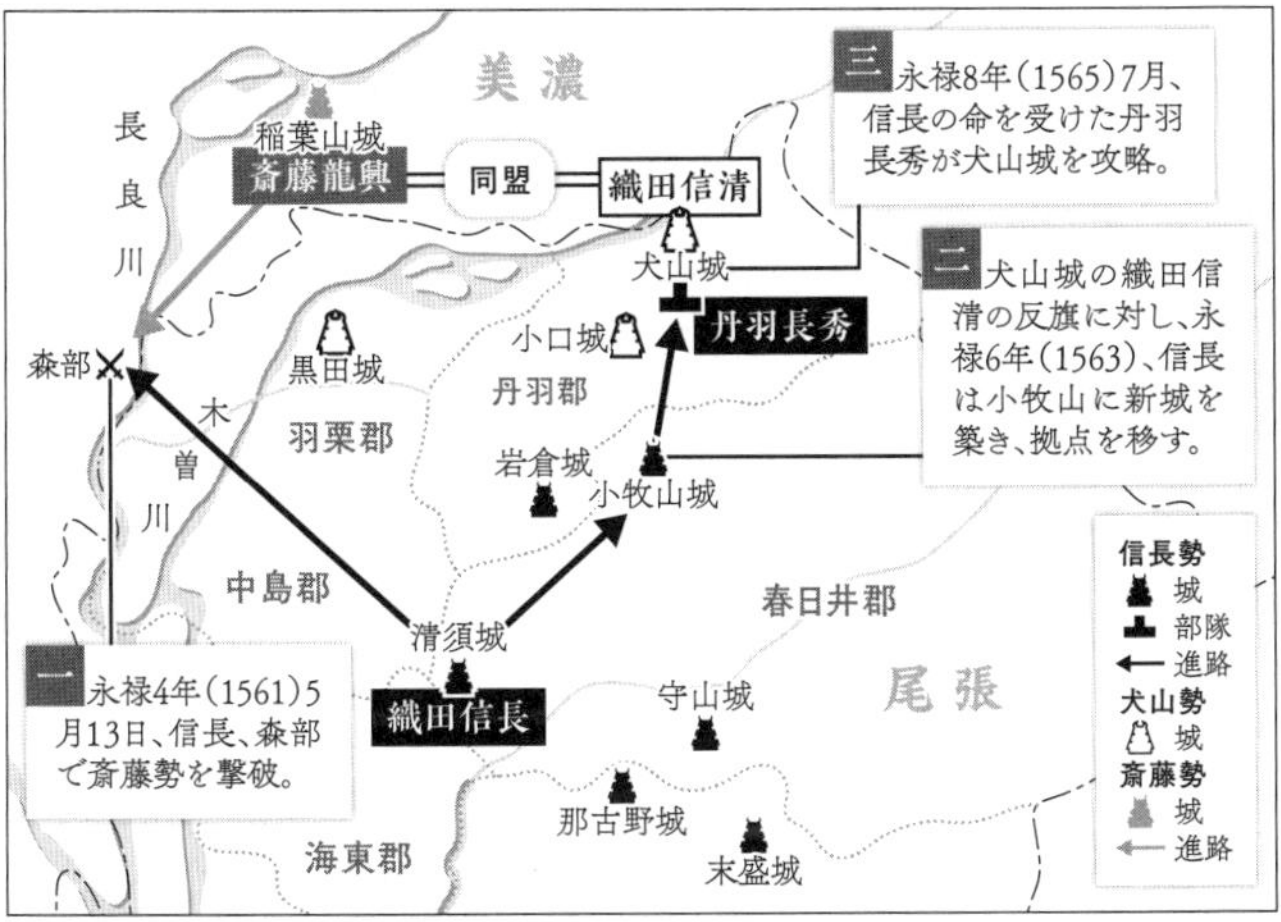

永禄8年（1565）7月、信長は自身に反旗を翻した犬山城主・織田信清を征討。ここに、尾張一国の完全平定がなった。

と対峙した。

　このとき、犬山城の攻略を任されたのは、**丹羽《にわ》長秀《ながひで》**である。長秀は犬山城を攻めるにあたり、まず調略を用いて黒田城主・和田新助《わだしんすけ》、小口城主・中島豊後守《なかじまぶんごのかみ》の内応を取りつける。

　そして永禄八年（一五六五）七月頃、満を持して犬山城へと出陣。すでに内通していた二人が軍勢を城内に引き入れたため、さしたる抵抗もなく、城の制圧に成功した。ここに、信長は尾張一国を完全に平定したのであった。

　その後、信長は長秀の活躍を称え、犬山城の守備を託した。

牧山の中腹以上の高地に築かれた。曲輪の周囲には最大で4メートルほどの石垣が巡らされていたという。また、山麓には武家屋敷が建ち並んだ。

丹羽長秀
1535～85。信長のもと、姉川の戦いや長篠・設楽原の戦いなど数々の戦いで功績を残す。信長の死後は秀吉に協力した。

もっと知りたい！戦国合戦の舞台裏 ❷

弱体化した足利幕府が生き長らえたワケ

●度重なる反乱

室町幕府の歴史は、建武三年（延元元・一三三六）にはじまり、三代将軍・足利義満《よしみつ》の時代に全盛を迎える。だが、その権力基盤は極めて脆弱であり、将軍の座を巡ってたびたび反乱が起こっている。

六代将軍・義教《よしのり》の時代には鎌倉公方・足利持氏《あしかがもちうじ》による乱（永享の乱）が起き、さらには義教が播磨守護・赤《あか》松満祐《まつみつすけ》に暗殺されるという事件も勃発している（嘉吉の乱）。応仁元年（一四六七）には八代将軍・義政の後継を巡る争いが一因となって応仁・文明の乱が勃発。明応二年（一四九三）には十代将軍・義材《よしき》が管領・細川政元に将軍職を追われ（明応の政変）、十三代将軍・義輝も三好三人衆や松永久秀らによって自害に追い込まれている。

●幕府の権威を求めた大名

しかしそれでも幕府そのものは瓦解せず、信長が十五代将軍・義昭を追放する天正元年（一五七三）まで存続した。

それもひとえに、当時は将軍を頂点として定められていた儀礼的な権威があったためである。

室町時代、大名や武家には身分の序列がつけられ、それに応じた細かいしきたりや慣例が定められた。殿中における席次や将軍に謁見する際の立ち居振る舞いなど、あらゆる物事において序列や格式が重んじられていたのである。将軍の許可を得ずして塗り輿に乗ったり、馬の鞍に毛氈《もうせん》の鞍覆《くらおおい》をかけたりすることも許されてはいなかった。

また、しばしば大名は将軍の名前の一字を拝領（偏諱《へんき》）することで、将軍家との結びつきを強固にしようとした。たとえば、甲斐の武田晴信（信玄）は十二代将軍・義晴から、越後の上杉輝虎（謙信）も十三代将軍・義輝から偏諱を受けている。

戦国時代は下剋上の時代であったが、それでも大名らは幕府の権威の名のもとに領国を支配していったのである。

第二章

天下布武

ついに歩みはじめた「天下」統一への道

永禄十年（一五六七）八月
稲葉山城の戦い

◆信長の美濃侵攻

犬山《いぬやま》城の反乱分子を武力で鎮圧し、尾張統一を成し遂げた信長はいよいよ美濃侵攻を本格化させていく。折しも永禄七年（一五六四）二月六日、美濃では**竹中重虎**《たけなかしげとら》（**重**《しげ》**治**《はる》）が舅・安藤守就《あんどうもりなり》と謀り、当主・斎藤龍興《さいとうたつおき》を追い出して稲葉山《いなばやま》城を奪うという事件が勃発していた。重治らはその後、半年にわたり占拠を続けたという。若年であった龍興には家中を統制する力がなく、すでにこの頃、斎藤氏の家臣団が一枚岩ではなかった様子がうかがえる。実際、西美濃の国境付近で市橋《いちはし》、高木《たかぎ》、毛利《もうり》氏が信長に通じるなど、龍興を見限る者も多かった。信長はこの機を逃さずに出陣。永禄八年（一五六五）には美濃の鵜沼《うぬま》城、加治田《かじた》城、堂洞《どうほら》城、猿啄《さるばみ》城などを落とし、木曽川を越えて東・中美濃地域にまで進出した。

竹中重治
1544～79。美濃菩提山城主竹中重元の長子。斎藤氏に仕えたのち信長に仕え、秀吉の陣幕に与力として配される。

だが龍興も黙って手をこまねいているばかりではなかった。甲斐の武田《たけだ》信玄《しんげん》と同盟を締結し、信長に抵抗しようともくろんだのである。一方で、信長も養女を信玄の四男・勝頼《かつより》に輿入れさせて関係の強化を図ったことから、龍興は信玄の援兵を期待できなくなったのであった。

信長の東美濃侵攻

尾張を統一した信長は美濃侵攻に乗り出し、永禄8年(1565)9月には東美濃を制圧した。

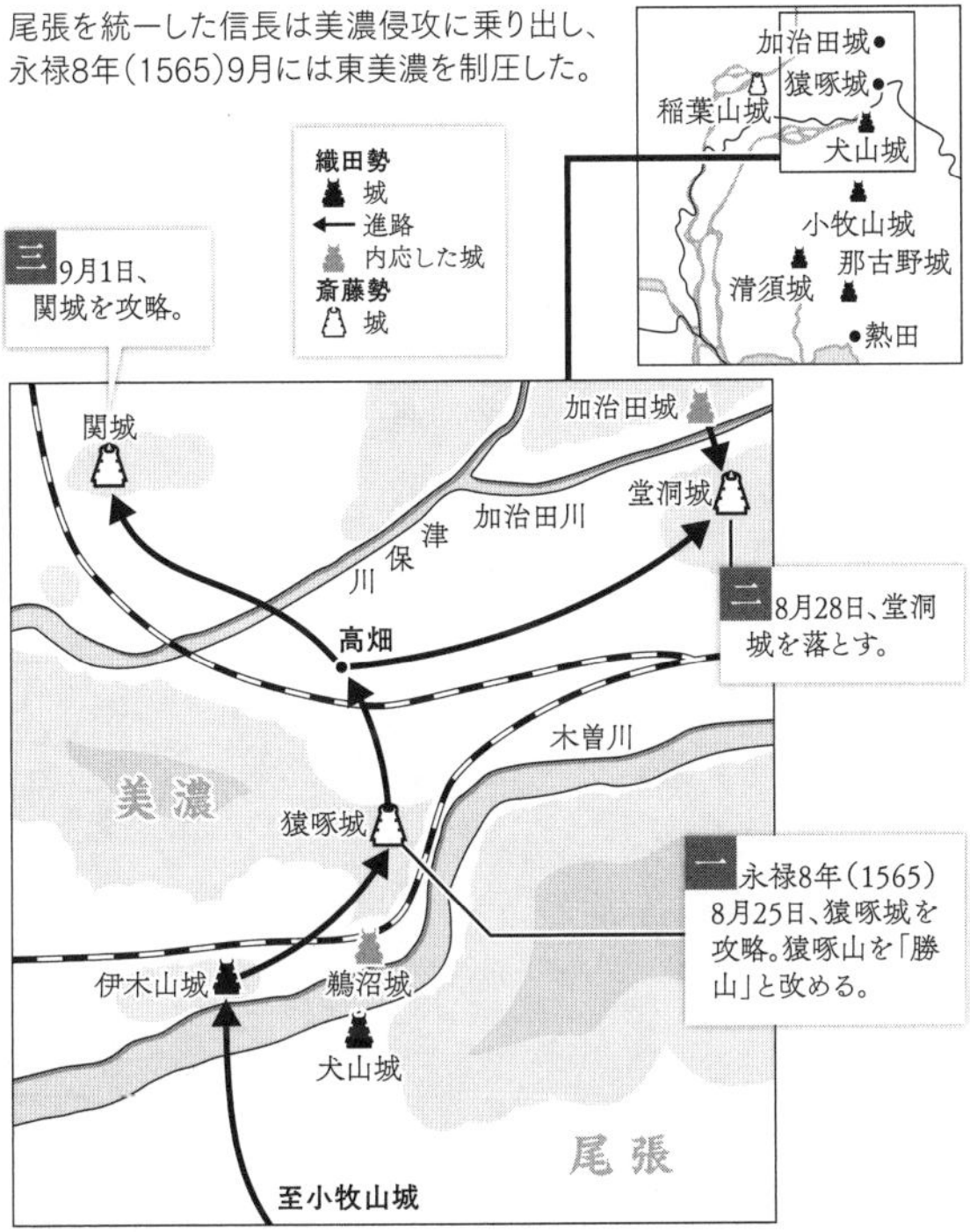

◆足利義昭の呼びかけに応じる信長

信長が龍興の居城・稲葉山城を包囲するがごとく着実に足場を固めていった

永禄八年五月十九日、室町幕府十三代将軍・足利義輝《あしかがよしてる》が**三好《みよし》三人衆**、**松永久秀《まつながひさひで》**らに殺害された。このとき、義輝の弟・一乗院覚慶《いちじょういんかくけい》（のち還俗して義秋《よしあき》。その後、義昭《よしあき》へ改名）が近江への亡命を余儀なくされている。再び京に上り、将軍に就任することを願った義昭は信長をはじめ各地の戦国大名に積極的に通信し、自らを擁立して上洛するよう促した。

すでに信長は京への進出を見据えており、義昭の要請はまさに好都合なものだった。そこで義昭に対して上洛への協力を申し出たが、龍興との交戦中であり、そう容易に事を起こすことができなかった。

そのような状況下の永禄九年（一五六六）七月、義昭の仲介により、信長と龍興との間に和睦が成立する。こうして上洛への道が開かれると、八月、信長は軍を尾張と美濃の境目へと進めた。だが、この信長の動きを美濃侵攻であると捉えた龍興が和睦を一方的に破棄。信長の進軍を食い止めるべく、軍勢を差し向けてきた。同月二十九日、信長は河野島《かわのじま》でこれを迎え撃ったが、折からの暴風雨で木曽川が増水したため、閏八月八日未明に撤退を開始する。しかし川で多くの兵が溺死し、またそこへ龍興勢が追い討ちをかけてきたため、大敗を喫したと伝わる（『中島文書』）。

三好三人衆
畿内の戦国大名・三好長慶の家臣だった三好長逸、岩成友通、三好政康の3人の同族衆のこと。長慶の死後、幼主・義継（十河重存）を擁して実権を握るが、のち松永久秀、義継らと対立した。

松永久秀
1510～77。三好長慶の家臣として台頭し、13代将軍足利義輝を弑するなど専横を極める。信

河野島の戦い要図

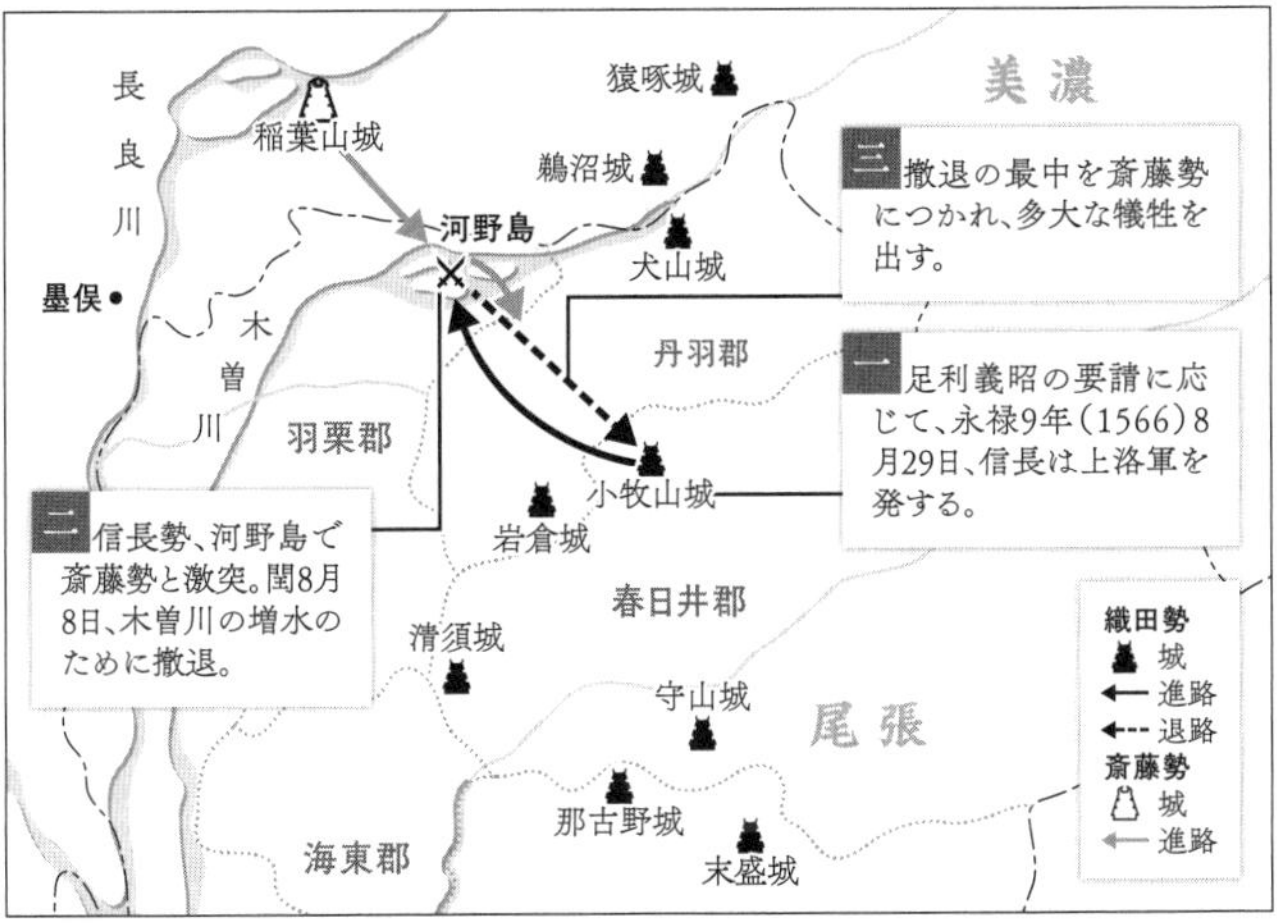

積極的に美濃への侵攻を図り、徐々に勢力圏を拡大していった信長だったが、河野島の戦いでは斎藤勢に大敗を喫した。

◆稲葉山城の攻略

　この敗戦によって信長は、上洛のためには龍興を完膚無きまでに叩く必要があると悟る。そこでまず斎藤家中を内部から瓦解させるべく、斎藤家の有力な重臣である西美濃三人衆、稲葉《いなば》良通《よしみち》（一鉄《いってつ》）、氏家《うじいえ》直元《なおもと》（卜全《ぼくぜん》）、安藤守就に対して調略を行なった。

　永禄十年（一五六七）八月一日、西美濃三人衆が信長への帰順を申し出るや、信長は即座に兵を向けて稲葉山城下の井ノ口《いのくち》を占拠。町に火を放つと、城の周囲に鹿垣《ししがき》を積み上げて厳重な包囲網を構築した。この信

長の入洛後はこれに従い、大和一国を安堵されるが、二度にわたって信長を裏切り、最期は信貴山城で自刃した。

長の迅速な動きに龍興は成す術なく、十五日に降伏。城を明け渡して伊勢長島へと落ち延びたのであった。ここに、道三から三代にわたって美濃を治めた戦国大名・斎藤氏は滅亡した。

ところで、稲葉山城攻めは史料によっては永禄七年となっているものもあるが、信長が稲葉山城下の社寺に宛てて出した書状を見ると永禄十年以降に集中していることから、現在は永禄十年の出来事と考えられている。

こうして美濃を制圧した信長は稲葉山城に拠点を移すと、「周の文王《ぶんおう》、岐山《きざん》に立って天下を定む」という故事にならい、城下町井ノ口を岐阜《ぎふ》と改称した。岐阜の名称は政秀寺《せいしゅうじ》の沢彦宗恩《たくげんそうおん》の提言によると伝わるが、すでに美濃国の臨済宗の僧の間では稲葉山城下の美称として使われていたという。

また十一月には、「天下に武を布《し》く」という意味の「天下布武《てんかふぶ》」という印判を用いはじめている。なお、この時点における「天下」とは日本全国のことではなく、あくまでも京と五畿内（山城・大和・摂津・河内・和泉）を指すものであったと解釈されている。すなわちこれにより、信長はいよいよ義昭を奉じて上洛し、室町幕府を再興するという意志を表明したと考えられる。

稲葉山城の戦い要図

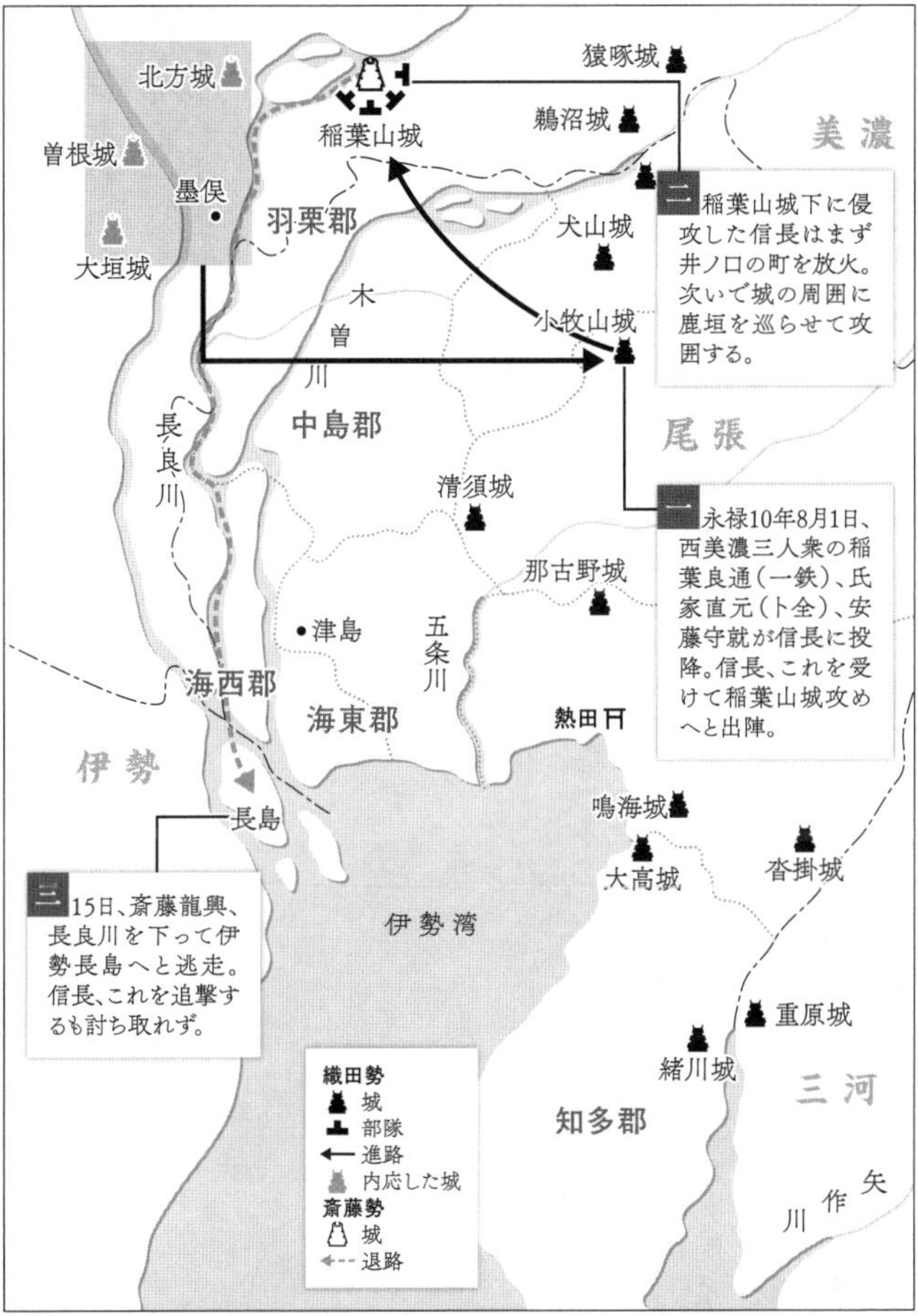

永禄10年8月15日、信長は稲葉山城の攻略に成功。ついに美濃を制圧した。

商品流通の活性化を図る開放経済政策

永禄十年（一五六七）〜
信長の都市政策

◆楽市令の発布

斎藤龍興を退け、美濃を制圧した信長は永禄十年（一五六七）十月、城下町・岐阜の南に位置する加納《かのう》の町に対して**楽市令**を発した。すなわち、商人に対して往還の自由や諸役の免除、権力の不介入などの特権を保証したのである。当時、市が開かれたのは寺社の境内がほとんどであったが、商人たちはそこで商売するにあたり、寺社に地子銭《じしせん》、要するに場所代などの税を納める必要があった。信長はこれを免除したのである。また、寺家や公家に上納金を納め、営業を保護されていた座（一種の同業者組合）の特権を認めず、楽市においては誰もが自由に出店できるようにした。信長は現代でいうところのフリーマーケットのようなものを城下に設けることで、都市全体の商業の活性化を図ったのである。こうして岐阜の城下町には多数の商人が集まるよう

楽市令
市場や座への課税を行なわないとともに、市場において営業や生産、流通などの特権を持った組織である座を廃止し、新興商人による自由営業を許した政策。

楽市令の公布

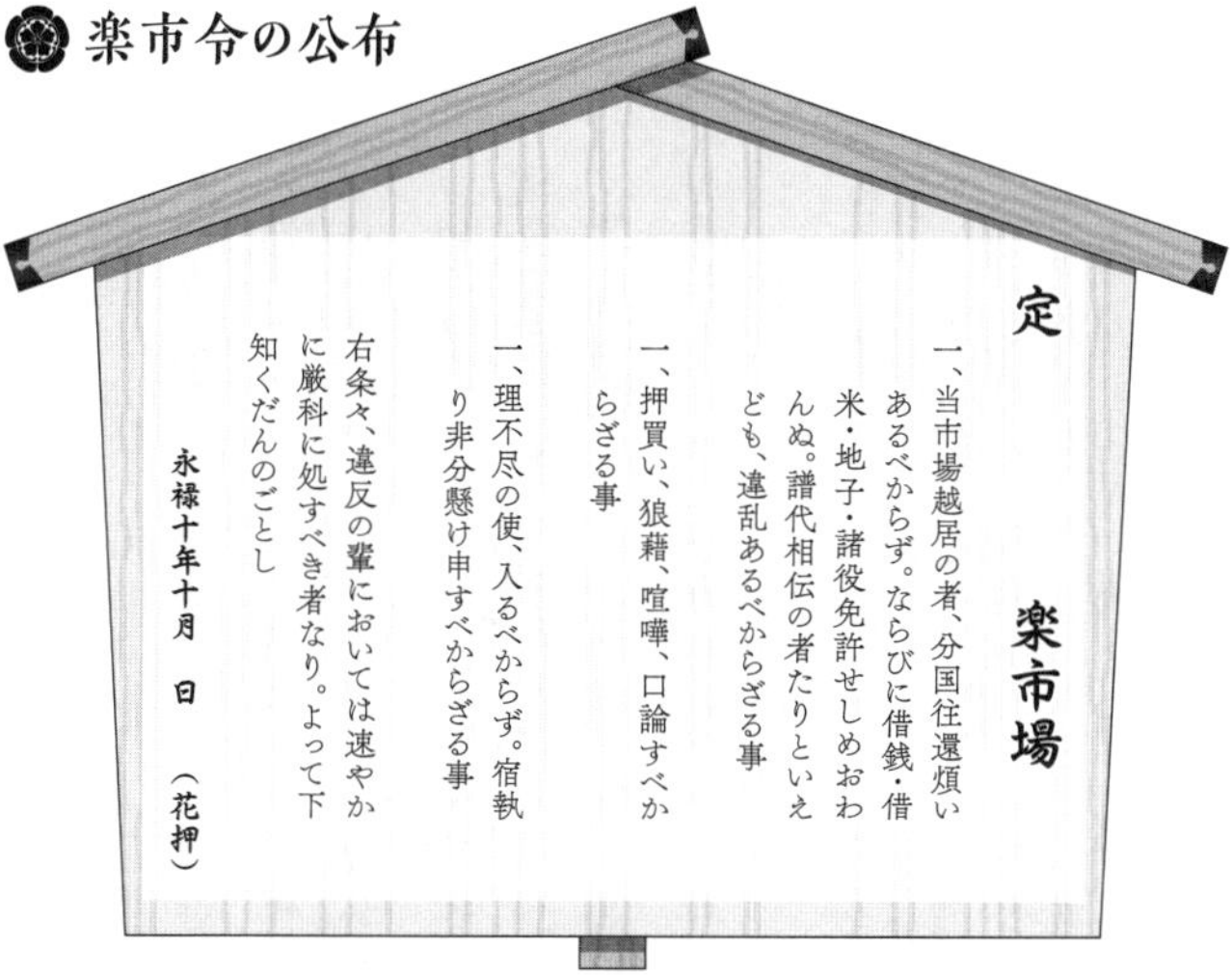
定
楽市場
一、当市場越居の者、分国往還煩いあるべからず。ならびに借銭・借米・地子・諸役免許せしめおわんぬ。譜代相伝の者たりといえども、違乱あるべからざる事
一、押買い、狼藉、喧嘩、口論すべからざる事
一、理不尽の使、入るべからず。宿執り非分懸け申すべからざる事
右条々、違反の輩においては速やかに厳科に処すべき者なり。よって下知くだんのごとし
永禄十年十月　日　（花押）

美濃を制圧し、岐阜城に入った信長は郊外の加納に対して楽市令を公布。城下町における商業の活性化を図った。

になり、宣教師**ルイス・フロイス**をして「まるでヨーロッパの古代都市バビロンのような賑わい」と言わしめるほどの繁栄が現出されたのであった。その後、信長は岐阜に続いて拠点とした安土《あづち》城においても楽市令を出して城下町の振興を図った。天正九年（一五八一）頃には人口六千人を超えるまでに発展を遂げたといわれている。

なお、楽市令は信長の独創であるといわれるが、すでに天文十八年（一五四九）、六角定頼《ろっかくさだより》が観音寺《かんのんじ》城下の石寺《いしでら》新市に楽市令を出しており、これが初見であるとされる。

ルイス・フロイス　1532～97。ポルトガルのイエズス会宣教師。1563年の来日後、九州、畿内を中心としてキリスト教布教に尽力した。

◆街道の整備と関所の撤廃

楽市・楽座に加え、信長が商業政策の一環として取り組んだのが**街道の整備**※だった。当時は敵が攻め入るのを防ぐため、領国内の街道は狭く、入り組んだ形状になっているのが普通であったが、信長はあえて道幅を広げてまっすぐに整備することで、人やモノの流れを円滑にしようとした。敵が容易に侵入できるというデメリットよりも、商業を活性化することで得られる経済的メリットのほうが大きいと判断したのである。一方、信長軍が機動力を発揮するためにも交通路の整備は必須であった。

また、信長は領国内における関所を撤廃したことでもよく知られている。戦国時代は公家や寺社が自分の領地内に関所を設け、そこを通行する人やモノに対して通行料(関銭)を徴収していた。多いところではわずか一里(約四キロ)の間に四十余もの関所があったといわれる。街道を往来するたびに支払わなければならない関銭は商人にとっては大きな負担となり、物価を高騰させる一因となっていた。そこで信長は関所を取り除くことで、商品流通を促そうとしたのであった。

こうして商人をうまく取り込むことで、信長は多大な経済力を手中に収める。そしてこれが、信長の覇道を支える**基盤**となるのである。

※信長は道を整備するにあたり、本街道は3間2尺(約6・5メートル)、脇街道は2間2尺(約4・5メートル)、在所道は1間(約2メートル)とした。

信長による街道の整備

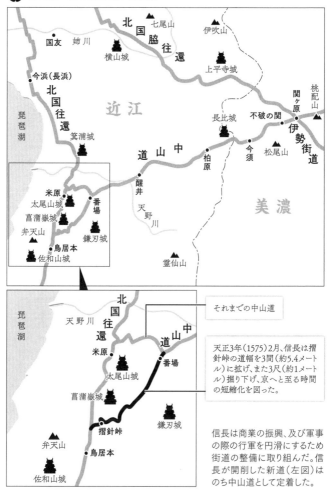

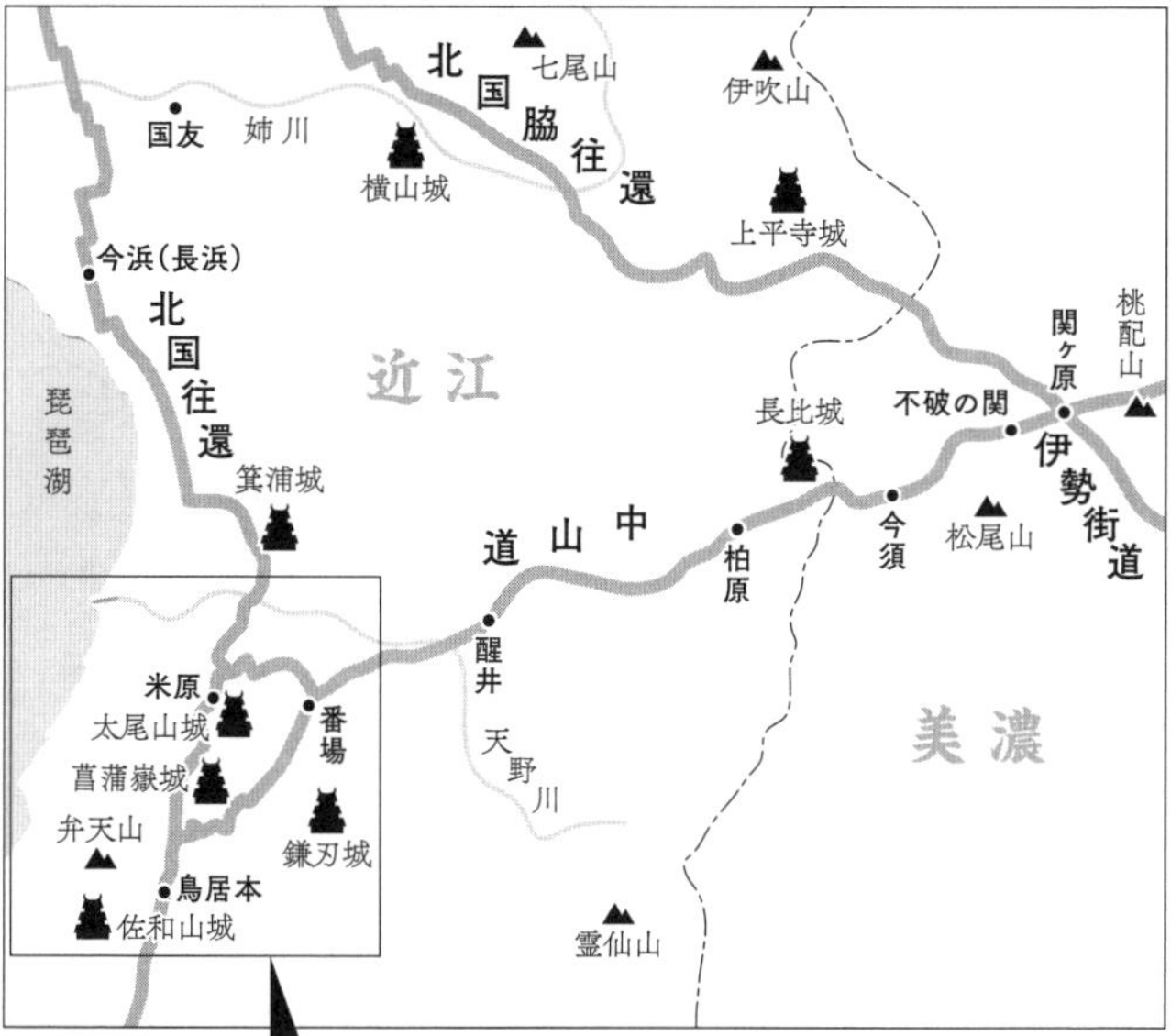

信長は商業の振興、及び軍事の際の行軍を円滑にするため街道の整備に取り組んだ。信長が開削した新道（左図）はのち中山道として定着した。

畿内を平定した信長、ついに上洛を果たす

永禄十一年（一五六八）九月二十六日

足利義昭の奉戴

◆周到な信長の上洛準備

室町幕府十三代将軍・足利義輝が三好三人衆、松永久秀らに殺害された永禄八年（一五六五）五月十九日以降、将軍の座は空位にあったが、永禄十一年（一五六八）二月八日、義輝の従兄弟にあたる義栄《よしひで》が三好三人衆に擁立され、将軍の座に就いた。しかし将軍宣下後も義栄は京に入ることができず、実権は三好三人衆が握っていた。

一方、永禄十年（一五六七）、美濃を制圧した信長は、いよいよ義昭の上洛に向けて行動を開始する。まず道中における安全を確保すべく、北近江の**浅井長政**《あざいながまさ》のもとへは妹・お市《いち》を嫁がせて同盟を締結（お市の輿入れ年については諸説ある）し、三好三人衆と対立した久秀父子をも味方に取り込んだ。畿内の諸勢力に対しても、義昭の上洛にあたっては久秀と協力して事にあたるよう書状を送っている。永禄十一年には北

浅井長政 1545〜73。信長の妹・お市を娶って信長と同盟関係を結び、勢力を伸張。南近

伊勢の神戸《かんべ》氏、長野《ながの》氏を降し、三男・信孝《のぶたか》を神戸氏の、弟・信包《のぶかね》を長野氏の養子として送り込むことで、北伊勢を掌握した。

足利義昭の岐阜入城

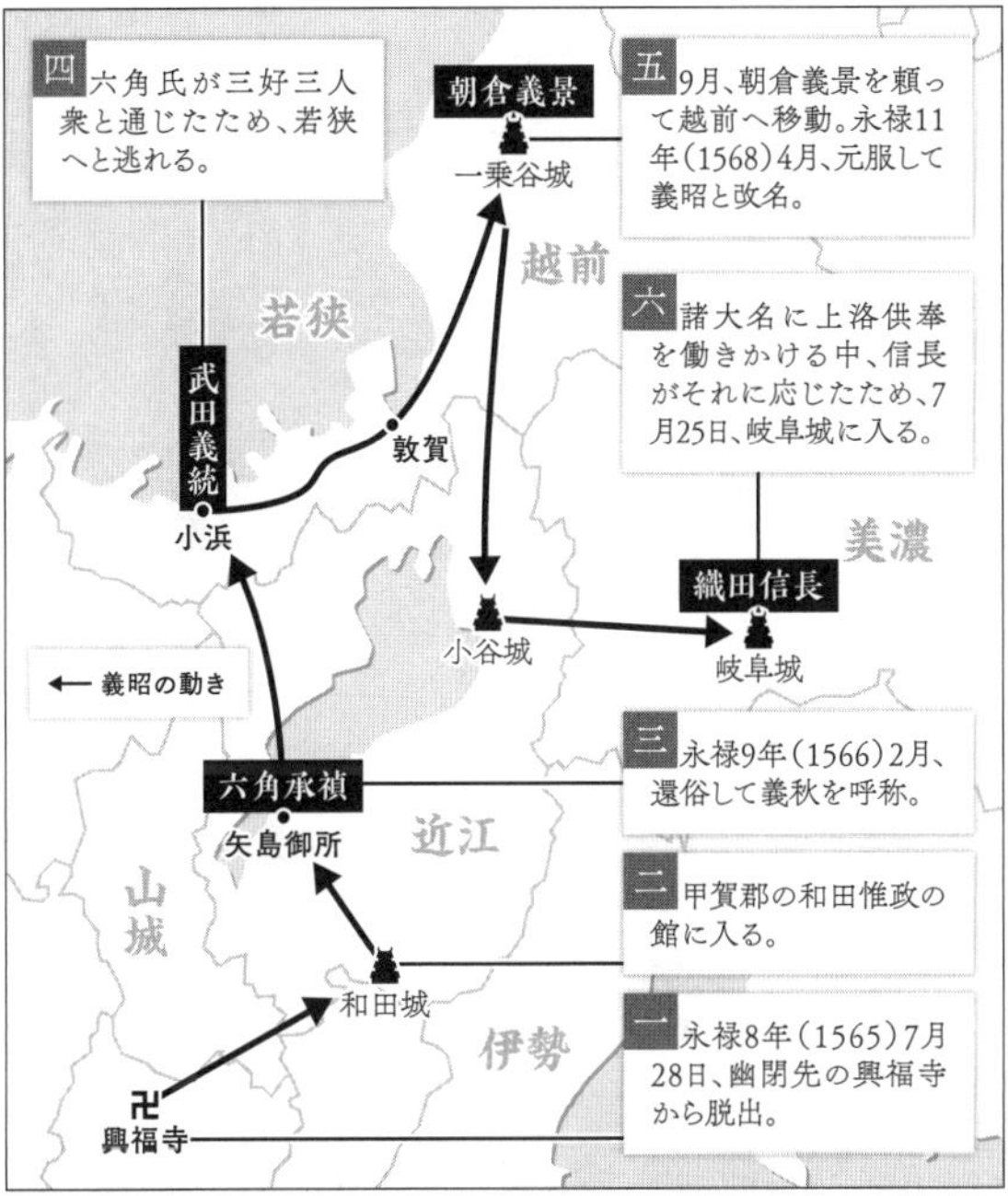

兄・義輝の死後、義昭は各地を流浪する日々を余儀なくされたが、その最中、諸大名に対して上洛を促す御内書を盛んに発給した。

また、家康の嫡男・信康には娘・徳姫《とくひめ》を嫁がせ、嫡男・信忠《のぶただ》の正室として武田信玄の娘・松姫《まつひめ》を迎える約束をするなど同盟関係を強化して後顧の憂いを断った。信長がいかに用意周到であったかを見て取ることができよう。こうして諸事万端を整えたのち、信長は

江の六角氏を降して近江の大半を支配する。だが信長が天下統一へ邁進する過程で信長から離反。朝倉氏など反信長勢力と結んで対抗するが、信長に敗れて自刃。

永禄十一年七月、越前・朝倉義景《あさくらよしかげ》の庇護下にいた義昭を岐阜に呼び寄せた。八月七日、岐阜城を出立し、近江佐和山《さわやま》城に入った信長は京における交通路を確保すべく、観音寺城主・六角義治《ろっかくよしはる》とその父・承禎《じょうてい》（義賢《よしかた》）に対して協力を呼びかけた。義昭の使者も同行し、協力した暁には幕府所司代に任ずるという条件を提示したものの、すでに三好三人衆と通じていた六角氏はこれに応じず、敵対意志をあらわにした。

ここに至り、信長は軍事力をもって上洛への道を切り拓く決意を固める。九月七日、尾張、美濃、北伊勢に加え、家康の援兵を従えた信長は八日に近江に入ると、十二日、観音寺城の支城・箕作《みつくり》城を落とした。この信長の攻勢に戦意を喪失した六角氏は甲賀方面へと逃走。近江の国人領主のほとんども信長に降伏した。

十三日、信長は観音寺城を制圧した。もはや、上洛を遮る者はいない。そこで信長は岐阜の義昭に迎えの使者を立てると、二十二日、桑実寺《くわのみでら》で合流。二十六日、ついに入京を果たした。その後、信長は山城の勝龍寺《しょうりゅうじ》城、摂津の芥川《あくたがわ》城など三好方の抵抗勢力を鎮圧して※**畿内を平定**。そして十月十八日、義昭は征夷大将軍の宣下を受け、晴れて室町幕府十五代将軍となったのであった。なお、義栄は信長の上洛前に病死したといわれる。

※畿内平定後、河内守護に三好義継と畠山高政、摂津守

信長の上洛

足利義昭を奉じた信長はまず京までの経路をしっかりと確保。その後、六角氏を降し、上洛を果たした。

護に和田惟政、伊丹忠親、池田勝正が任じられ、また大和は松永久秀、山城は細川藤孝が支配にあたるという体制が現出された。

三好三人衆の襲撃で窮地に陥る足利義昭

永禄十二年（一五六九）正月五日

本圀寺の変

◆義昭に訪れた危機

信長に奉戴され、待望の将軍となった足利義昭の喜びようは一方ならぬものがあったようで、永禄十一年（一五六八）十月二十三日、義昭は信長を副将軍、あるいは管領職に就くよう勧めた。軍事力も経済力も持たない義昭ができる最大限の謝意であった。しかし、信長はこれを固辞する。形式的なものに過ぎない地位には関心がなかったためであろう。

二十四日、信長が義昭に対して美濃へ帰ることを告げると、義昭は信長に二通の御内書を発した。一通は将軍家再興への感謝と今後の治安維持の要請、もう一通は将軍家の桐紋と二引両紋《ふたつひきりょうもん》の使用許可である。そのいずれの宛名も「御父　織田弾正忠《だんじょうのじょう》殿」となっており、この頃は義昭が信長をまるで父のように慕っていた様子がう

本圀寺の変要図

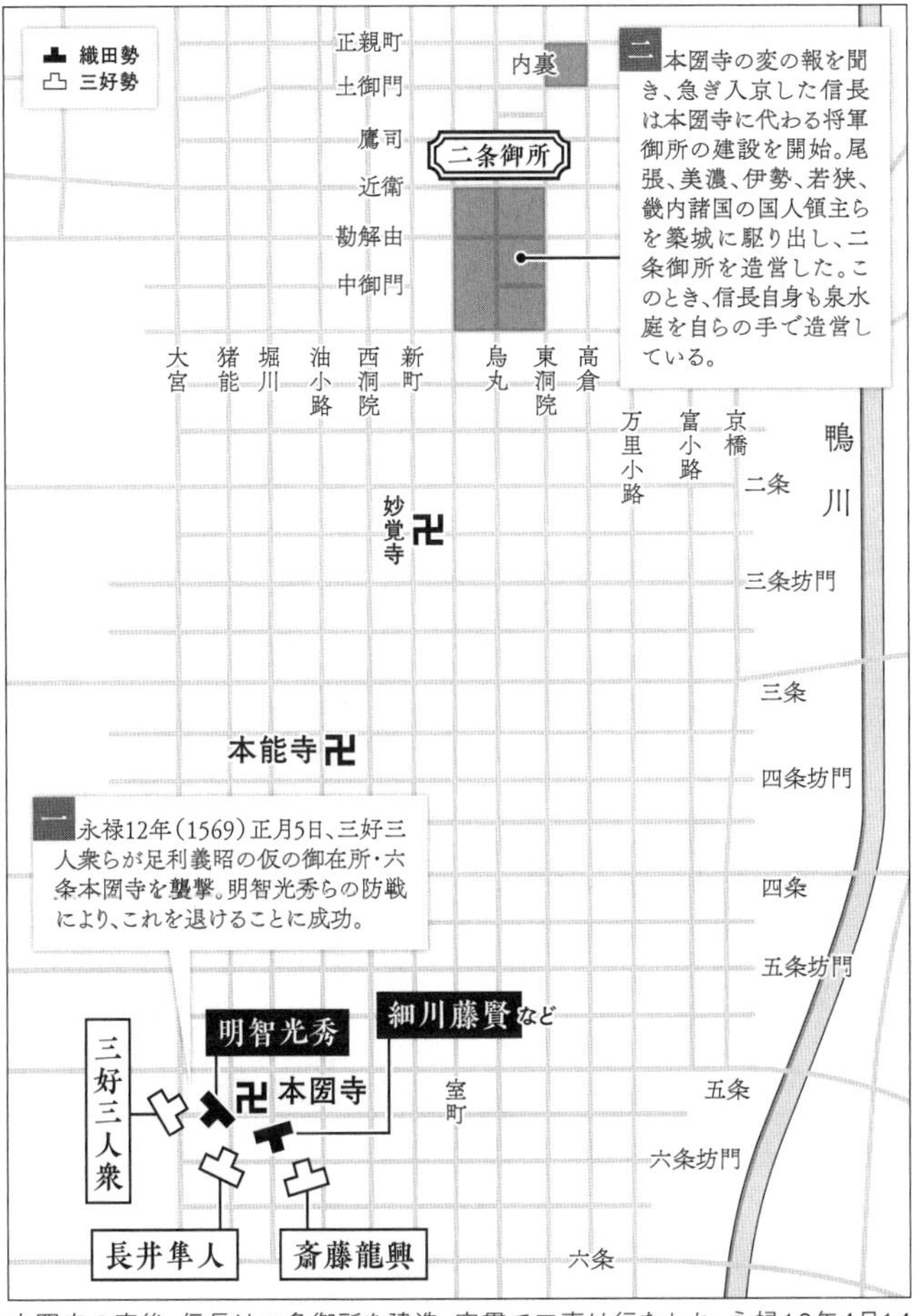

本圀寺の変後、信長は二条御所を建造。突貫で工事は行なわれ、永禄12年4月14日、義昭を迎えた。

かがえる。
だが、平穏な時は唐突に終わりを告げた。永禄十二年（一五六九）正月五日、三好三人衆と斎藤龍興《さいとうたつおき》、長井隼人《ながいはやと》らが義昭の仮御所であった**六条本圀寺**《ほんこくじ》を襲撃したのである。本圀寺に詰めていたのは**明智光秀**《あけちみつひで》や細川藤賢《ほそかわふじかた》ら小勢の若狭衆であったが、彼らは必死に防戦につとめ、三好勢の寺域への侵入を阻む。翌六日には急報に触れた山城の**細川藤孝**《ふじたか》、摂津の池田勝正《いけだかつまさ》らが駆けつけて三好勢を退け、義昭は辛うじて窮地を脱することができたのであった。このとき、義昭の急を知った信長は大雪の中、わずか十騎の供回りを率いて岐阜を出立。二日で京都に駆けつけたというが（『信長公記』）、『言継卿記《ときつぐきょうき》』によると、信長の入京は十日夕方のことであったという。

◆京の治安維持を固めた信長

ともあれ、いまだ三好方の勢力が畿内にはびこる状況を受け、信長は二条の地に堅固な将軍御所の構築を決する。そして村井貞勝《むらいさだかつ》、島田秀満《しまだひでみつ》の両者を普請奉行に任ずると、正月二十七日（『言継卿記』による）、もしくは二月二十七日（『信長公記』による）から工事に着手。ルイス・フロイスの『日本史』によると七十日間でほぼすべてが完

六条本圀寺
発掘調査の結果、寺域を幅約7メートルの水堀が取り囲んでいたことがわかっている。

明智光秀
1528?〜82。前半生は不詳。将軍家に仕え、永禄の変の際には高嶋田中城に籠城していたともいわれるが、定かではない。のち朝倉義景、次いで信長に仕えた。信長のもと、丹波・丹後地方の平定に尽

信長が義昭に承認させた殿中御掟

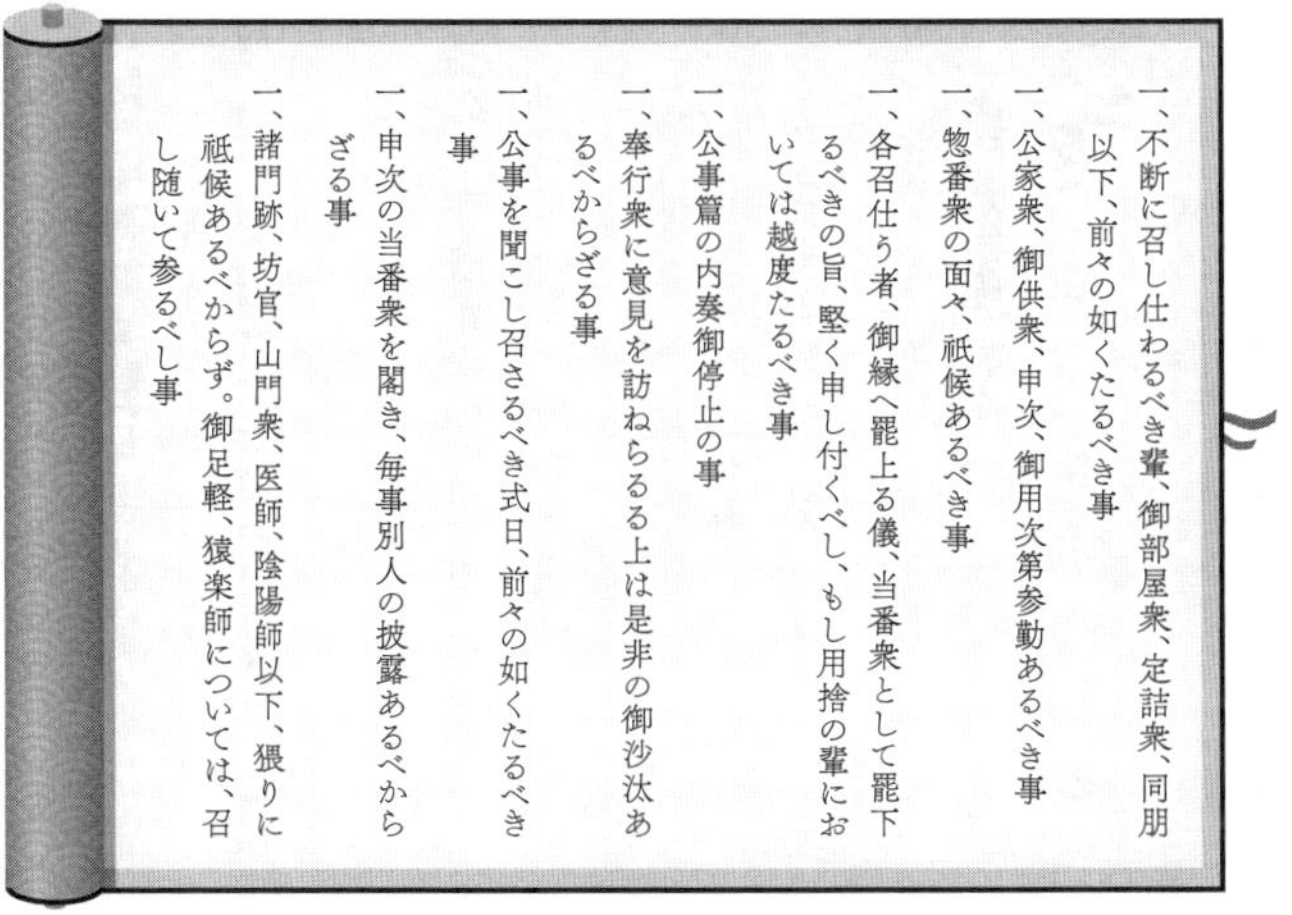
一、不断に召し仕わるべき輩、御部屋衆、定詰衆、同朋以下、前々の如くたるべき事
一、公家衆、御供衆、申次、御用次第参勤あるべき事
一、惣番衆の面々、祇候あるべき事
一、各召仕う者、御縁へ罷上る儀、当番衆として罷下るべきの旨、堅く申し付くべし、もし用捨の輩においては越度たるべき事
一、公事篇の内奏御停止の事
一、奉行衆に意見を訪ねらるる上は是非の御沙汰あるべからざる事
一、公事を聞こし召さるべき式日、前々の如くたるべき事
一、申次の当番衆を閣き、毎事別人の披露あるべからざる事
一、諸門跡、坊官、山門衆、医師、陰陽師以下、猥りに祇候あるべからず。御足軽、猿楽師については、召し随いて参るべし事

永禄12年(1569)正月14日、信長は幕府内の規律を正すため、義昭に殿中御掟9か条を承認させた。

成したといい、四月十四日、義昭は本圀寺から**新しい御所**※へと移った。

一方、襲撃事件を受けて信長は京、及び畿内における治安・秩序の維持のため、正月十四日に殿中掟九か条を、十六日に追加七か条を制定し、義昭に承認させた。岐阜城を中心とした領国の支配体制を固め、さらに領域を拡大させるためには再興した幕府がしっかりと機能する必要があったためである。四月二十一日、すべきことをやり終えた信長は岐阜へ帰還した。このとき、別れを惜しんだ義昭は涙を流しながら信長の姿を見送ったという（『言継卿記』）。

力したが、1582年、本能寺で信長を討った。

細川藤孝
1534〜1610。足利義晴、義輝、義昭と足利将軍家に仕えたのち、信長に仕える。有職故実や歌道、書道、茶道に通じるなど当代きっての文化人でもあった。

※ このとき、信長は慈照寺の庭園から名石を運ばせ、自らの手で泉水庭を造営したと伝わる。

信長はなぜキリスト教を保護したのか

永禄十二年（一五六九）

ルイス・フロイスとの出会い

◆信長の宗教政策の根底にあったもの

信長が京で将軍御所の普請にあたっていたときのこと。足利義昭の家臣・**和田惟政**《わだこれまさ》の仲介により、信長はイエズス会の宣教師ルイス・フロイスと面会した。そしてフロイスに朱印状と将軍・義昭による制札を与え、京における布教を許可した。そればかりでなく、信長はフロイスらの求めに応じて京にキリスト教教会（南蛮寺《なんばんじ》）の建築を許可したり、のち安土に城下町を築いたときには彼らに土地を与え、教会やセミナリヨ（学校）の建築を認めたりしている。

なぜ信長はキリスト教を保護したのか。諸説唱えられている中で代表的なものを挙げるとすれば、仏教勢力を牽制するためにキリスト教を利用した、というものである。

しかし、信長は一貫して仏教勢力を弾圧していたわけではない。実際、本能寺《ほんのうじ》や仁和《にんな》

和田惟政
1530～71。永禄の変後、義昭を庇護して将軍擁立に尽力。信長からも重用され、摂津高槻城主に任じられる。

ルイス・フロイスの足跡

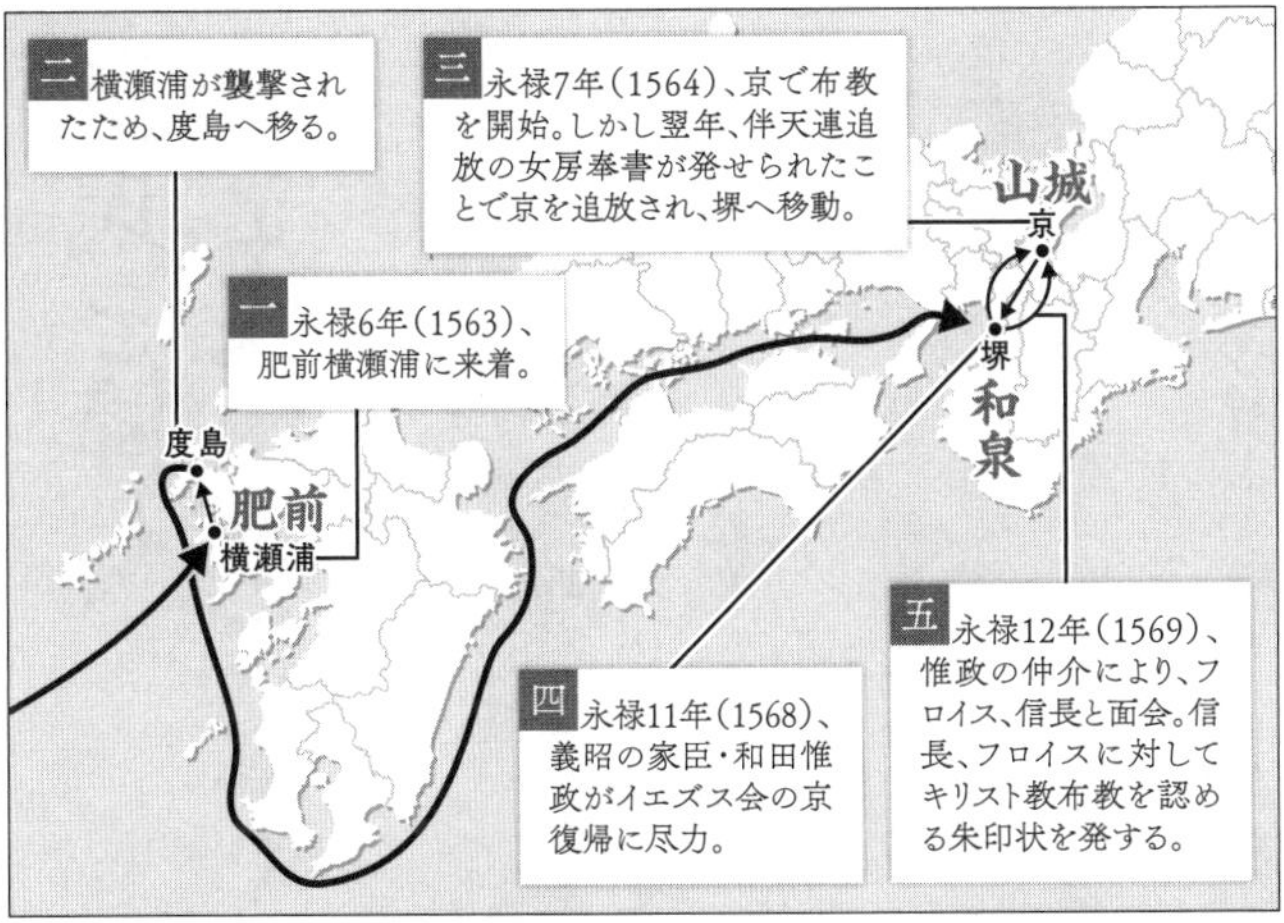
二 横瀬浦が襲撃されたため、度島へ移る。
三 永禄7年（1564）、京で布教を開始。しかし翌年、伴天連追放の女房奉書が発せられたことで京を追放され、堺へ移動。
山城
京
一 永禄6年（1563）、肥前横瀬浦に来着。
堺
和泉
度島
肥前
横瀬浦
五 永禄12年（1569）、惟政の仲介により、フロイス、信長と面会。信長、フロイスに対してキリスト教布教を認める朱印状を発する。
四 永禄11年（1568）、義昭の家臣・和田惟政がイエズス会の京復帰に尽力。

永禄6年に日本へやってきたルイス・フロイスは永禄12年に信長と面会を果たす。信長にとって、フロイスは最初に接した外国人宣教師となった。

寺《じ》、東寺《とうじ》など寺領を安堵した例は枚挙に暇ない。たしかに比叡山《ひえいざん》の焼き討ち（P100）や石山本願寺《いしやまほんがんじ》との戦い（P94）など仏教勢力を弾圧した例はあるが、これらは信長に敵対したために起こった出来事である。つまり信長は、忠節を尽くす宗教勢力は保護し、そうでないものには弾圧を加えるという姿勢を貫いていたといえる。イエズス会は信長に対して従順であったために保護されたのである。また、イエズス会がもたらした珍しい西洋の文物に関心を示したのも、保護政策をとったひとつの理由だろう。

北畠氏を降し、伊勢を支配下に置く

永禄十二年（一五六九）八月二十八日

大河内城の戦い

◆信長による伊勢平定戦

永禄十二年（一五六九）四月下旬、信長は京から岐阜に帰国する。この時点でその版図は尾張、美濃に加え、近江、畿内、北伊勢へと広がっていたが、信長は幕府の枠組には入らず、その後も独立した勢力として領国の拡大に乗り出していった。

そのような状況下の五月、南伊勢五郡を領していた北畠《きたばたけ》氏の一族で木造《こづくり》城主であった木造具政《ともまさ》が信長への内応を申し出てきた。これを南伊勢平定の好機であると捉えた信長は八月二十日、柴田勝家《しばたかついえ》や丹羽長秀《にわながひで》、**佐久間信盛《さくまのぶもり》**、**滝川一益《たきがわかずます》**、**木下秀吉《きのしたひでよし》**ら織田家の主だった武将を従えて岐阜城を出陣した。その数は七万とも十万ともいわれる。

桑名《くわな》、白子《しろこ》と進み、二十三日、木造城に入った。

一方、この信長の動きに対し、北畠具教《とものり》・具房《ともふさ》父子は主城である大河内《おかわち》城に籠ると、

佐久間信盛
1527?〜81。信秀、信長と仕え、長篠・設楽原の戦いや一向一揆の鎮圧などで功績を残す。石山合戦後、戦果のないことをとがめられ、高野山へと追放された。

滝川一益
1525〜86。信長に仕え、北伊勢平定や伊勢長島一向一揆の鎮圧に貢献。武田家滅亡後は関東管領に命じられる。

信長の伊勢侵攻要図

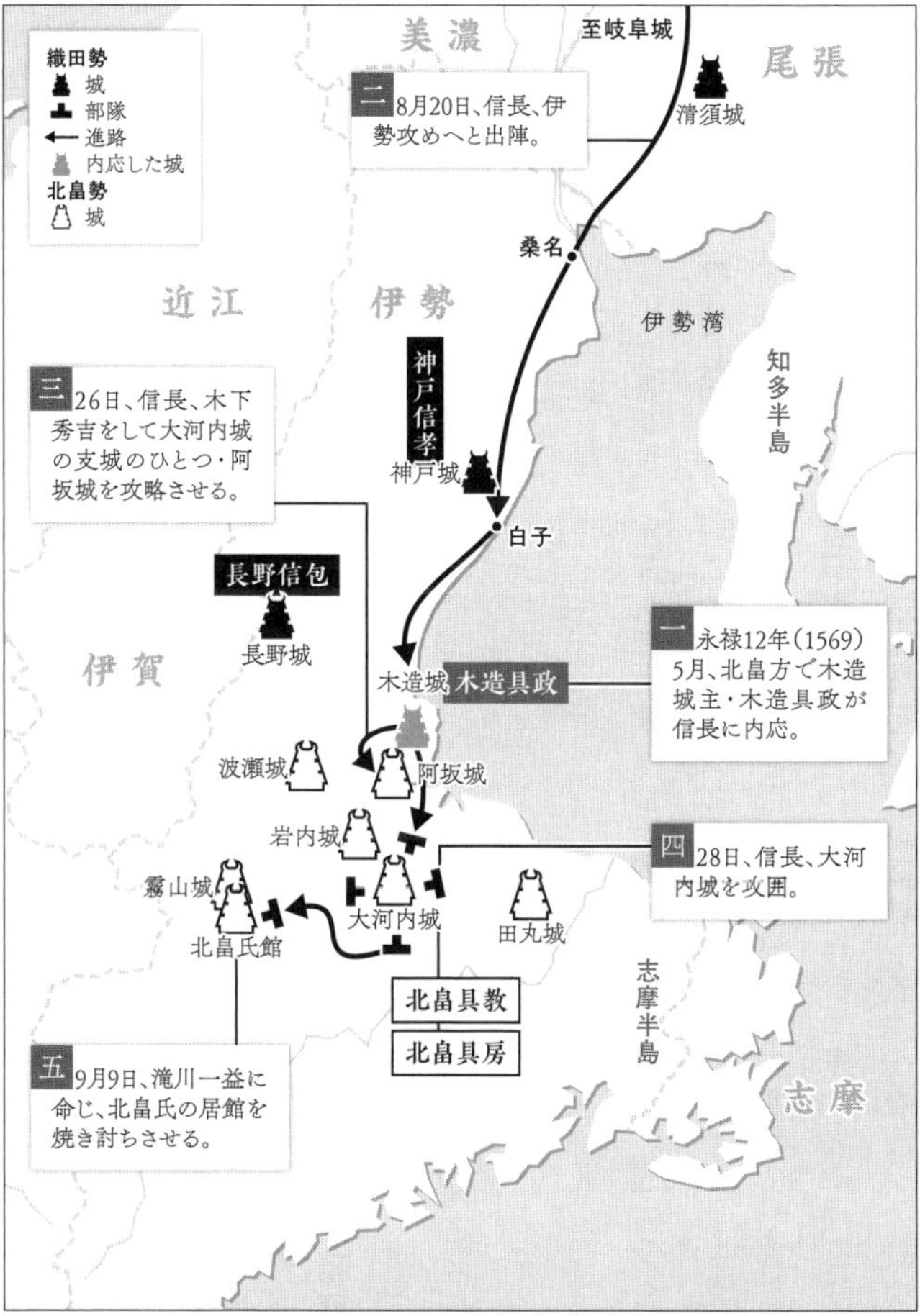

1か月にわたる攻城戦の末、信長は北畠氏を降伏に追い込み、伊勢国を平定した。

木下秀吉
1537～98。今川家の武将・松下加兵衛に仕えたのち、信長に仕えて台頭。本能寺の変後は信長の後継者としての地位を確立し、全国を平定した。

蜂屋頼隆
1534～89。土岐氏、斎藤氏に仕えたのち、信長に仕える。信長の死後は秀吉に従い、越前敦賀城主に任じられるとともに羽柴姓も授けられた。

支城にそれぞれ守備兵を配し、守りを固くした。

二十六日、信長は木造城を出陣する。秀吉には大河内城の支城のひとつ・阿坂《あざか》城の攻略を命じ、自身は大河内城を目指して進撃した。

二十八日、大河内城下に着陣した信長は包囲戦を選択。城の周囲に二重、三重の鹿垣を巡らせると、各将に命じて城の四方を固めさせた。北の追手には**蜂屋頼隆**《はちやよりたか》や**坂井政尚**《さかいまさひさ》ら、南の搦手には滝川一益、丹羽長秀、**池田恒興**《いけだつねおき》ら、東には柴田勝家、**森可成**《もりよしなり》、**佐々成政**《さっさなりまさ》ら、西には佐久間信盛、木下秀吉らである。まさに蟻一匹這い出る余地もないほどの完璧な包囲網であった。

◆北畠氏の降伏

しかし北畠勢の抵抗も激しく、九月八日に敢行した夜討ちは失敗し、逆に多くの兵が討たれるという結果に終わった。この失敗を受けて信長はできるだけ被害を最小限にとどめるべく、力攻めではなく兵糧攻めへと作戦を切り替える。九日、一益をして北畠氏の本拠である多気《たき》の城館と城下町を焼き払わせ、また稲や麦などを薙ぎ捨てさせると、住民らを大河内城内へと逃げ込ませた。これには、城内への補給を断つとと

坂井政尚
?～1570。
箕作城攻め、大河内城攻めなどで戦功を残す。姉川の戦いでは先鋒をつとめた。

池田恒興
1536～84。
母は信長の乳母にあたる。信長に従って数々の戦いで軍功を残し、荒木村重征討後、摂津国に領地を与えられる。本能寺の変後は秀吉に仕えるも、小牧・長久手の戦いで戦死。

織田方の伊勢支配体制

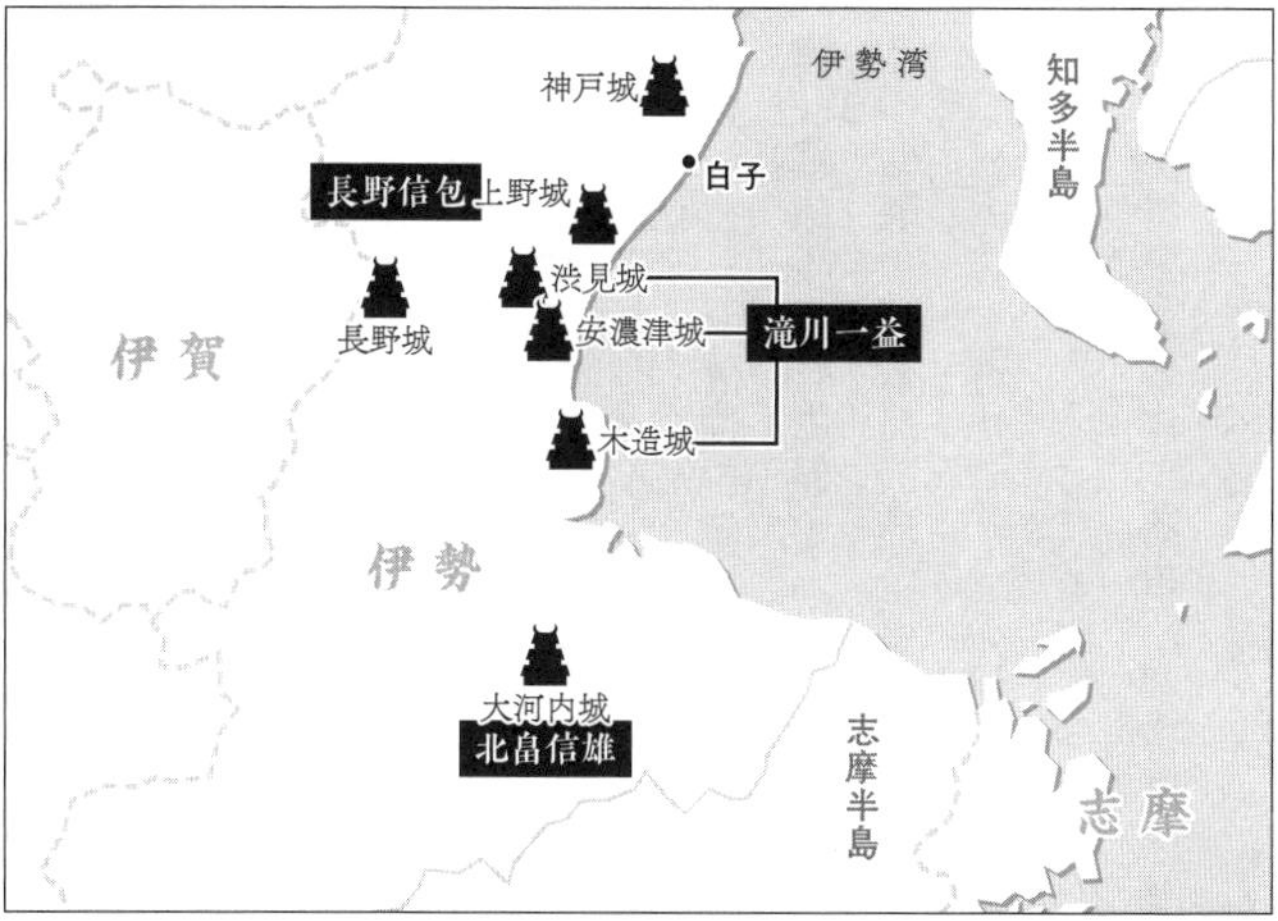

大河内城の戦い後、信長は伊勢国中の城を破却し、関所を撤廃。また北畠具房の養嗣子とした次男信雄を大河内城主とするなど、伊勢の支配体制を固めた。

もに城中の非戦闘員を増やして食糧を早く枯渇させるという狙いがあった。包囲戦はひと月余りに及んだが、十月三日、ついに北畠氏は降伏。大河内城を信長に明け渡し、また信長の次男・茶筅《ちゃせん》（信雄《のぶかつ》）を具房の養嗣子にするという条件を飲み、講和した。

こうして伊勢国を平定した信長はその後、茶筅を大河内城、一益を安濃津、渋見、木造城、長野信包を上野城に入れて支配体制を固めると、十一日、入洛して義昭に伊勢平定を報告したのち、十七日、岐阜へと帰国した。

森可成
1523～70。斎藤氏に仕えたのち、信長に仕える。宇佐山城の戦いで戦死。子に森長可、森蘭丸らがいる。

佐々成政
?～1588。信長に仕え、のち越中一国を支配。本能寺の変後は柴田勝家に従い、勝家の死後は織田信勝・徳川家康陣営に接近した。小牧・長久手の戦いで秀吉に敗れたのち、降伏。

交易都市を押さえ、物流を掌握

元亀元年（一五七〇）
堺の直轄領化

◆**南蛮貿易で栄えた堺**

足利義昭が十五代将軍の座に就任した際、信長は副将軍、もしくは管領への就任を辞退し、また五畿内のうち、望み次第に知行を与えるという恩賞をも固辞している。しかしこのとき、信長が代わりに褒美として求めたものがあった。和泉国堺《さかい》、近江国大津《おおつ》、草津《くさつ》の直轄支配である（『足利季世記』）。いずれの都市も水際に位置し、また多くの街道を控えた交通の要衝であり、商業都市として発展を遂げていたという特徴を持つ。とくに鉄砲の一大産地で、南蛮貿易の港湾として栄えていた堺は火薬の原料となる硝石を輸入するためにも、何としてでも押さえておきたい場所だった。

しかし堺は豪商らによる自治都市であり、当初は信長に敵対した。上洛直後、信長が堺に矢銭《やせん》二万貫を要求した際にはこれを拒否し、防備を固めている。そうした中、

環濠都市・堺

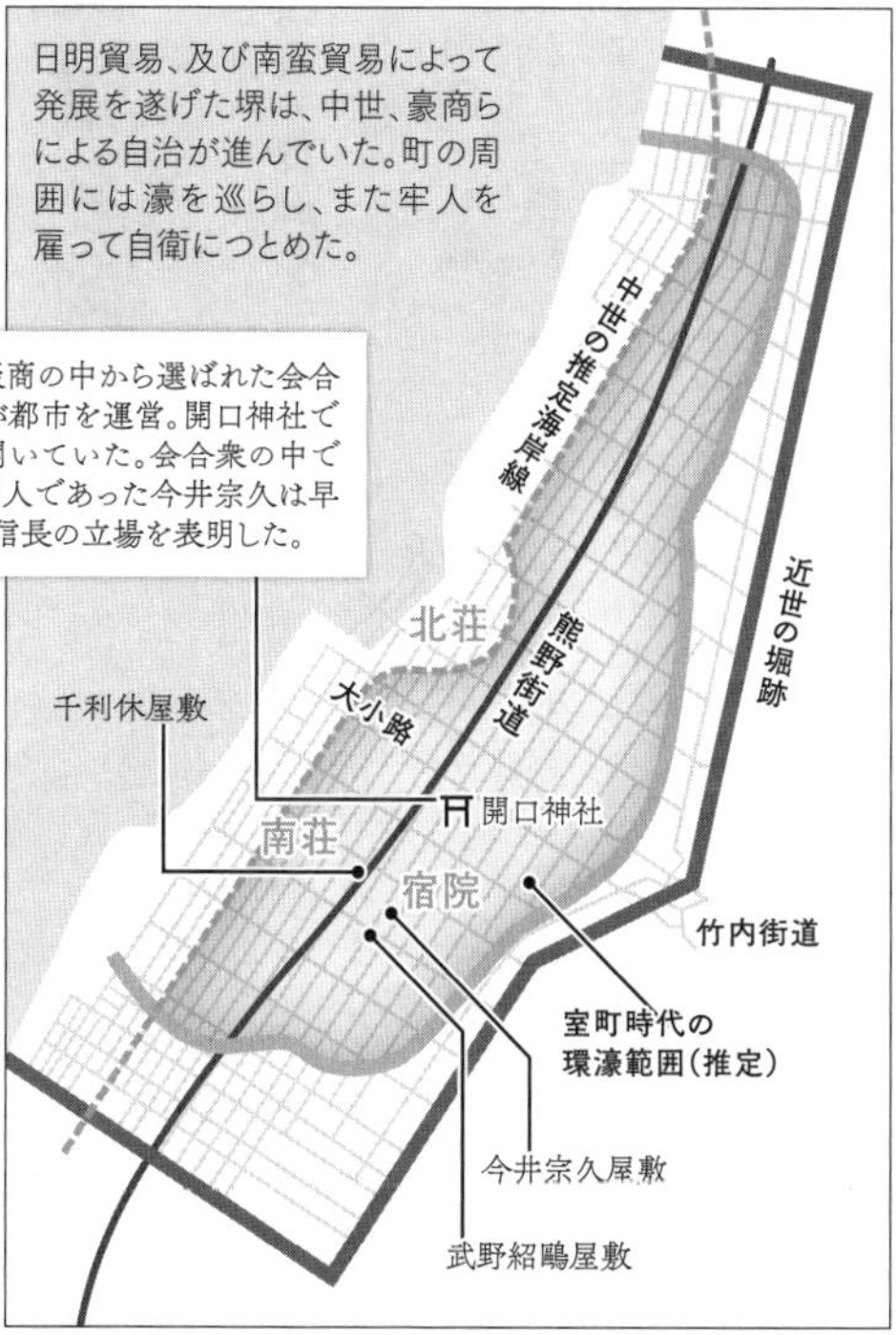
日明貿易、及び南蛮貿易によって発展を遂げた堺は、中世、豪商らによる自治が進んでいた。町の周囲には濠を巡らし、また牢人を雇って自衛につとめた。
堺では豪商の中から選ばれた会合衆36名が都市を運営。開口神社で寄合を開いていた。会合衆の中でも新興商人であった今井宗久は早くから親信長の立場を表明した。
中世の推定海岸線
近世の堀跡
北荘
熊野街道
大小路
千利休屋敷
開口神社
南荘
宿院
竹内街道
室町時代の環濠範囲（推定）
今井宗久屋敷
武野紹鷗屋敷

永禄十一年（一五六八）十月、堺の新興商人・今井《いまい》宗久《そうきゅう》と、堺の町衆と通じていた松永久秀が信長に近づくと、信長は彼らを媒介として堺の支配を開始。永禄十二年二月十一日、ついに堺を接収したのであった。元亀元年（一五七〇）には**松井友閑《ゆうかん》**※**を堺政所（代官）に任じ、直接支配に乗り出した。**のち信長は鉄砲の大量投入による物量戦で他勢力を圧するが、それは堺を押さえたことで初めて可能になったといえるだろう。

※ただし友閑は常駐せず、代わって宗久らに支配を一任していたようである。

義弟・浅井長政が反旗を翻す

元亀元年（一五七〇）四月二十八日
金ヶ崎の戦い

◆信長の傀儡と化した義昭

信長の協力を得て将軍となった足利義昭は、当初こそ信長のことを心から慕っていた。信長を「御父」と呼んだり、岐阜へ帰る信長をわざわざ門外で見送ったりしたことは決して演技ではなかったと思われる。しかし義昭は、やがて自らが信長の傀儡《かいらい》に過ぎないことに不満を抱くようになる。そこで将軍として実権を握るべく、諸大名に御内書《ごないしょ》という形で私信を送るようになった。

この義昭の勝手な振る舞いを信長は許すことができず、元亀元年（一五七〇）正月二十三日、義昭に対して五か条からなる条書を突きつけた。その内容は義昭の行動を著しく制限するものであり、信長の傀儡と化すことに狙いがあったことは明白であった。また同日、信長は畿内を中心とした諸大名、国人領主に対し、「天下静謐《せいひつ》のため、

信長が義昭に突きつけた条書

一、諸国へ御内書を以て仰せ出さる子細あらば、信長に仰せ聞せられ、書状を添え申すべき事

一、御下知の儀、皆以て御棄破あり、其上御思案なされ、相定められるべき事

一、公儀に対し奉り、忠節の輩に、御恩賞・御褒美を加えられたく候と雖も、領中等之なきに於ては、信長分領の内を以ても、上意次第に申し付くべきの事

一、天下の儀、何様にも信長に任置かるるの上は、誰々によらず、上意を得るに及ばず、分別次第に成敗をなすべきの事

一、天下御静謐の条、禁中の儀、毎時御油断あるべからざるの事

元亀元年(1570)正月23日、信長は勝手な行動を取る義昭に対して掟書を承認させ、その行動を制限した。

二月中旬に上洛」するよう、触書を送りつけた。これは、信長が天下の主催者であることを広く宣言するものでもあっただろう。この信長の命に応じ、三河の徳川家康《とくがわいえやす》や河内の三《み》好義継《よしよしつぐ》など続々と諸大名が上洛した。遠方にあった豊後の大友義鎮《おおともよししげ》や備前の宇喜多直家《うきたなおいえ》などは自身に代わり、使者を派遣している。

だがその中にあって、越前の朝倉《あさくら》義景《よしかげ》はこれを拒み、上洛に応じなかった。これを伝え聞いた信長は義景の征討を決し、四月二十日、三万余の軍勢を率いて京を出陣。※**越前への侵攻を開始した。**

※このとき、信長は悪逆を企てた若狭の武藤友益を征討するという名目で天皇の勅命、将軍の上意を得ている。

◆浅井長政の裏切り

二十五日、朝倉方の天筒山《てづつやま》城を落とした信長はその勢いのままに軍を進め、翌二十六日には金ヶ崎《かねがさき》城、疋壇《ひきだ》城と立て続けに攻略。さらに木ノ芽峠《きのめとうげ》を越え、朝倉氏の本拠地であった一乗谷《いちじょうだに》へと攻め入ろうともくろんだ。だがここで、思いもよらぬ事態に遭遇する。※**北近江の浅井長政が反旗を翻して挙兵したのである。**当初信長は、妹お市の婿であり、同盟者でもあった長政の蜂起を「虚説である」と一顧だにしなかったという（『信長公記』）。しかし長政の裏切りは事実であり、さらにこれに呼応して南近江でも六角氏が一揆を扇動した。ここに至り、信長は撤退を決意。二十八日夜、金ヶ崎城に木下秀吉、明智光秀、池田勝正らを置いて殿軍とすると、浅井氏に臣従していた朽木元綱《くつきもとつな》の協力もあって朽木谷を無事に越え、三十日深夜、無事に京へと逃げ戻ることができた。このとき、信長に従っていた者はわずか十人ばかりだったという（『継介記』）。その後、信長は近江の交通路を確保すべく、守山に稲葉良通《いなばよしみち》父子を送り込んで六角方の一揆勢を追い払うと、宇佐山《うさやま》に築いた砦には森可成、永原城には佐久間信盛、長光寺《ちょうこうじ》城には柴田勝家、安土《あづち》城には中川重政《なかがわしげまさ》を置き、長政への備えとした。そして五月二十一日、ようやく岐阜城へと戻ることができたのであった。

※浅井長政が信長を裏切った理由については諸説あり、祖父の代から同盟関係にあった朝倉氏を重んじた、両者の政治理念が相容れなかったなどといわれる。

金ヶ崎の退き口要図

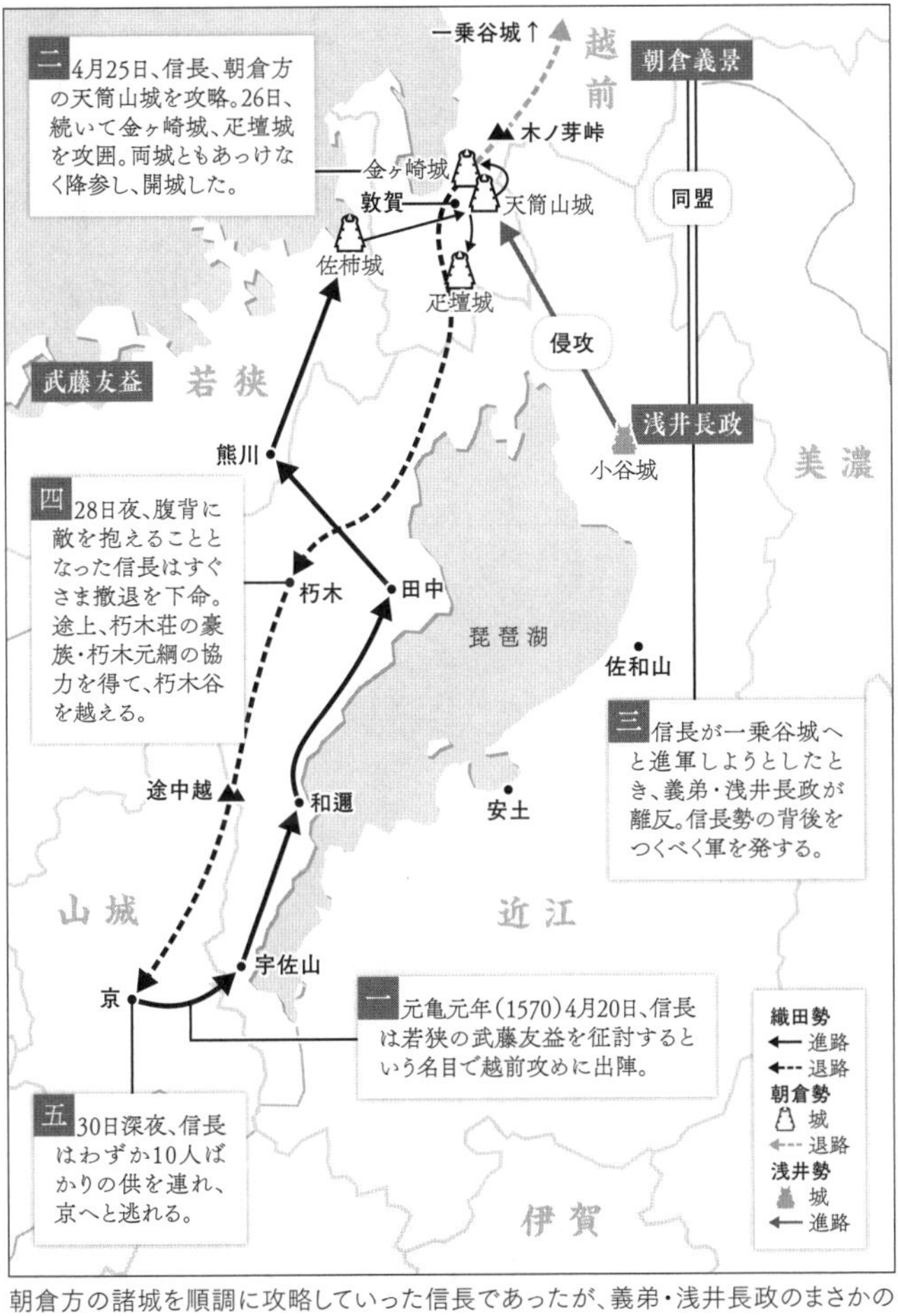

朝倉方の諸城を順調に攻略していった信長であったが、義弟・浅井長政のまさかの裏切りにより、撤退を余儀なくされた。

戦国史上稀に見る大規模な遭遇戦

元亀元年（一五七〇）六月二十八日

姉川の戦い

◆六角父子の挙兵

金ヶ崎における危機を脱した信長であったが、浅井長政の離反により、近江における支配体制は大きく揺らぐこととなった。そのような状況下、甲賀《こうか》、伊賀の土豪ら数千の兵力を擁した六角承禎父子が草津方面へと進軍してきたが、元亀元年（一五七〇）六月四日、柴田勝家、佐久間信盛らが野洲《やす》川北岸でこれを撃ち破り、琵琶湖南岸における混乱を鎮定した。

◆小谷城への侵攻

次なるターゲットは、当然裏切り者の長政である。信長はまず調略によって浅井方の有力国人で鎌刃《かまは》城主・堀秀村《ほりひでむら》、長比《たけくらべ》城主・樋口直房《ひぐちなおふさ》の内応を取りつけると、六月

信長、岐阜城へ帰陣

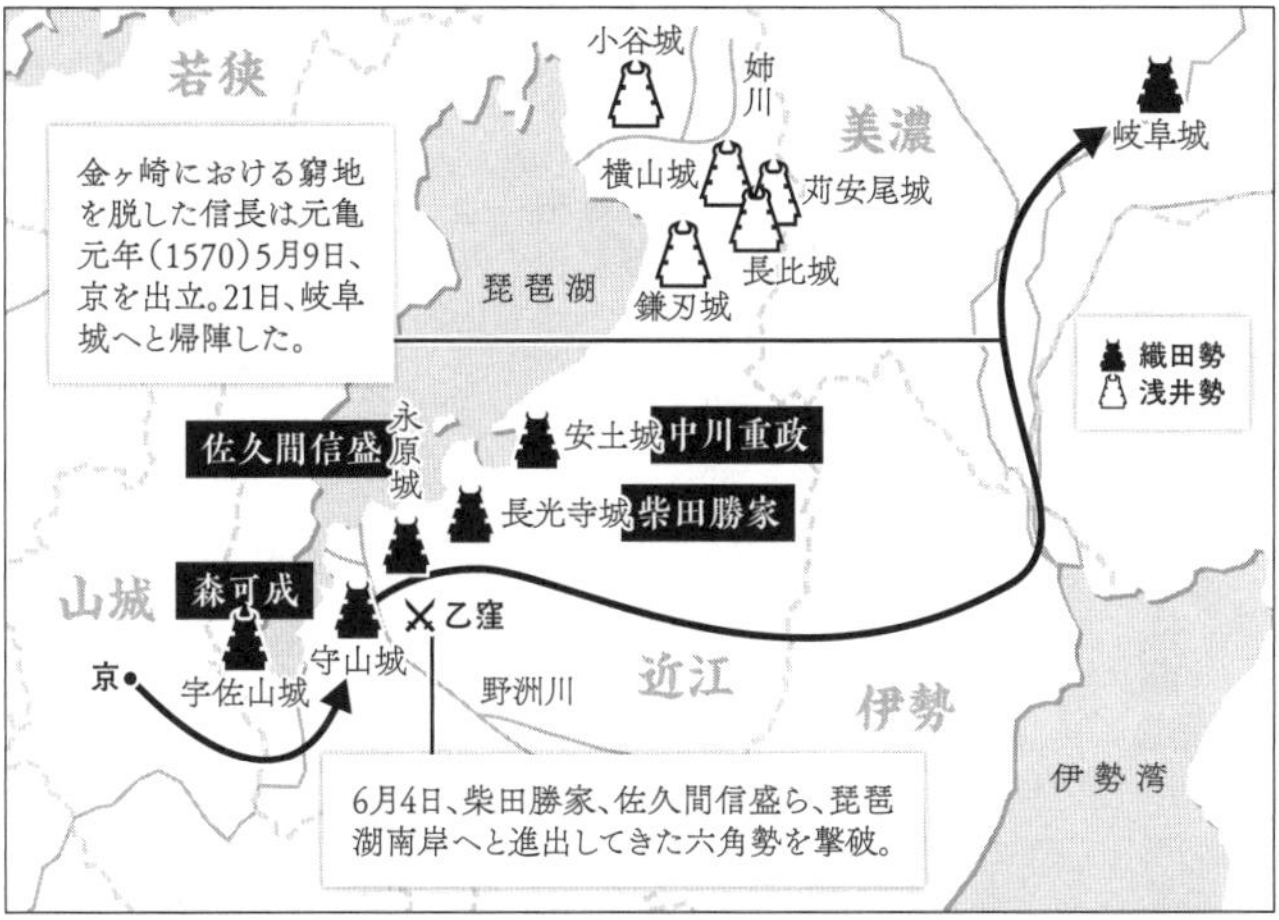

近江情勢が混乱状態に陥る中、信長は琵琶湖南岸に諸将を配し、岐阜城～京に至る交通路を確保したうえで岐阜城へと戻った。

十九日、二万の兵を率いて岐阜城を出立し、長政の居城・小谷《おだに》城へ向けて進軍を開始。二十一日には、小谷城南方の虎御前山《とらごぜやま》に布陣し、城下一帯を焼き払った。

しかし、比高三百メートルを超える天険の要害に築かれた小谷城を力攻めで落とすのは得策ではなかったことから、信長は木下秀吉や柴田勝家らに命じて城下を焼かせると、兵を一時引き揚げた。

その際、小谷城から浅井勢が追撃に出てきたが、殿軍を任された簗田《やなだ》広正《ひろまさ》、中条家忠《ちゅうじょういえただ》、佐々成政の活躍により、これを退けることに成功している。

その後、横山丘陵の先端である龍ヶ鼻《たつがはな》に布陣した信長は、目先を変えて小谷城の支城・横山城の攻略にかかった。徳川家康が約五千の兵を率いて参陣したのはこのときのことである。

一方、二十六日、長政のもとに朝倉景健《かげたけ》を総大将とする約八千の軍勢が援兵として到着する。このとき、長政の心中には信長との決戦の二文字しかなかっただろう。信長を倒す以外に浅井家が存続する道はなかったためである。

長政は横山城を攻囲する織田・徳川連合軍を背後からつくべく、約五千の兵を率いて小谷城を出ると、朝倉勢と合流して大依山《おおよりやま》に着陣。二十七日の夜、ひそかに軍を進め、浅井勢は野村に、朝倉勢は三田村に布陣した。

この浅井・朝倉連合軍の動きに対し、織田・徳川連合軍は二十八日未明、龍ヶ鼻から姉川河畔へと本陣を移した。姉川を挟み、織田勢は浅井勢と、徳川勢は朝倉勢と対峙する。

六月二十八日付で信長が細川藤孝に宛てた書状によると、このとき、家康は自ら先陣を志願したといわれる。

◆姉川の戦い勃発

午前六時頃（信長の書状によれば午前十時頃）、まず徳川勢と朝倉勢との間で合戦がはじまる。当初は朝倉勢が押し気味に戦闘を進めたが、家康の家臣・榊原康政《さかきばらやすまさ》が朝倉勢の側面から攻撃を加えると、形勢は一転。たちまち朝倉勢は総崩れとなり、敗走した。

一方、織田勢と浅井勢も正面から衝突し、激戦が繰り広げられる。一時、浅井方の磯野員昌《いそのかずまさ》が信長の陣深くにまで攻め入るなど浅井勢優勢であったが、横山城攻めにあたっていた稲葉良通、氏家卜全、安藤守就らが駆けつけて浅井勢を側面からついたことで浅井勢は崩れ、小谷城へと敗走した。

こうして、世に名高い姉川の戦いは、織田・徳川連合軍の勝利に終わった。その後、戦勝の勢いに乗じて小谷城を落とすべしと進言する家臣もいたが、信長はそれを容れなかった。横山城に秀吉を入れ、また浅井方の磯野員昌が籠る佐和山《さわやま》城の周囲に鹿垣を構築するとともに付城を築いて丹羽長秀を配置し、小谷城の押さえにするにとどめた。

『信長公記』によると、浅井・朝倉勢の被害は千百余に過ぎず、致命的な打撃を与えたわけではなかった。

一方の織田・徳川勢の被害も少なくはなく、『東寺光明講過去帳』には「双方討死数千人」とある。その後、浅井、朝倉氏を滅ぼすのに四年もの歳月がかかっていることを踏まえても、現時点では小谷城を攻略できないと判断したのであろう。

兵を引き揚げた信長は七月四日、京に入って義昭に戦勝を報告すると、七日、岐阜城へと帰還した。

信長の北近江侵攻図

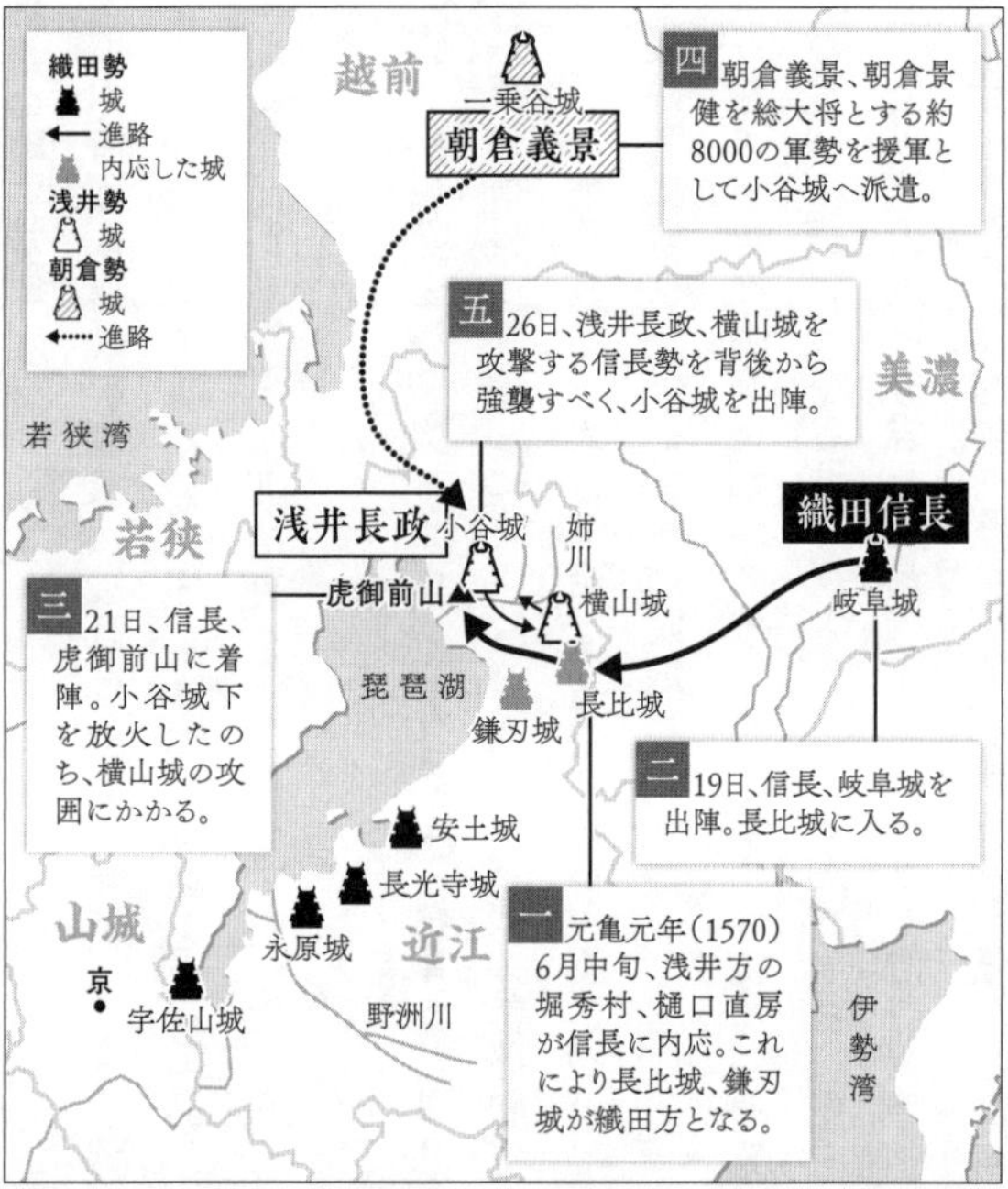

浅井方の将の内応を契機として信長は浅井攻めを敢行。まず小谷城の支城である横山城の攻略に取り掛かった。

姉川の戦い要図

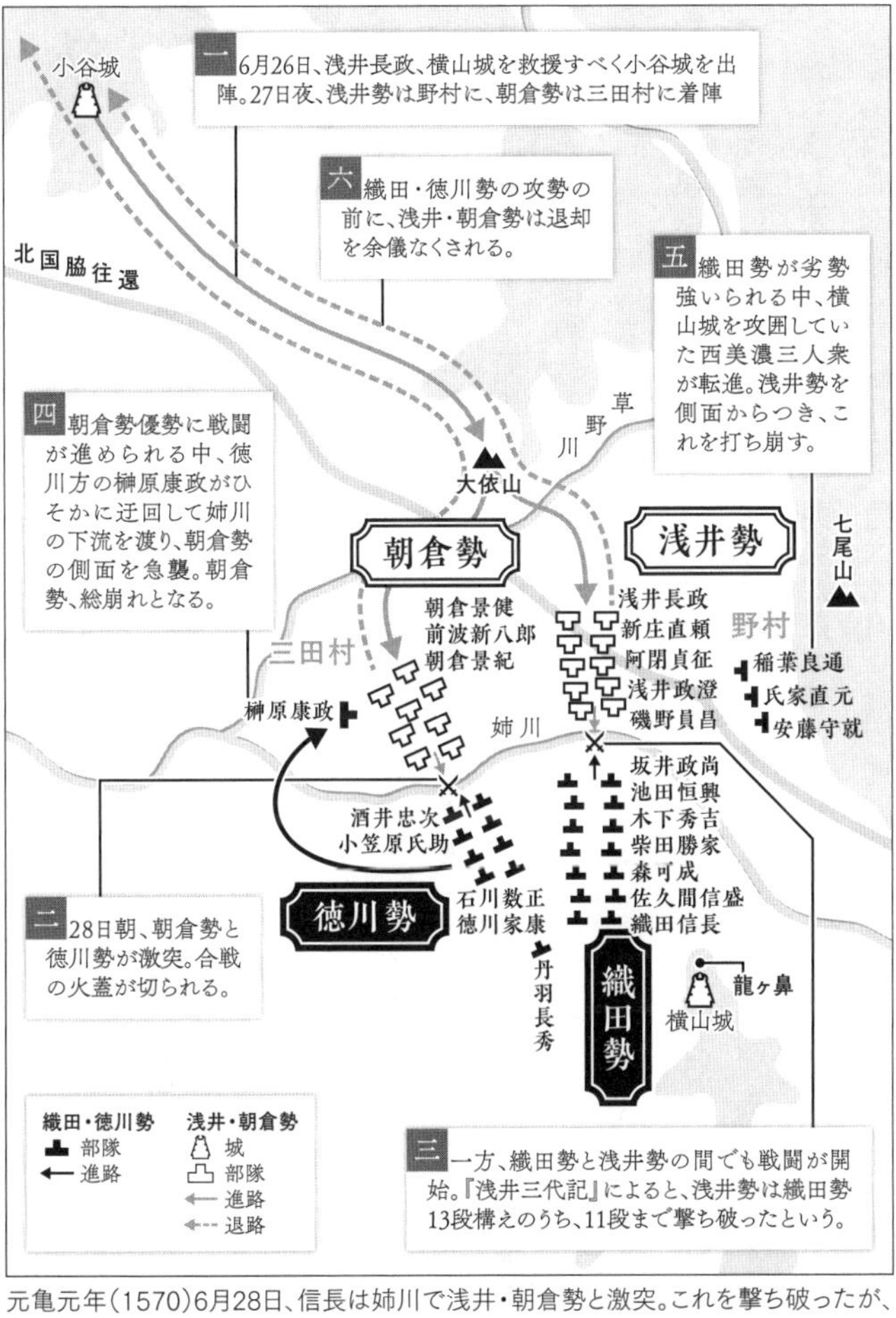

元亀元年(1570)6月28日、信長は姉川で浅井・朝倉勢と激突。これを撃ち破ったが、小谷城を落とすまでには至らなかった。

仏敵・信長を葬るべく兵を挙げた石山本願寺

元亀元年（一五七〇）八月二十六日
石山合戦①野田・福島の戦い

◆激化する反信長勢力

浅井、朝倉氏をはじめとして、元亀元年（一五七〇）という年は反信長陣営の動きが活発化した時であった。姉川の戦いでの勝利も束の間、今度は三好三人衆が畿内における勢力回復を図り、同年七月二十一日、摂津の野田《のだ》と福島《ふくしま》に砦を築いて信長に牙をむいた。その**総勢は約八千**[※1]である。

この三好三人衆の動きにもっとも慌てふためいたのは、他ならぬ義昭であっただろう。何しろ、頼みの綱となる信長は岐阜城にあり、すぐに駆けつけることができない。そこで義昭は畿内の守護や国人領主に三好勢の討伐を命じたが、三好勢の勢いすさまじく、**たちまち河内の古橋《ふるはし》城や榎並《えなみ》城が敵の手に落ちた**[※2]。

ようやく信長が動いたのは、八月二十日になってからのことだった。すぐに出陣す

※1
野田・福島砦には三好長逸、三好康長、十河存保、岩成友通、三好為三、細川信元、斎藤龍興、長井隼人、香西某などが立て籠ったという。

三好三人衆の蜂起

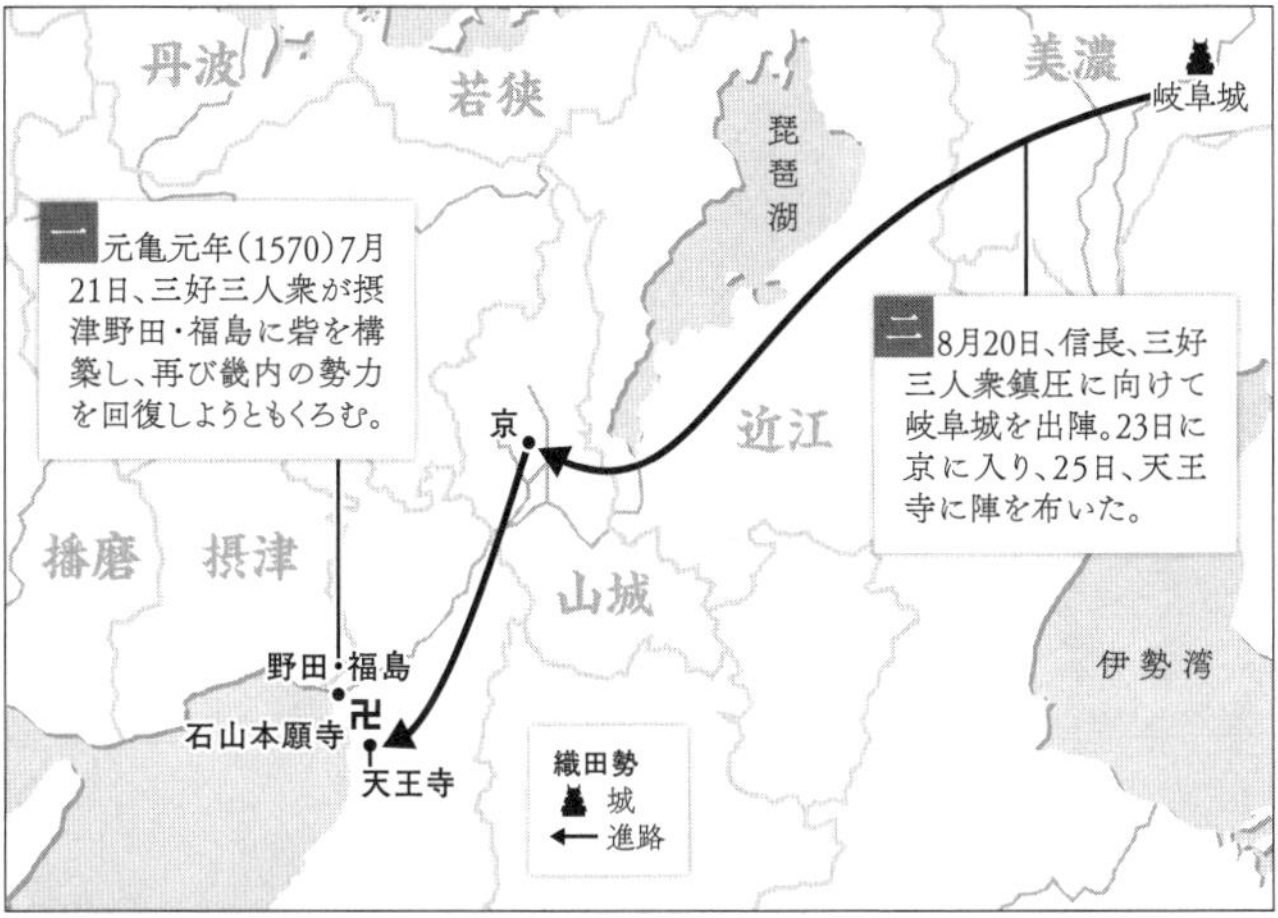
丹波
若狭
美濃
岐阜城
琵琶湖
一 元亀元年（1570）7月21日、三好三人衆が摂津野田・福島に砦を構築し、再び畿内の勢力を回復しようともくろむ。
二 8月20日、信長、三好三人衆鎮圧に向けて岐阜城を出陣。23日に京に入り、25日、天王寺に陣を布いた。
京
近江
播磨
摂津
山城
野田・福島
石山本願寺
天王寺
伊勢湾
織田勢
城
進路

再び反旗を翻した三好三人衆に対し、信長は大軍を率いて出陣し、速やかな反乱鎮圧を図った。

ることができなかったのは、姉川の戦い後の戦力回復に時間を要したためだろう。二十日、岐阜城を出陣した信長は二十三日に入京すると、二十五日、野田・福島両砦の南五キロの天王寺《てんのうじ》に布陣した。その総勢は二万余とも四万ともいわれ、その中には烏丸《からすま》光宣《みつのぶ》ら公家衆や将軍奉公衆も参陣していた。将軍・義昭も奉公衆二千余を率いて出陣している。

一方、信長進軍の報に触れた三好勢は野田・福島砦に籠り、守りを固くする。戦力面では到底太刀打ちできないためである。しかし二十八日、三好方の三好為三《みよしいさ》（政勝《まさかつ》）、香西《こうさい》某

※2 このとき、義昭は古橋城に兵を置いていた畠山秋高に御内書を発し、城を落とされたことを叱責している（『細川文書』）。

が信長に内応するなど、すでに内部では瓦解がはじまっていた。

◆**石山本願寺の挙兵**

九月八日、信長は野田・福島砦の対岸、楼岸《ろうのきし》と川口《かわぐち》に付城を構築すると、九日、本陣を天満《てんま》へと移す。十二日には野田砦の北一キロの海老江《えびえ》に移り、敵方の水堀を埋めるとともに、土手をつくって堀際に迫り、鉄砲による攻撃を開始した。進退窮まった三好方から和議の申し入れがあったものの、信長はこれに応じず、攻撃の手を緩めなかった。いよいよ総仕上げに取り掛かったのである。ところが十二日夜、野田・福島砦の対岸に位置する**石山本願寺**の顕如《けんにょ》が突如として挙兵し、織田方の楼岸、川口砦に銃撃を見舞わせた。さらに十四日には五千もの兵を発して淀《よど》川の春日井堤《かすがいづつみ》で織田勢と対峙。佐々成政を負傷させ、千余もの兵を討ち取るなど織田方に多大な損害を与える。ここに至り、信長は一転窮地に追い込まれてしまったのであった。

すでにこのとき、顕如は美濃や近江の門徒らに対して仏敵である信長と戦うよう指示しており、十日には浅井氏とも手を結んでいた。矢銭や石山の地の明け渡しを要求する信長の威圧的な姿勢に抵抗を示したといわれる。

石山本願寺
明応5年(1496)、本願寺8世蓮如が大坂の石山に建立。全国各地に末寺や講という組織を持ち、そこから集められる志納金によって相当な経済力を誇った。

野田・福島の戦い要図

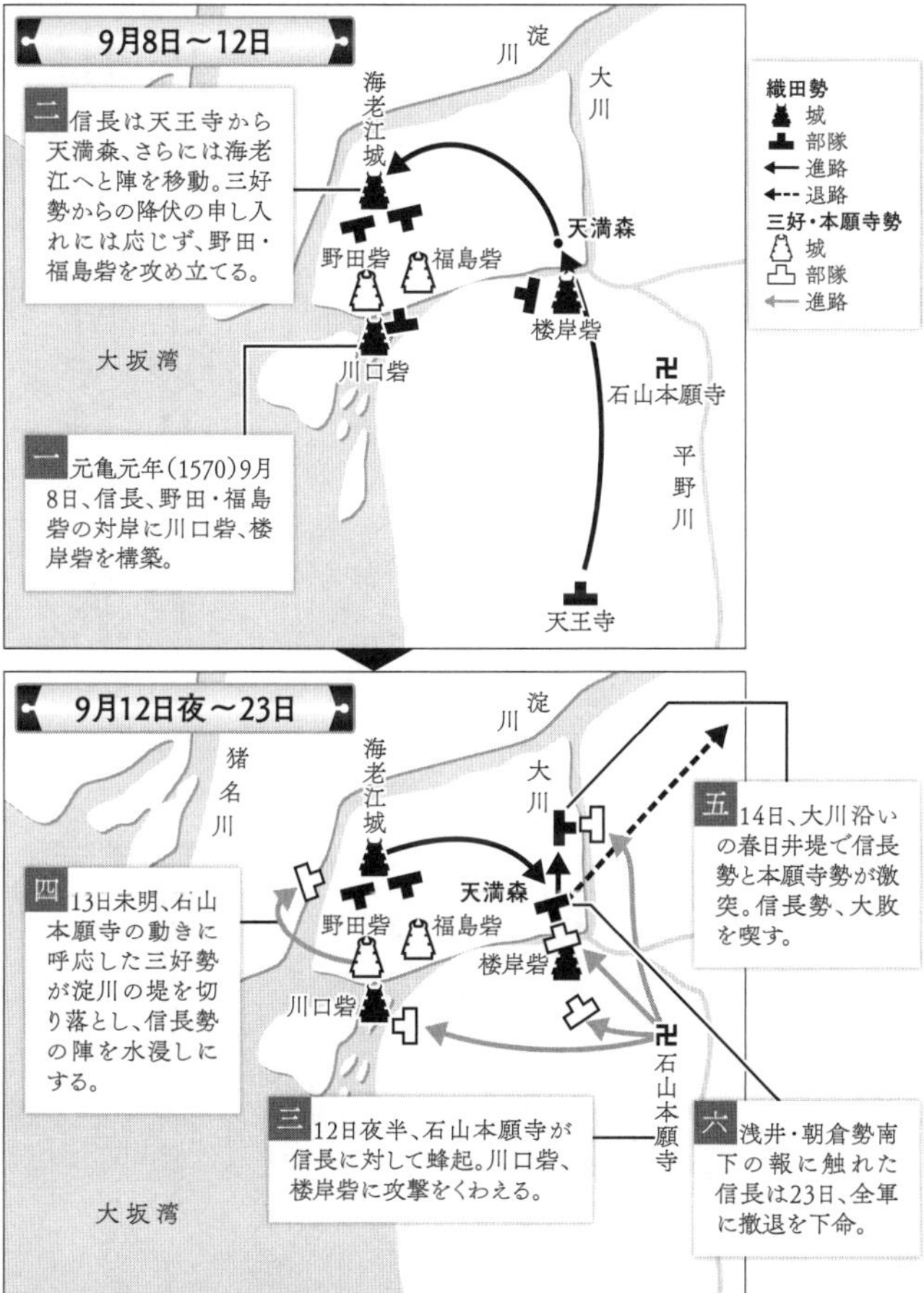

三好勢征討のため摂津に出陣した信長であったが、石山本願寺の挙兵によって窮地に追い込まれ、撤退を余儀なくされた。

石山本願寺と通じた浅井・朝倉勢の進撃

元亀元年（一五七〇）九月二十日

宇佐山の戦い

◆**森可成の死**

本願寺門徒の決起により、信長は摂津で思わぬ足止めを食らう。ともすれば大敗しかねない状況下、信長をさらに追い込む事態が勃発する。元亀元年（一五七〇）九月十六日、本願寺と通じた浅井・朝倉勢が信長の背後をつくべく、行動を開始したのである。総勢三万を擁した浅井・朝倉勢は琵琶湖の西岸を進み、坂本口へと進出した。さらには、石山本願寺の顕如の檄に応じた一向宗門徒約一万もこれに合流した。

このとき、宇佐山城を任されていた森可成は何としてでもこれらの動きを食い止めるべく、一千の軍勢を率いて坂本へと打って出る。だが多勢に無勢、二十日、ついには討死した。信長の弟・信治《のぶはる》もまた戦死している。

浅井・朝倉勢は戦勝の勢いに乗って宇佐山城の攻略にかかるが、守備兵の奮闘に攻

浅井・朝倉勢の反撃

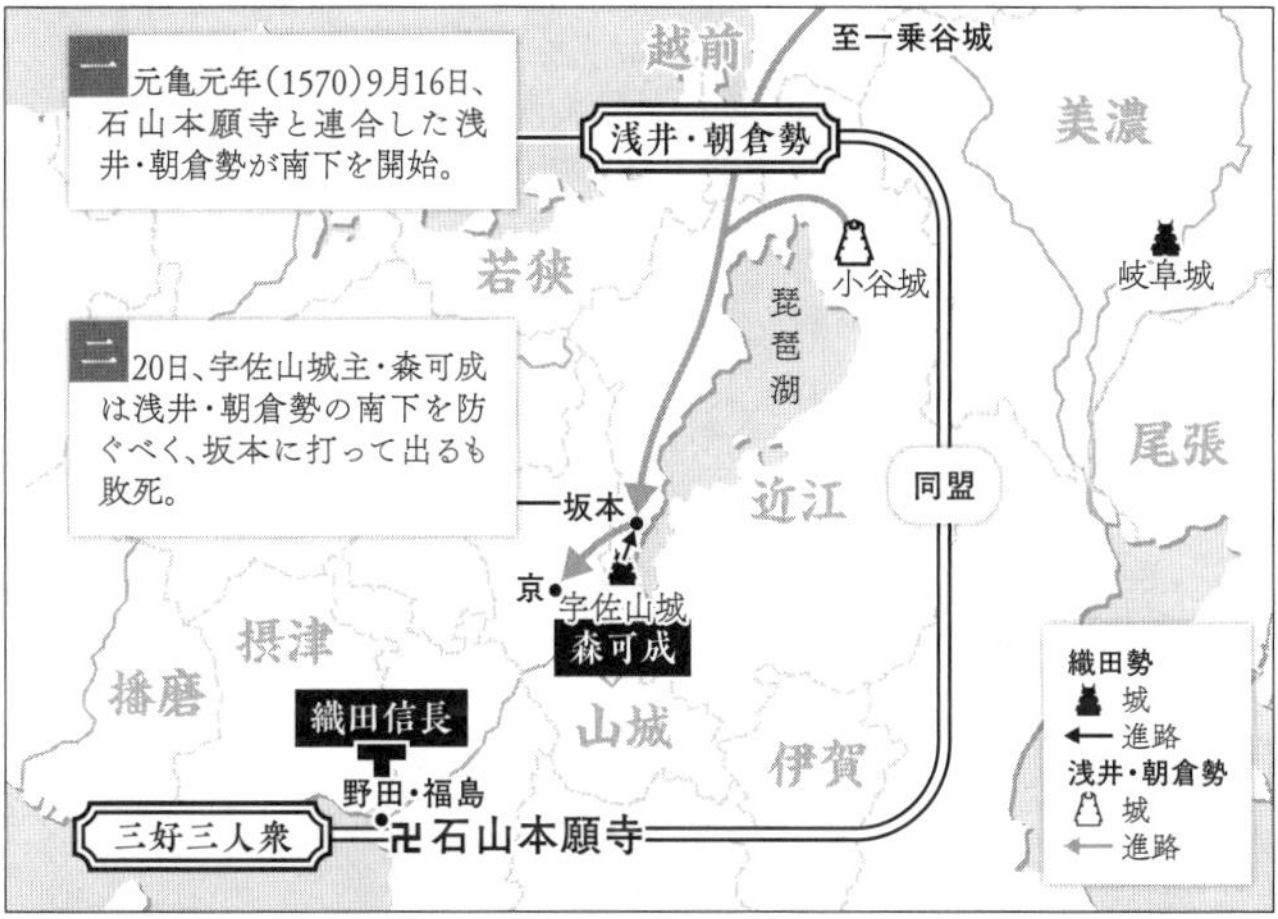

信長が摂津で石山本願寺勢と対峙している隙をつき、浅井・朝倉勢が行動を開始。9月21日には山科にまで進出した。

めあぐねる。そこで付近を焼き払いながら南下し、二十一日には山科、醍醐にまで進出。京中にまで迫る勢いを見せた。

信長のもとにこの危急の報が届いたのは二十二日のことであった。信長はただちに柴田勝家らを派遣して京の防備を固めさせたが、事は思いの外深刻であり、勝家は急ぎ摂津に戻ると、信長に事態を報告した。もはや一刻の猶予も許されない。二十三日、信長は全部隊に摂津からの撤退を下命。勝家を殿軍として三好三人衆、本願寺門徒らの追撃を退けると、夜、義昭とともに帰京した。

信長に敵対した宗教勢力の弾圧

元亀二年（一五七一）九月十二日

比叡山焼き討ち

◆志賀の陣

信長が京に戻ったという報は、すぐさま浅井・朝倉陣営へと伝わった。この信長の動きに対し、浅井・朝倉勢は比叡山延暦寺の助力を得、比叡山の峰々に布陣した。元亀元年（一五七〇）九月二十四日、信長は休む間もなく出陣。四万もの大軍を率いて下坂本へ進軍した。そして延暦寺に対し、こう通告した。

「織田方に与すれば織田の分国にある叡山領はすべて還付する。出家の身であるがゆえにどちらにも加担できないというのであれば、中立を保つべし。このまま浅井・朝倉方に与するのであれば焼き討ちにする」

だが、延暦寺からの回答はなかった。そこで信長は宇佐山城に本陣を置き、比叡山の周囲に兵を配置して臨戦態勢をとった。その後、両軍による対峙はじつに三か月に

志賀の陣要図

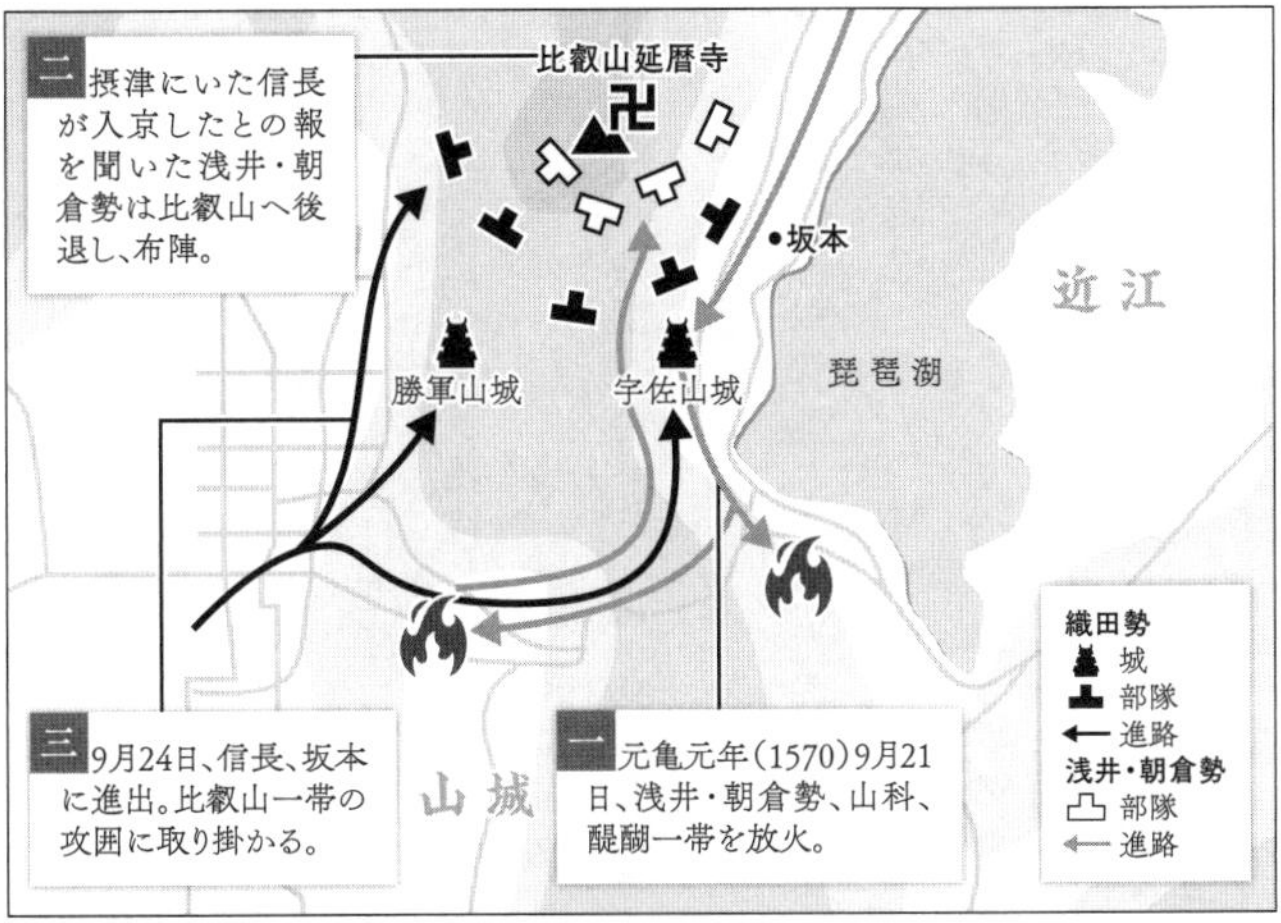

信長は比叡山の峰々に布陣する浅井・朝倉勢と3か月余りにわたって対峙。その後、講和が結ばれ、両軍とも自領へと兵を引き揚げた。

及ぶこととなる。これを志賀《しが》の陣という。**長引く対陣**※の中、反信長勢力の動きが活発となった。摂津では三好勢が攻勢に出、南近江では六角承禎が一向一揆とともに蜂起した。また、伊勢長島で起きた一向一揆が尾張にまで進出し、信長の弟・信興《のぶおき》が敗死するという事態も起きている。

そのような状況下の十二月十三日、これ以上の対峙が得策ではないと判断した信長は朝廷、及び幕府を動かして和議を成立させた。

◆比叡山攻略

しかし、この和睦は一時的なもの

※11月15日、堅田を巡って織田勢と朝倉勢が激突したが（堅田の戦い）、織田勢の敗北に終わっている。

に過ぎなかった。元亀二年（一五七一）正月、信長は年賀の挨拶に訪れた家臣らを前にしてこう言い放った。比叡山を襲撃する、と（『細川家記』）。前年の和睦の条件のひとつに延暦寺の保護があったが、信長に敵対する勢力の拠点となっていた延暦寺の存在をこのまま見過ごすことはできなかったのである。

同年八月十八日、信長は近江に出陣する。九月一日には浅井方に寝返った志村《しむら》城、小川《おがわ》城を落とし、三日には一向一揆の拠点となっていた金森《かねがもり》城をも攻略した。

そして十二日早朝、ついに信長は比叡山の焼き討ちを命じた。午前六時頃、信長勢三万は一斉に比叡山延暦寺へ攻め上ると、堂宇のことごとくを焼き払い、また僧や俗人、子どもに至るまでひとり残らず首を打ち落としたという。こうして年来の鬱憤を晴らした信長は志賀郡を明智光秀に与え、坂本に居城を構えさせた。そして二十日、岐阜に帰陣した。なお、昭和四十年代以降に行なわれた発掘調査の結果、元亀の焼き討ちの事実を証明することができるのは根本中堂と大講堂の二か所のみであり、その他の堂宇からは焼失した痕跡を見出すことができなかったという。そのことから、焼き討ちの主戦場となったのは山麓の坂本一帯であり、山上における焼き討ちは小規模なものだったと考えられている。

比叡山焼き討ち関係図

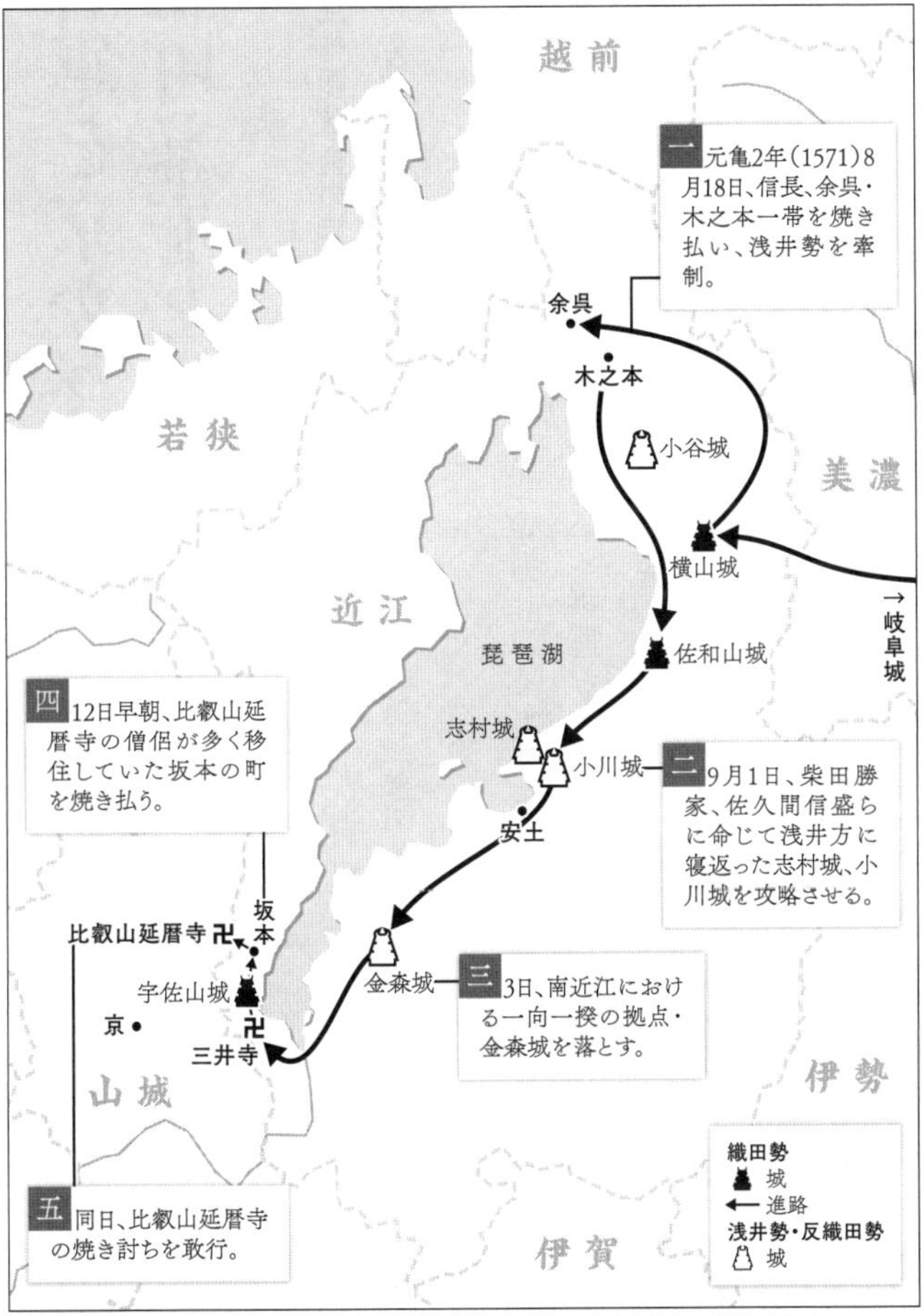

元亀2年9月12日、信長は浅井・朝倉勢に与した比叡山延暦寺の焼き討ちを敢行し、殺戮の限りを尽くしたと伝わる。

将軍を京から追放し、室町幕府を滅ぼす

元亀四年（天正元・一五七三）二月
足利義昭の挙兵

◆反信長陣営の旗頭であった武田信玄

年が明けた元亀三年（一五七二）、再び反信長勢力の動きが活発となり、信長はまたしてもその対応に追われることとなった。正月には六角承禎父子が一向一揆と組んで金森城、三宅城に立て籠もり、四月にはそれまで信長に従っていた三好義継、松永久秀父子が共謀して反旗を翻すという事態が勃発する。

とはいえ、このときはまだ反信長勢力の中心を担うべき将はおらず、横の結束が希薄で組織だった行動を取ることがなかったため、信長としても個別に対応できた。しかし十月三日、事態は大きく動く。甲斐の武田信玄が西上を開始し、徳川家康の拠点である遠江に攻め込んだのである。総勢は二万五千。その時点における信玄の最大動員であったと考えられる。はたして信玄の狙いは何か。それは、信長包囲網に呼応す

元亀3年時点の信長包囲網

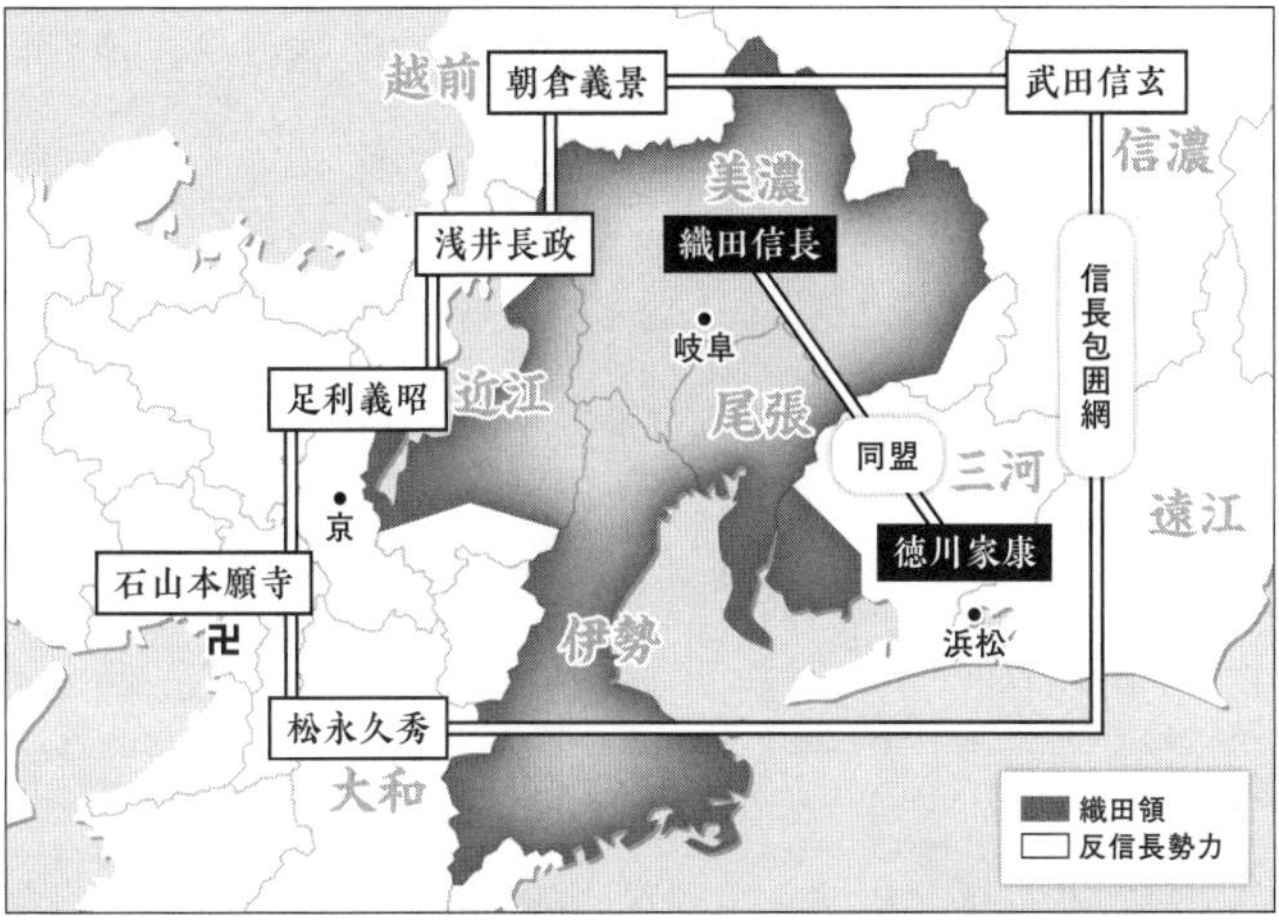

元亀3年（1572）、将軍・足利義昭を中心とし、朝倉義景、浅井長政、武田信玄、石山本願寺、松永久秀らが信長打倒の動きを活発化させた。

るものであったに違いない。

反信長勢力にとって、信玄の存在は信長に対抗しうる最大の旗頭であった。実際、正月十四日、**本願寺**[※1]**顕如**は信玄に太刀を贈り、信長が摂津・河内に攻め入った際には背後を脅かすよう申し伝えている。また五月、信玄は義昭への忠節を誓い、それに対して義昭は忠節を褒め称えるとともに、「天下静謐の馳走油断あるべからず」と書状を送っている。これに、浅井氏、朝倉氏も呼応した。

十二月二十二日、**信玄は**[※2]**三方ヶ原《みかたがはら》で家康を破り**、反信長陣営の気勢を上げた。

※1　顕如の室・如春尼は信玄の正室・三条夫人の妹にあたる。

※2　遠江に攻め入ってきた武田信玄に対し、徳川家康は浜松城での籠城ではなく野戦を選択したが、武田勢に散々に撃ち破られた。

元亀四年（天正元・一五七三）二月、ついに義昭は挙兵し、信長に敵対した。本願寺門徒に浅井・朝倉勢、畿内の国人領主、そこに武田勢が加われば、信長など恐るるに足らずと考えたのだろう。三月には中国の毛利輝元《もうりてるもと》、小早川隆景《こばやかわたかかげ》らにも出陣を促している。だが、頼みの綱であった信玄は病に倒れ、武田勢が上洛することはなかった。

信長は義昭への説得を試みたが、義昭がこれを取り合わなかったために破談に終わった。ここに至り、信長は武力による鎮圧を決意する。四月四日、義昭が籠る御所を包囲すると、上京一帯を放火。さらには天皇をも動かし、七日、和睦を成立させたのであった。しかし信長は、義昭が再び反旗を翻すと考えた。そこで五月十五日に佐和山城に入ると、大軍勢を乗せて琵琶湖を渡れる**大船**の建造に取り掛からせた。

七月三日、信長の思惑通り、義昭は再度挙兵。御所の守備は奉公衆の三淵藤英《みつぶちふじひで》らに託し、自身は槇島《まきしま》城に籠った。そうした状況下の五日、ついに大船が完成する。六日、信長はまず先鋒を出陣させると、七日、自身は大船に乗って佐和山から坂本に渡り、九日に入洛。十二日には御所を制圧し、十六日、槇島城攻めを開始。十八日、義昭を降伏に追い込んだのであった。その後、信長は二歳であった義昭の子・義尋《ぎじん》を人質に取ると、義昭自身の命は助け、京から追放。ここに、室町幕府は滅亡した。

大船
『信長公記』によると、長さ30間（約54メートル）、幅7間（約13メートル）の大きさで、櫓100挺立てだったという。

武田信玄の西上

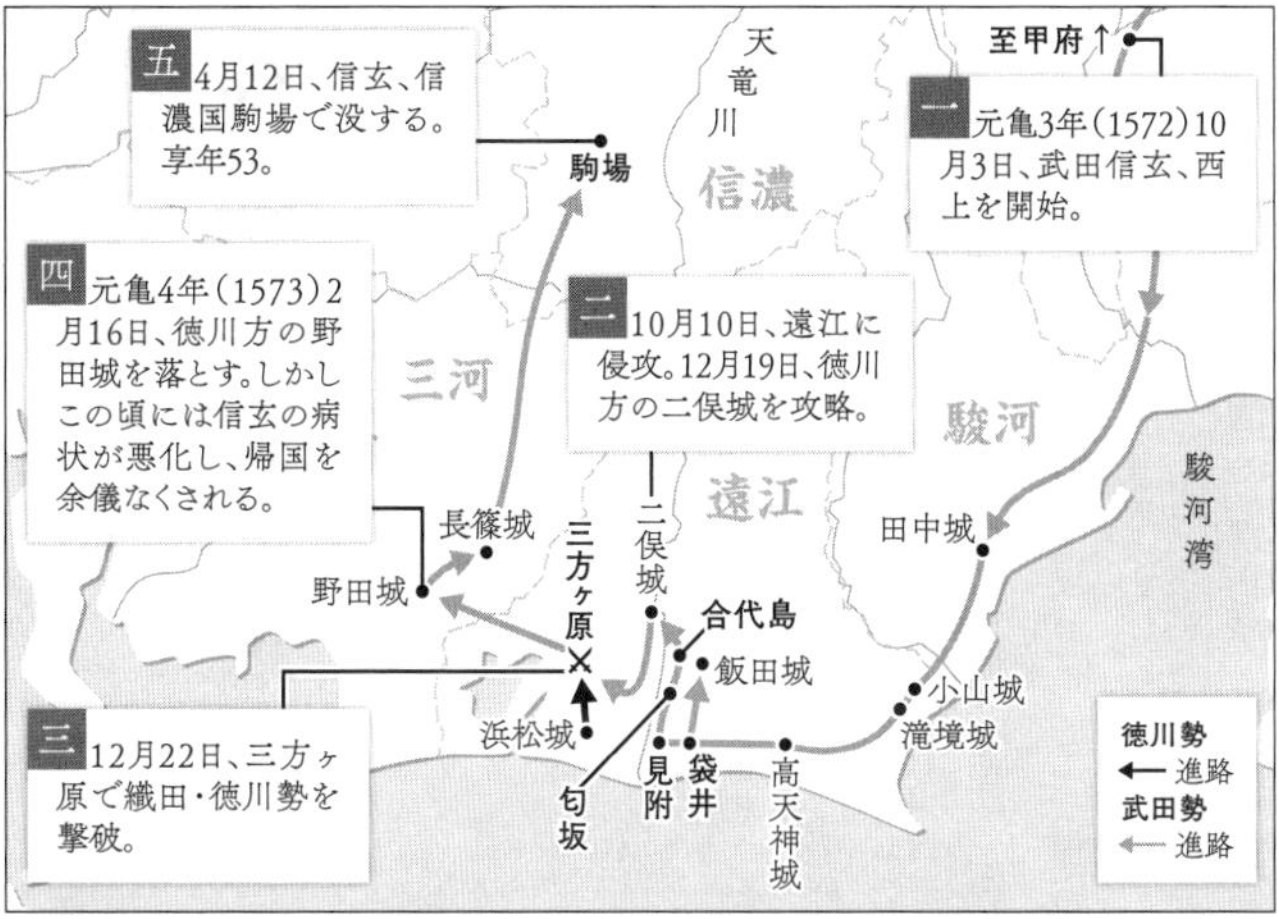

武田信玄は瞬く間に徳川領を制圧していったが、病が篤くなったため、野田城以西への進軍はかなわなかった。

足利義昭の挙兵と追放

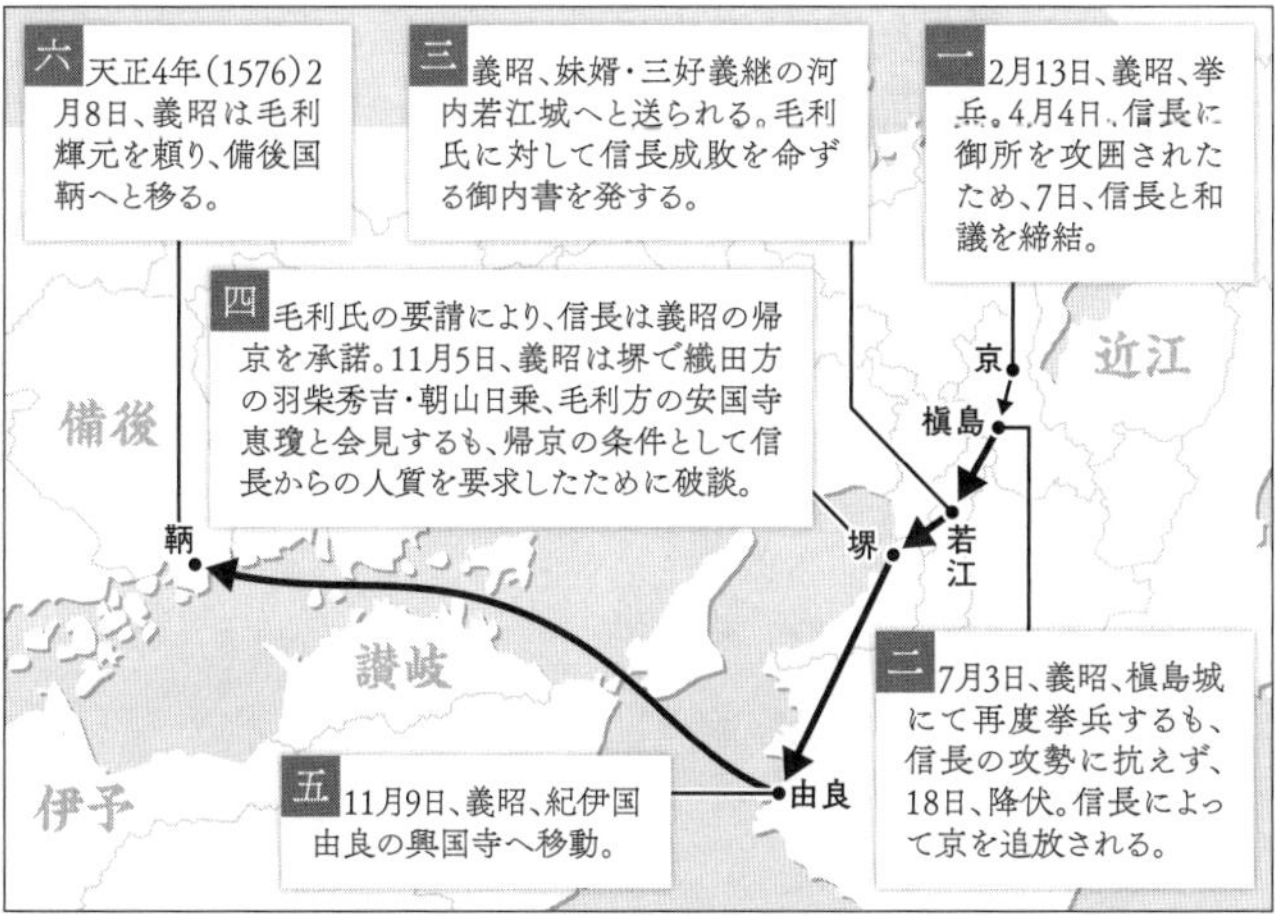

信長に敗れた義昭はその後、備後国鞆へ移り、毛利輝元の庇護下に置かれた。そこでも盛んに御内書を発し、幕府の再興をもくろんだ。

百余年続いた越前朝倉氏の最期

天正元年（一五七三）八月二十日
一乗谷の戦い

◆「元亀」から「天正」への改元

足利義昭の追放後、信長がまず行なったのは改元だった。もともと元亀という元号は義昭が望んだものだったというが、信長はそれを不吉としてたびたび改元を申し入れていたのである。元亀四年（天正元・一五七三）七月二十一日、信長は朝廷に改元を求めると、二十八日、信長の意向に沿う形で「天正」という新元号が定められた。

一方、信長は義昭に同調して山城・近江で挙兵した反信長勢の拠点を叩き潰していった。二十一日には一乗寺《いちじょうじ》城の渡辺昌《わたなべまさ》、磯貝久次《いそがいひさつぐ》、静原山《しずはらやま》城の山本対馬守《やまもとつしまのかみ》を討伐。二十六日には大船で琵琶湖を渡って近江高島郡に出陣すると、木戸《きど》城と田中《たなか》城を攻略し、両城を明智光秀に与えた。八月二日には、義昭の命で淀城に立て籠もっていた三好三人衆の一人・岩成友通《いわなりともみち》を攻め滅ぼす。こうして反対勢力の征討を終えたのち、四日、

南近江の反信長勢力鎮定

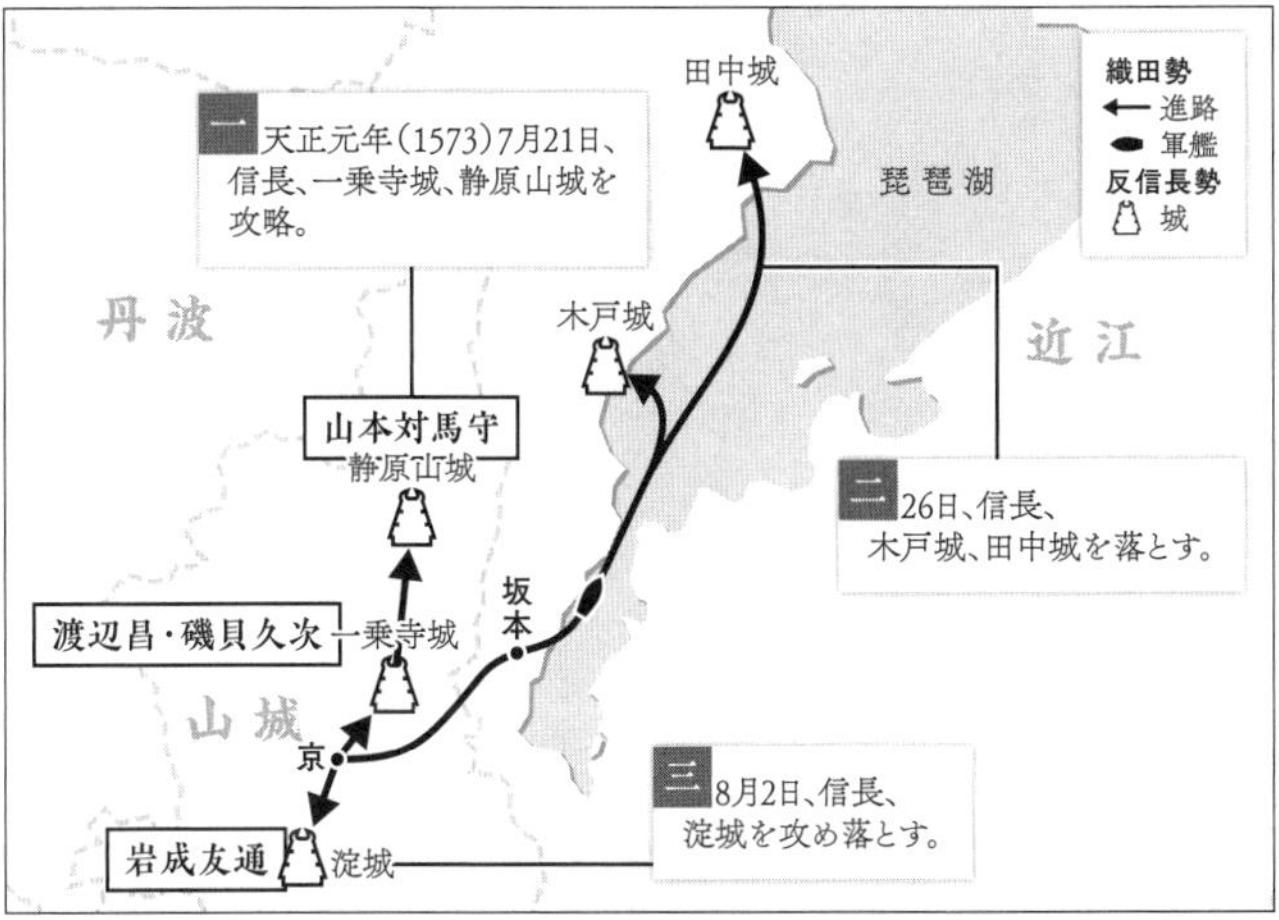

足利義昭の追放後、信長は義昭に同調して挙兵した山城・南近江の反信長勢力を征討した。

信長は岐阜に帰陣した。

武田信玄の病死、義昭の追放に伴い、この時点で信長包囲網は瓦解寸前の状態にあった。そのような状況下の八日、信長のもとに吉報が届く。浅井長政の家臣で山本山《やまもとやま》城主・阿閉《あつじ》淡路守《あわじのかみ》の内応である。信長はこれを浅井氏討伐の好機であると捉え、八日夜、にわかに岐阜城を出陣。その日のうちに月ヶ瀬《つきがせ》城を落とすと、十日、小谷城の一郭である大嶽砦《おおづく》の北、山田山《やまだやま》に布陣した。これによって越前から小谷への道路を遮断し、救援にやってくる朝倉勢の進軍に備えたのである。

その頃、長政の救援要請に応じ、二万の軍勢を率いて救援に駆けつけた朝倉義景は余呉、木之本、田部山《たべやま》に陣取り、織田勢に対抗した。

◆朝倉氏の滅亡

十二日、織田方に内応した浅見《あさみ》対馬守の手引きによって大嶽砦のふもと、焼尾《やけお》砦に兵を進めた信長は、夜、暴風雨が吹き荒れる中、自ら先陣を切って大嶽砦へと攻め上がった。ここには越前から派遣された朝倉勢五百ほどが立て籠もっていたが、信長勢の勢いにたまらず降伏した。信長は彼らの命を助け、義景の本陣へと送り返す。大嶽砦が陥落したことを義景に知らしめるためであった。続いて信長は平泉寺《へいせんじ》の玉泉坊《ぎょくせんぼう》が守る丁野山《ようのやま》に侵攻し、これを落とした。大嶽砦、丁野山の落城を知った義景は十三日夜、もはや利あらずとして慌てて撤退に取り掛かる。信長はこの機を逃さず、自ら先駆けをして追撃。十七日には、義景の本拠・越前に攻め入った。このとき、義景を支える将兵は少勢に過ぎなかったことから、義景は一乗谷城を放棄すると、十八日、大野郡賢松寺《けんしょうじ》へと逃れた。しかし二十日、信長に内応した従兄弟の朝倉景鏡《かげあきら》によって自害に追い込まれ、ここに越前朝倉氏は滅亡した。

朝倉氏の滅亡

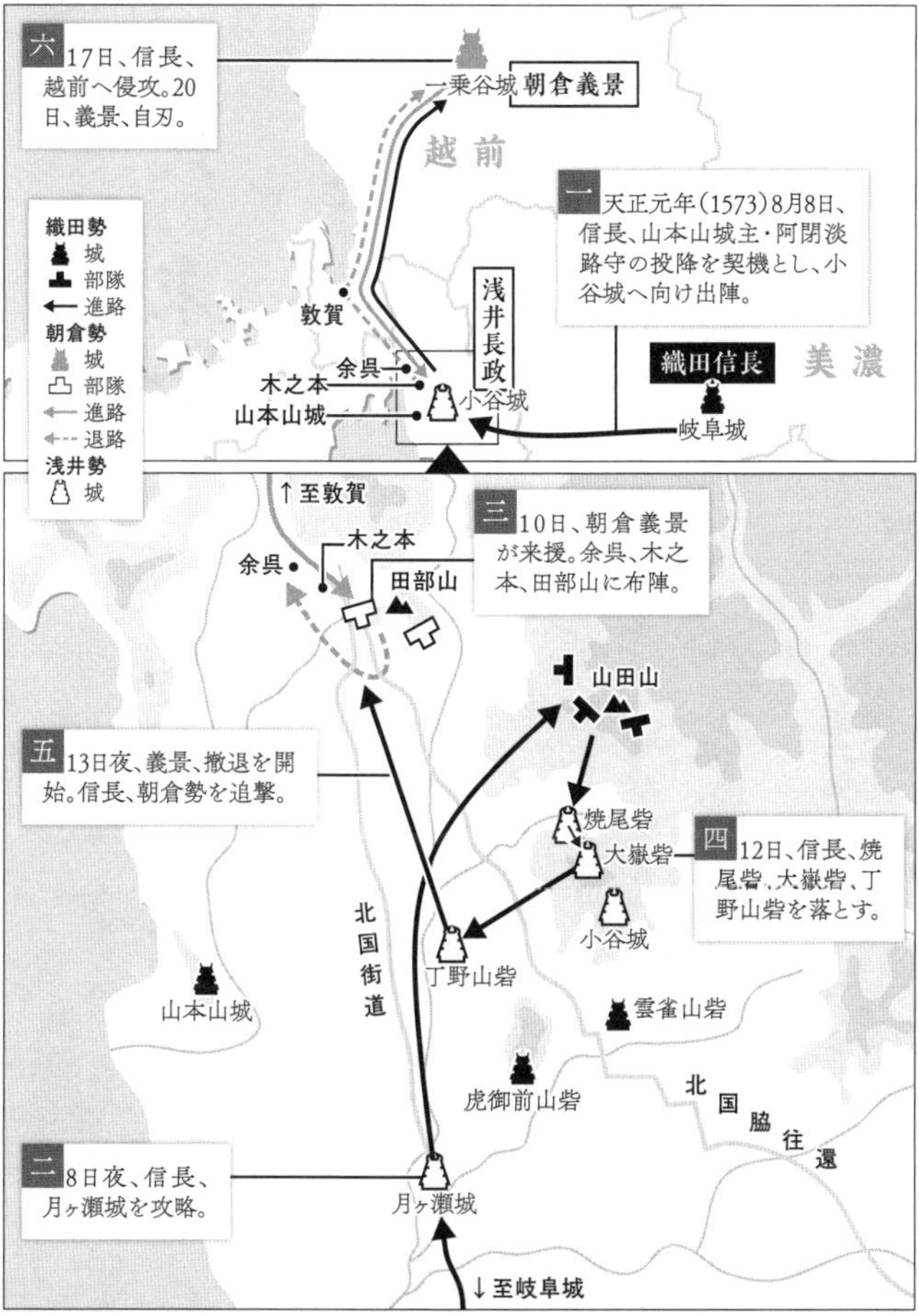

天正元年（1573）8月20日、信長に追い詰められた朝倉義景は切腹。越前朝倉氏は滅亡した。

義兄を裏切った浅井氏の末路

天正元年（一五七三）八月二十六日

小谷城の戦い

◆**浅井氏の滅亡**

朝倉氏を滅ぼした信長はすぐさま近江に取って返し、天正元年（一五七三）八月二十六日、虎御前山に布陣した。息つく暇もなく浅井攻めに取り掛かったのである。

このとき、浅井長政は小谷城の本丸に、長政の父・久政《ひさまさ》は小丸に籠っていた。そこでまず両者の分断を図るべく、二十七日夜、羽柴秀吉《はしばひでよし》が二つの郭の間に築かれていた京極丸《つぶら》を襲撃。これを落とすと、次いで小丸への攻撃を開始し、久政を自害に追い込んだ。翌二十八日には本丸への攻撃に取り掛かる。信長自身も京極丸に入り、戦況の指揮を執った。

一方、本丸に籠った長政は劣勢となっても抵抗を続け、二日にわたって信長勢の猛攻を耐え抜く。しかし、もはや落城は免れないところまできていた。九月一日、最期

小谷城の戦い要図

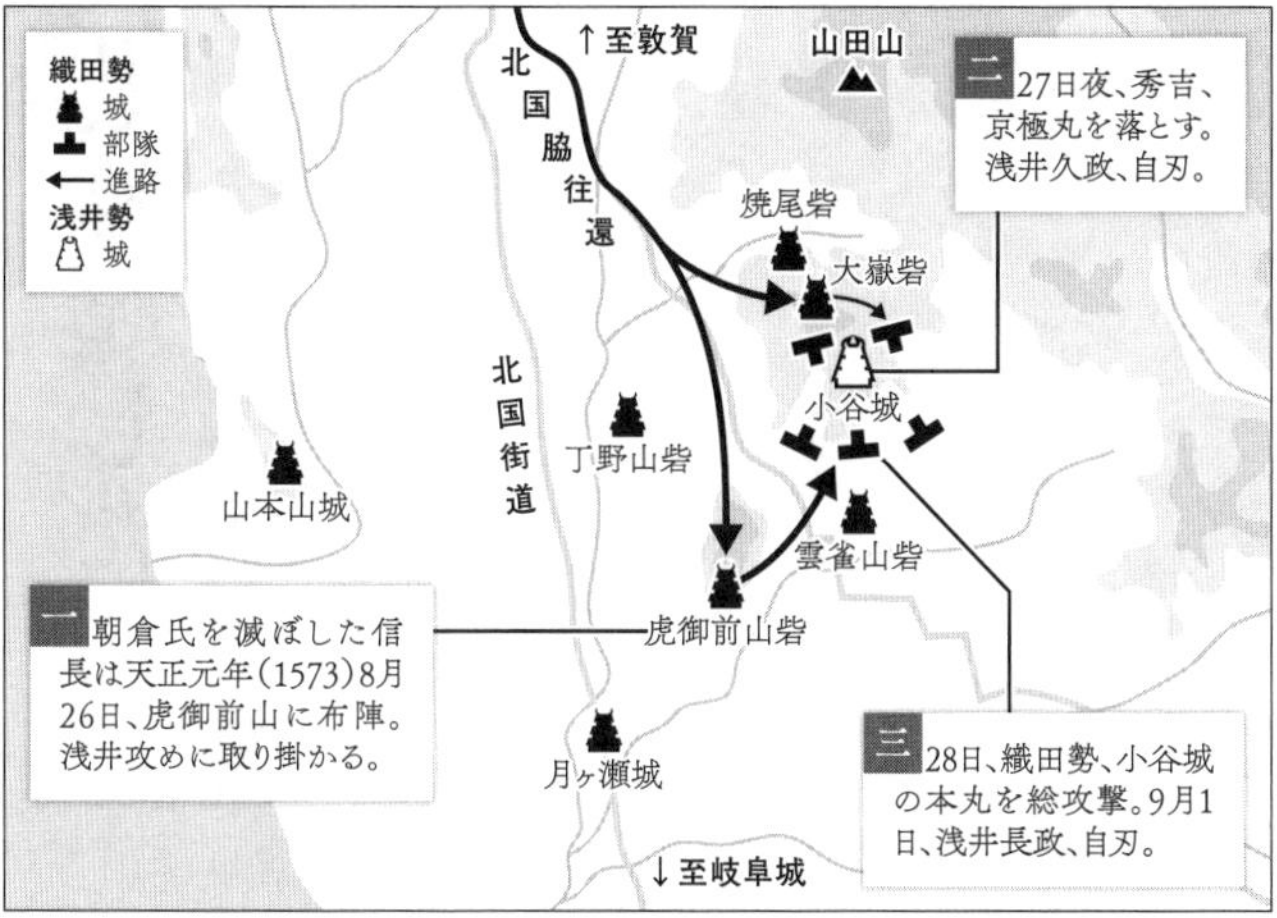

天正元年9月1日、信長はついに浅井氏を滅ぼし、北近江の平定に成功した。

の時を悟った長政は嫡男・万福丸《まんぷくまる》をひそかに城外に逃がし、またお市と三人の娘、茶々《ちゃちゃ》、初《はつ》、江《ごう》を織田方へと引き渡すと、自身は本丸そばの赤尾屋敷に入って自害を遂げた。

こうして浅井氏は滅亡することとなったが、その血脈は茶々、初、江を通じて戦国の世に受け継がれていった。とくに江はのち徳川幕府二代将軍秀忠《ひでただ》の正室となり、三代将軍家光《いえみつ》の母となるのである。

なお、越前方面へ逃走した万福丸はその後、潜伏先で織田方に捕らえられ、十月十七日、関ヶ原で磔《はりつけ》にされている。

武装蜂起した門徒勢の大量虐殺

天正二年（一五七四）七月
長島一向一揆鎮定

◆**伊勢長島一向一揆との対立**

年来の敵であった朝倉、浅井両氏を滅ぼし、その鬱憤を晴らした信長は北近江の旧浅井領の支配を羽柴秀吉に任せると、天正元年（一五七三）九月六日、岐阜に帰城した。休む間もなく、二十四日には北伊勢へと出陣している。目的は、伊勢長島一向一揆の掃討であった。信長と伊勢長島一向一揆との確執は、元亀元年（一五七〇）にはじまる。長島の一向宗門徒の一大拠点となっていた**願証寺**《がんしょうじ》の住持・証意《しょうい》が本願寺顕如の檄に応じて蜂起。長島城を奪うや、信長への敵対姿勢をあらわにしたのである。信長が志賀の陣（P100）で身動きが取れなかった元亀元年十一月には木曽川を渡って尾張小木江《こきえ》城に攻め込み、信長の弟・信興を自刃に追い込んだ。

信長としてもこれらの勢力を放っておくことはできず、翌元亀二年（一五七一）五

願証寺
16世紀初頭の開基。蓮如の13子・蓮淳所縁の寺院で、尾張、美濃、伊勢の真宗門徒を取りまとめる存在だった。

一向一揆の蜂起

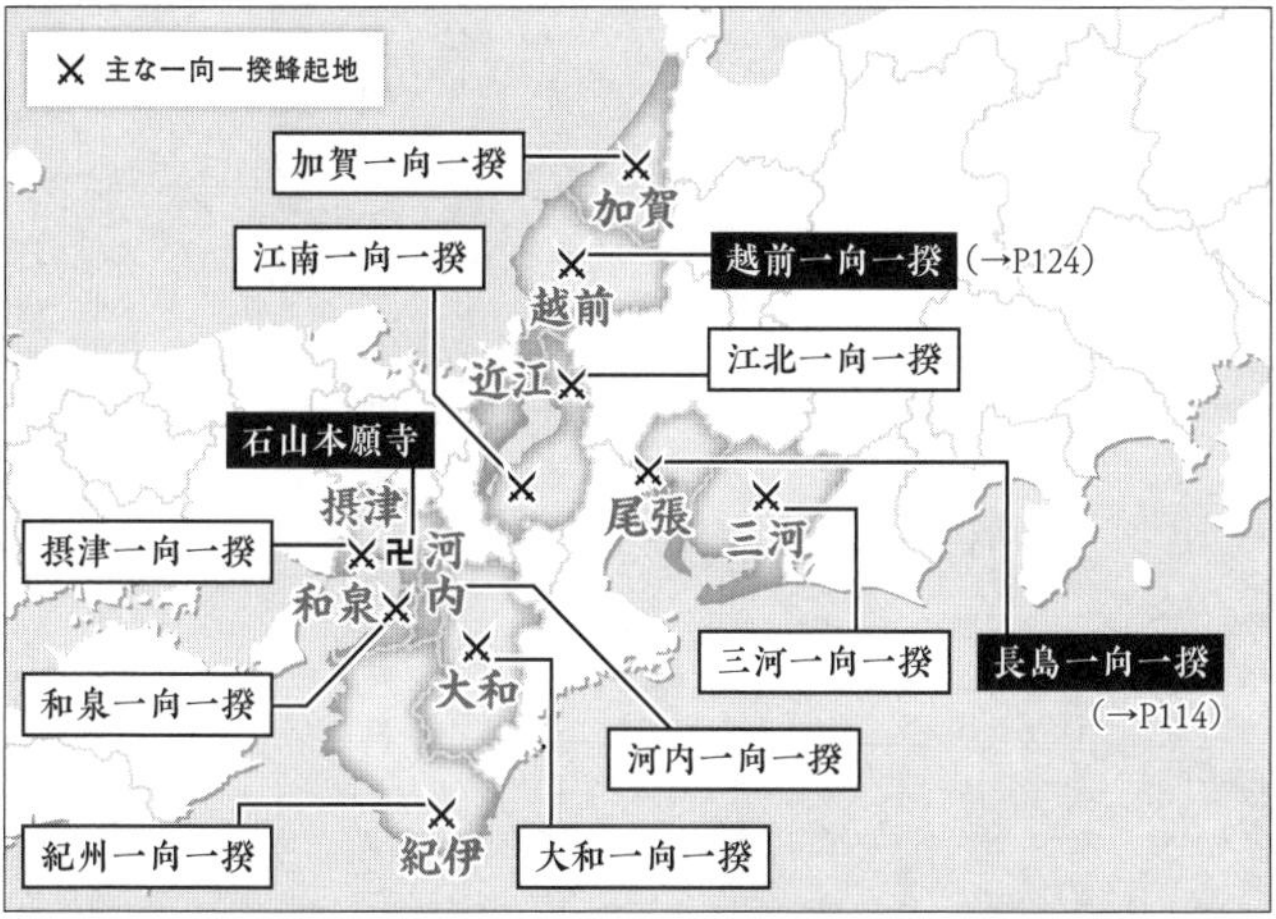

戦国時代、石山本願寺派の僧侶や門徒らが一揆を結び、各地で武装蜂起を起こした。中でも加賀一向一揆のように、90余年にわたって一国を支配するケースもあった。

月十二日、長島城攻めを敢行したが、十六日、撤収するところを一揆勢に追撃され、柴田勝家が負傷、氏家卜全が討死するという羽目に陥っている。

その後は反信長陣営の攻勢もあり、伊勢長島一向一揆に手出しができないという状況が続く。だが義昭を追放し、朝倉、浅井両氏を征討したことで、ようやく伊勢長島一向一揆の掃討に取り掛かることができたのである。天正元年九月二十四日、北伊勢に出馬した信長は長島の対岸における本願寺勢力を撃ち破ると、矢田《やた》城に滝川一益を入れ、守りを固めさせた。だが十月二十五日、兵を引き揚げる隙を一揆勢に狙われ、殿軍をつとめた林《はやし》新二郎《しんじろう》と郎党らが討死するなど相当の犠牲を出している。

◆門徒勢の平定

天正二年（一五七四）七月十三日、信長は嫡男・信忠とともに八万とも称される大軍を率いて岐阜城を出陣（『勢州軍記』）。同日、津島に着陣すると、十五日、再び長島攻めを敢行した。北東の市江《いちえ》口からは信忠勢が、北西の香取《かとり》口からは柴田勝家、佐久間信盛勢が、そして中央の早尾《はやお》口からは信長自身が兵を率いて進軍。さらに滝川一益、九鬼嘉隆《くきよしたか》ら率いる水軍が海上を封鎖し、糧道を断った。一揆勢の拠点であった砦を次々と落としていった信長は、八月二日には大鳥居《おおとりい》城を、十二日には篠橋《しのはせ》城を攻略。門徒勢は長島城へと逃れるが、九月末、飢えに苦しみ、ついには信長に降伏を申し出た。しかし信長はこれを取り合わず、退去しようとした門徒勢に銃撃を浴びせかけ、斬り捨てる。さらには中江《なかえ》城と屋長島《やながしま》城の周囲に幾重にも柵を巡らせて退路を断ったうえで、四方より放火した。これにより、立て籠もっていた男女約二万の門徒勢が焼き殺されたという。ここにおいて、※**伊勢長島の一向一揆は完全に鎮定したのであった。**

※信長は当初か

長島一向一揆殲滅戦(天正2年)要図

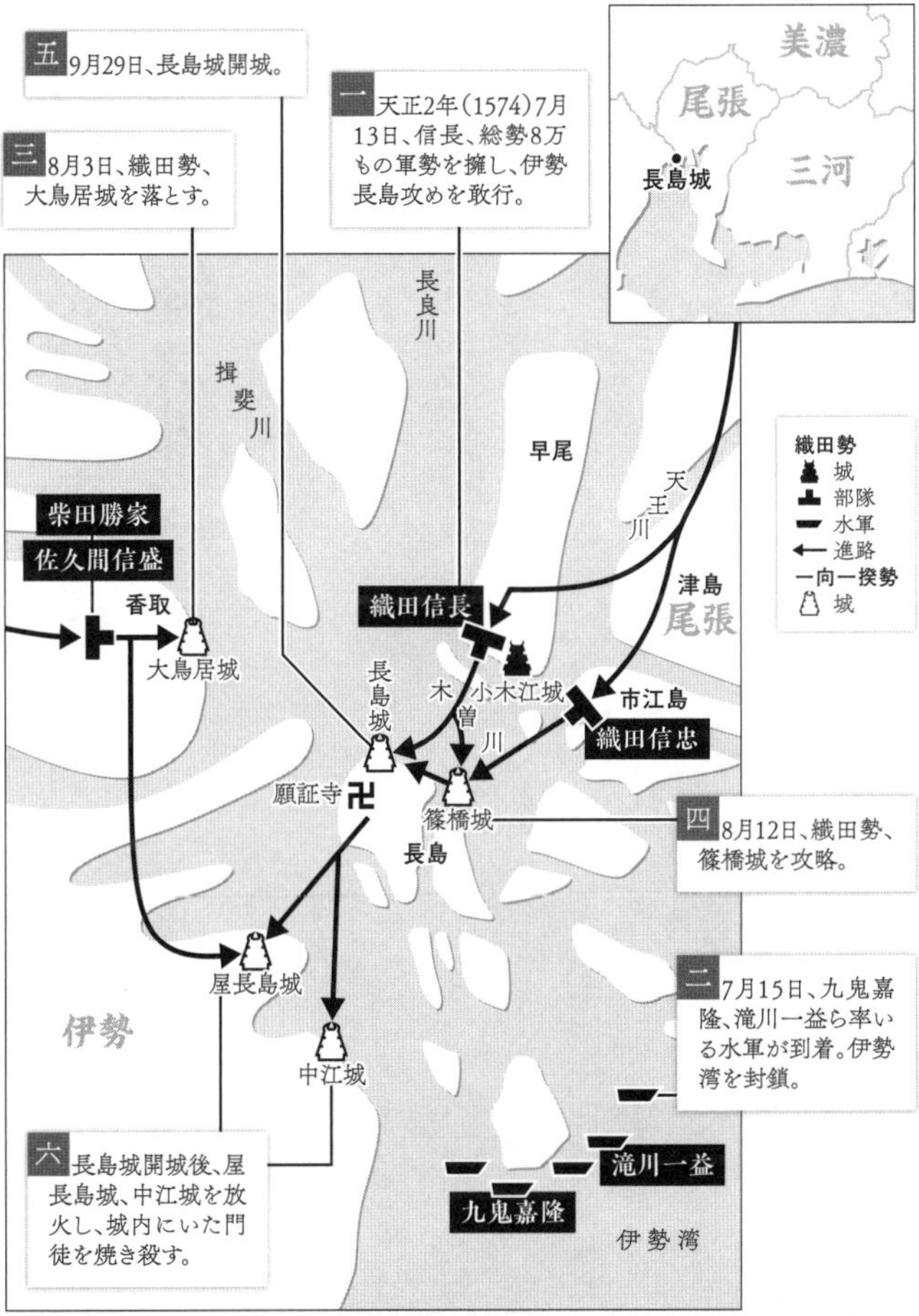

天正2年7月、信長は3度目となる長島攻めを敢行。一向一揆を制圧し、長島を勢力下に置いた。

ら長島一向一揆を根切(徹底的な殺害)する方針であったという。

物量戦で武田勢を圧倒、結実した経済戦略

天正三年（一五七五）五月二十一日

長篠・設楽原の戦い

◆武田勝頼の西上

武田信玄の西上に伴い、徳川家康はその領土を大きく侵食された。だが元亀四年（天正元・一五七三）の信玄の病死に伴って当面の危機を脱すると、三河・遠江における領土の回復を目指して行動を開始。同年九月には武田方の長篠《ながしの》城を攻略した。

一方、信玄の死後、その家督を継承した勝頼《かつより》は天正二年（一五七四）、家康に対して反転攻勢に打って出る。同年五月に遠江への侵攻を開始すると、六月十九日、高天《たかてん》神《じん》城を落とした。高天神城は遠江東部における武田氏の押さえの役割を果たしていた。ここを失ったことで、徳川領は再び武田氏の圧力に晒されることになったのである。

天正三年（一五七五）三月、信長が石山本願寺攻めを敢行するとの報に接した勝頼は三河、尾張方面への進軍を決意。四月、三河の足助《あすけ》城、野田城、二連木《にれんぎ》城を立て続

武田勝頼の遠江侵攻

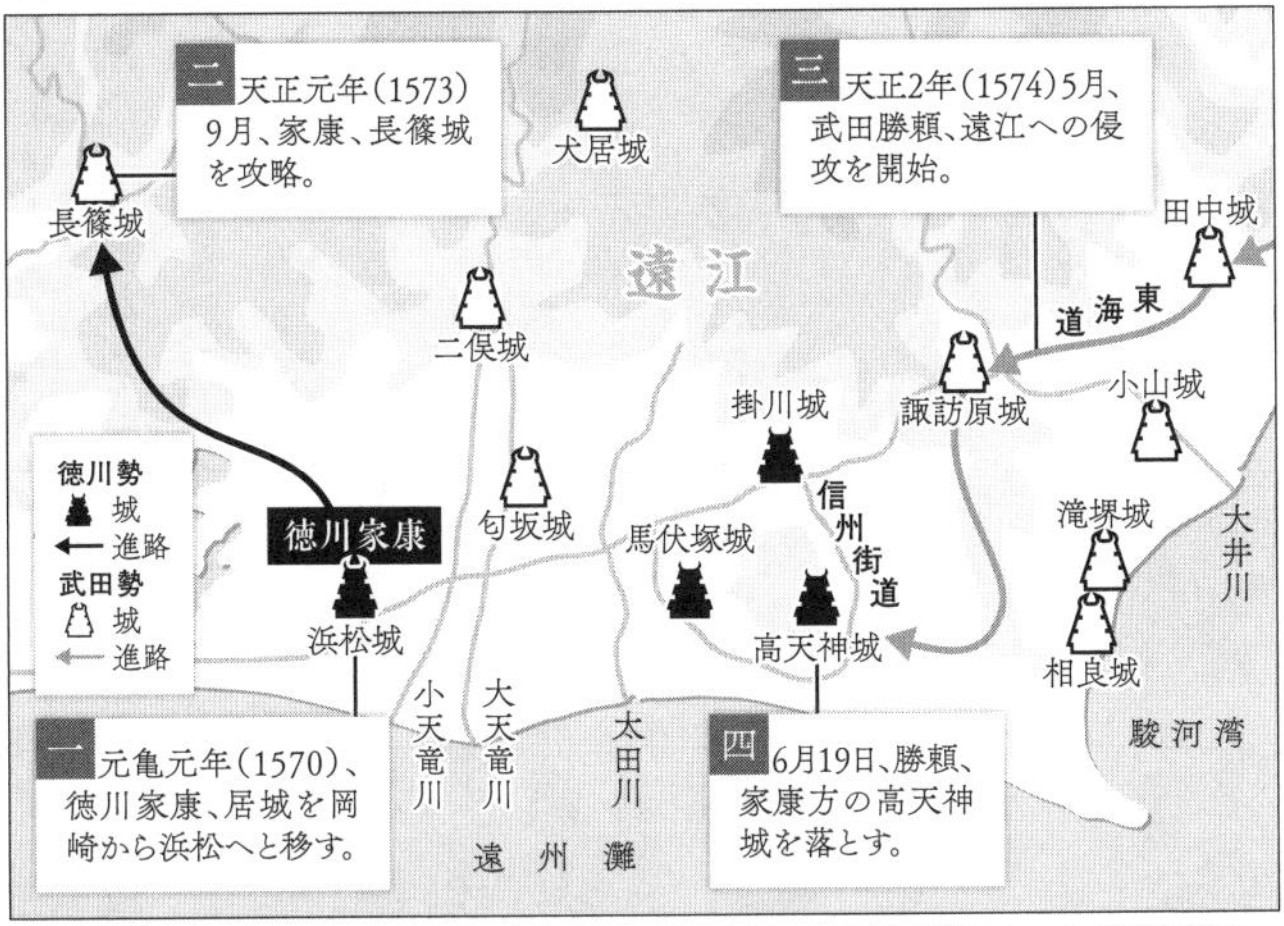

武田信玄の没後、その跡を継いだ勝頼は三河・遠江両国を制圧すべく、徳川家康への攻勢を強めた。

武田勝頼の三河侵攻

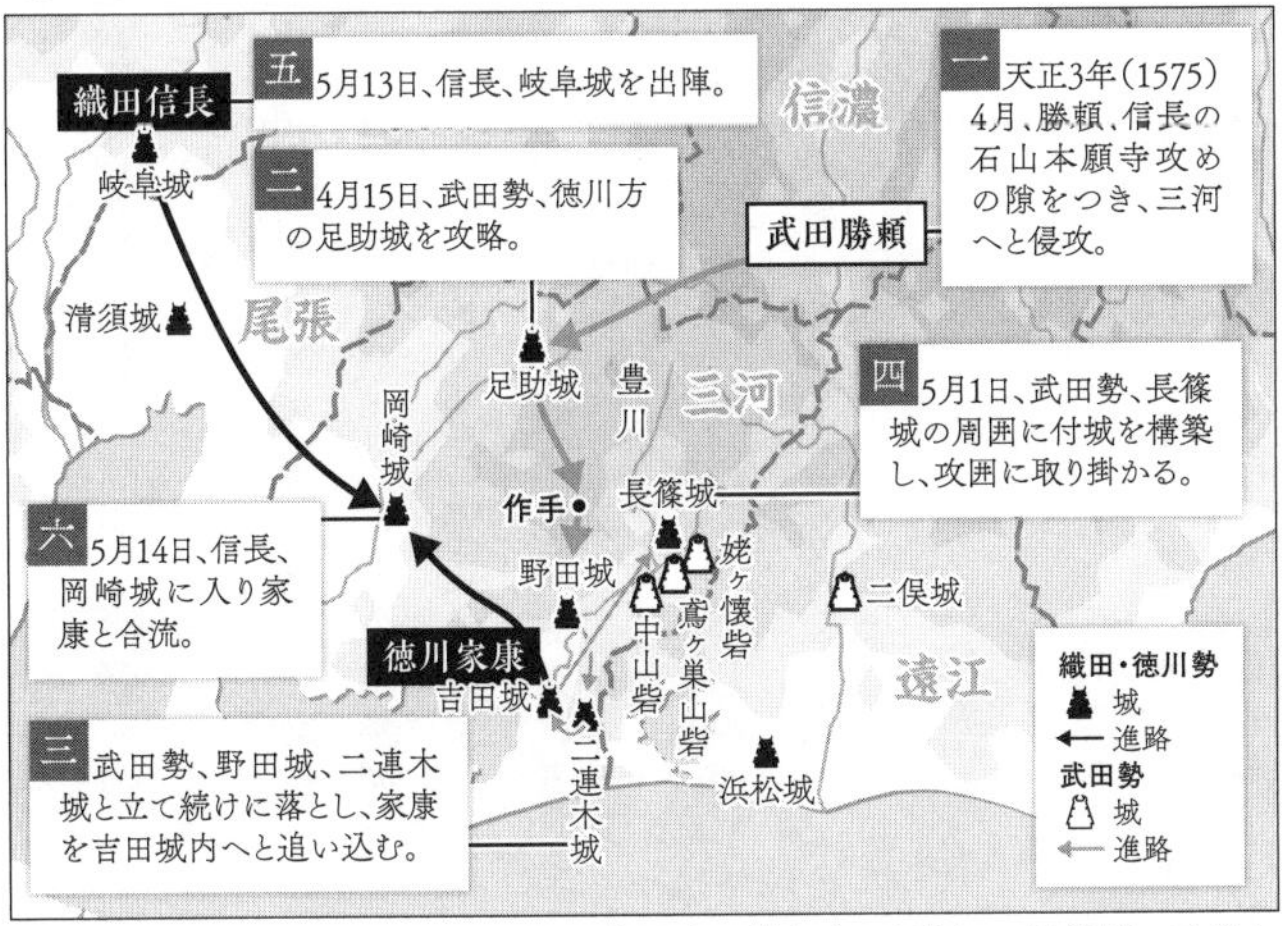

天正3年4月、三河へと侵攻した勝頼は徳川方の城を次々と落とし、長篠城の攻略にかかった。

けに攻略すると、反撃に出た徳川勢を吉田城内に追い込んだ。だが吉田城の守りが固かったため、目先を転じて長篠城へと侵攻。城の周囲に鳶ヶ巣山《とびがすやま》砦、姥ヶ懐《うばがふところ》砦、中山《なかやま》砦など付城を構築して軍勢を四方に配し、徹底的な包囲網を敷いた。

このとき、長篠城の守備を任されていたのは奥平貞昌《おくだいらさだまさ》(信昌《のぶまさ》)。家康の長篠城攻略に際し、武田方から家康方に寝返った作手《つくで》城主・奥平定能《さだよし》の子である。貞昌らは必死の抵抗を見せ、一万五千もの武田勢の猛攻をよくしのいだが、長篠城の守兵はわずか五百ほどに過ぎず、落城も時間の問題であった。当の家康としても最大動員兵力は八千に過ぎず、単独ではとても太刀打ちできない。そこで信長に救援を仰いだ。

この頃、信長は河内に出兵して信長に敵対した三好方の新堀《にいぼり》城、高屋《たかや》城を降したのち、四月下旬に岐阜に帰陣していた。肝心の本願寺攻めに取り掛かれなかったのは、三河における勝頼の動向を気にしてのものだったといわれる。

◆織田・徳川勢と武田勢の衝突

三河への出陣を決した信長は、まず家臣らに銃兵と火薬を提供するよう命じた。これに応じ、細川藤孝と筒井順慶《つついじゅんけい》が計百五十挺を長篠に送っている。他の家臣らも同様に鉄砲を信長に送ったと考えられる。すでに鉄砲の実用性を肌で感じていた信長は、大量の鉄砲を投入することで勝頼を撃ち破ろうとしていたのである。

五月十三日、三万の軍勢を擁した信長は岐阜城を出陣。十四日、岡崎《おかざき》城に入り、家康と合流した。そして十八日、設楽郷極楽寺山に本陣を置き、羽柴秀吉、丹羽長秀らの軍勢を**設楽原**《しだらがはら》まで前進させた。家康も八千の兵を率いて設楽原に布陣。さらに連《れん》吾《ご》川の手前に馬防柵を設置した。

織田・徳川勢に対し、勝頼は正面からの決戦を選択。『甲陽軍鑑』によると、信玄以来の宿将らは一時撤退を主張したが、勝頼はそれを容れなかったという。二十日、勝頼は長篠城攻囲の軍勢と付城に配した軍勢を残すと、全軍を連吾川沿いへ移した。

こうして両軍は、連吾川を挟んで対峙する。先手を取ったのは、織田・徳川勢だった。二十日夜、徳川の将・酒井忠次《さかいただつぐ》に別働隊を率いさせて山中を進ませ、鳶ヶ巣山砦を急襲させたのである。二十一日早朝、別働隊の突然の来襲に武田勢はたちまち混乱に陥り、武田方の長篠城包囲網は壊滅した。

事ここに至り、背後を断たれた武田勢は正面突破を図らざるを得なくなった。午前六時頃、勝頼は鉄砲衆や弓衆を前面に押し立て、織田・徳川勢への攻撃を開始。騎馬

設楽原
信長が陣を構えた場所は窪地であったことから、武田方に気づかれることなく、3万の軍勢を配することができたという。

長篠・設楽原の戦い要図（5月18日）

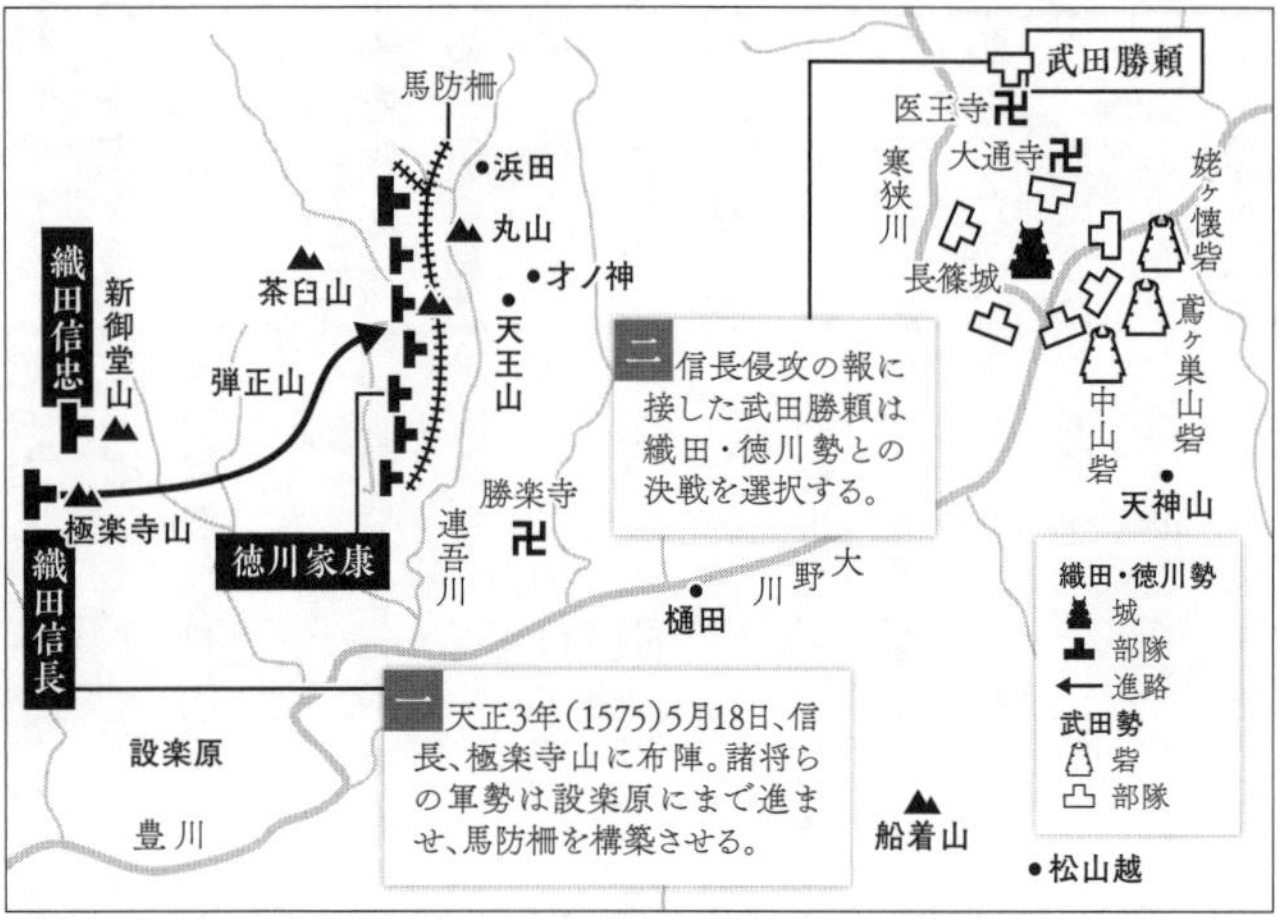

長篠城を攻囲する武田勢に対し、信長は設楽原に諸将を配置。まず連吾川西に馬防柵を設置させた。

勢や徒歩勢が決死の前進を試みるが、三千挺とも一千挺とも目される織田・徳川勢の銃撃で次々と兵が討ち取られていく。武田勢は壊滅的な損害を被り、午後二時頃、敗走した。

なお、この戦いでは武田方にも鉄砲隊が編成されていたといい、勝頼が鉄砲を軽視していたわけではないことがわかる。では何が勝敗を分けたのか。それは何よりも鉄砲の量であったと考えられる。織田・徳川方が配備した鉄砲の量は勝頼としても前例のないものだったに違いなく、それを可能にした信長の経済戦略がこの戦いで結実したといえるだろう。

長篠・設楽原の戦い要図（5月20日）

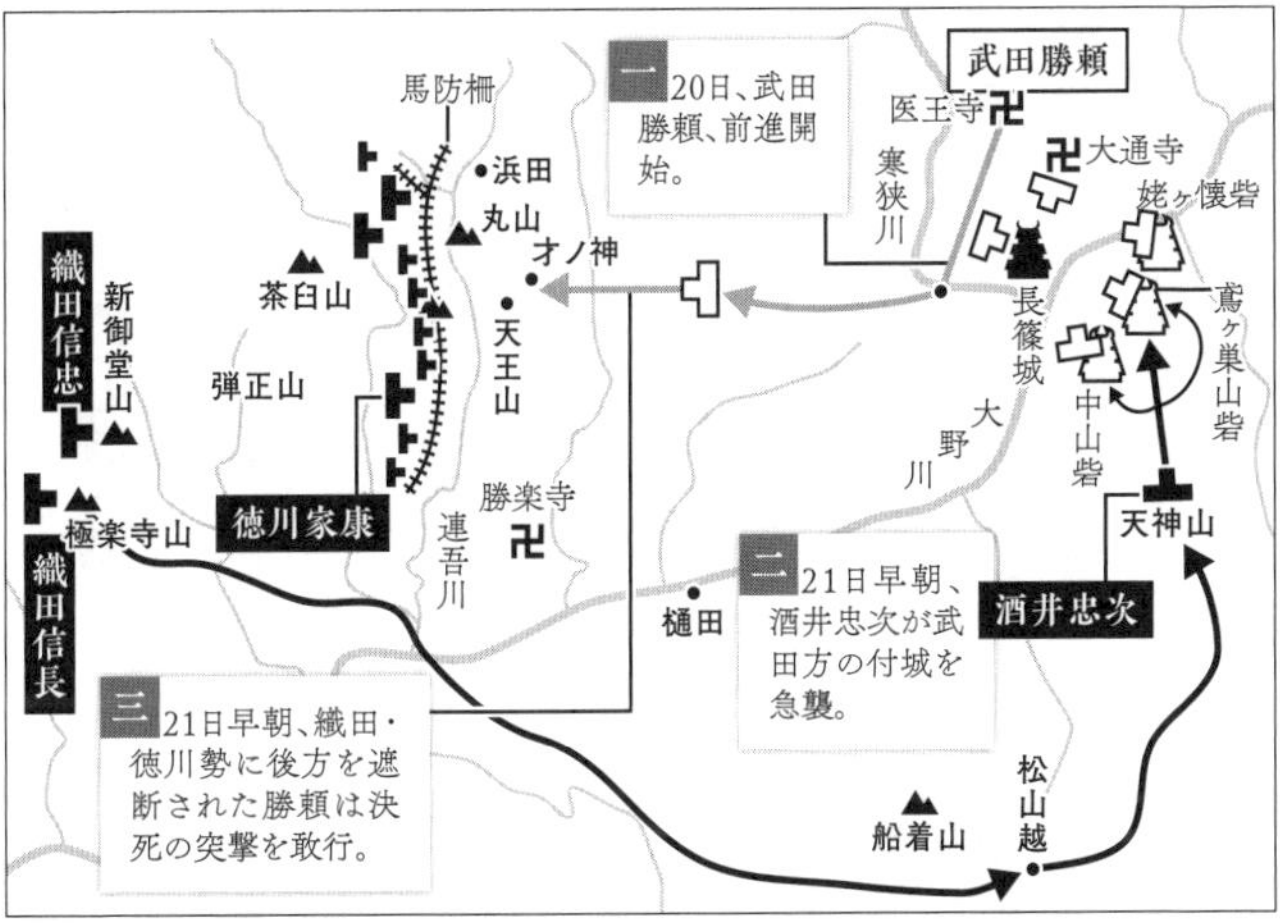

前進してくる武田勢の動きを見て、織田・徳川勢は鳶ヶ巣山砦を襲撃するという手を打つ。これにより、武田勢を袋の鼠とした。

長篠・設楽原の戦い要図（5月21日）

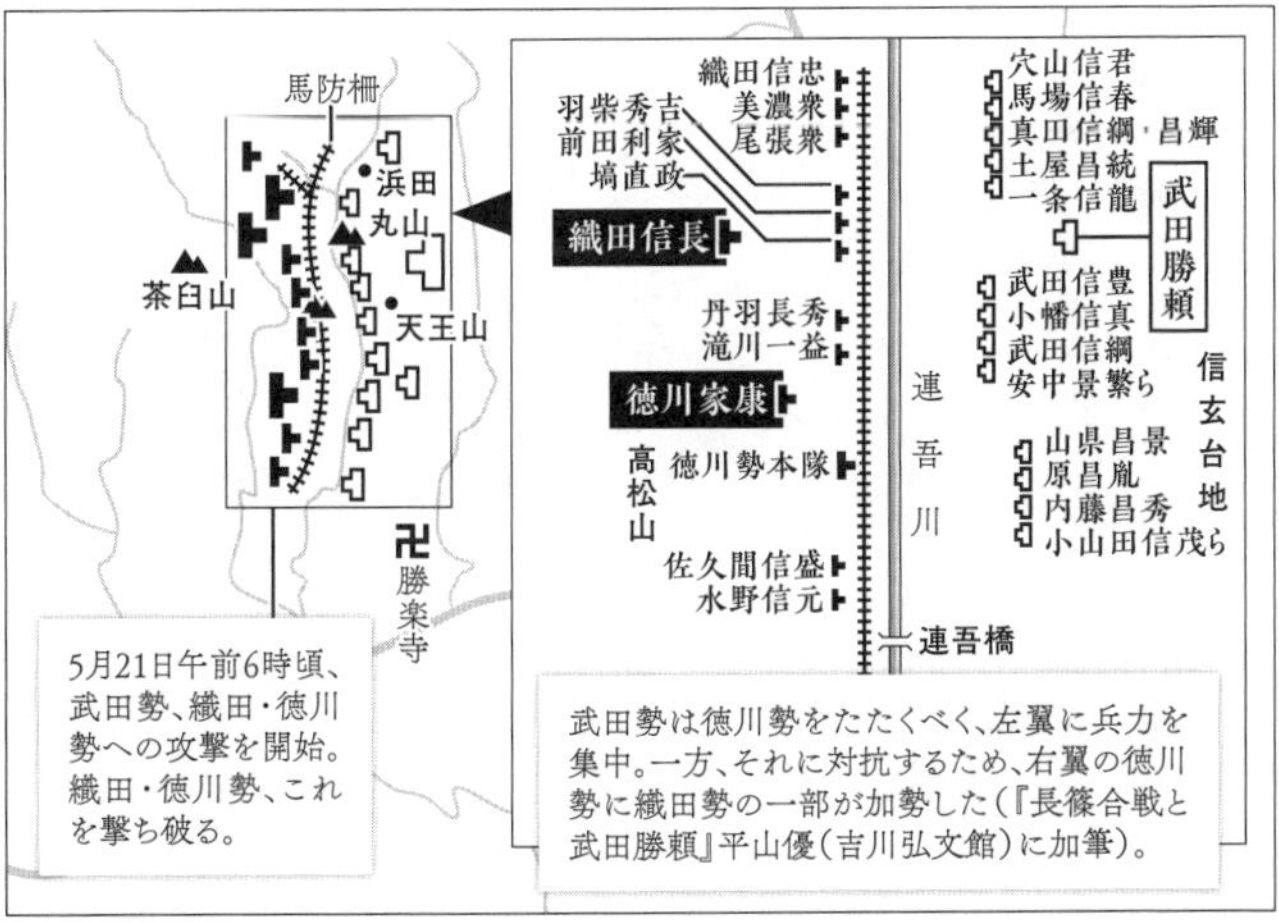

天正3年（1575）5月21日、織田・徳川勢は設楽原で武田勢を撃破。一方、武田勢はこの戦いで宿老の多くを失うこととなり、勢力の衰退を余儀なくされた。

一揆勢を殲滅し、再び越前を平定す

天正三年（一五七五）八月
越前一向一揆の鎮定

◆**越前で蜂起した一向一揆**

長篠・設楽原の戦いの勝利により、東方戦線における最大の脅威・武田氏の弱体化に成功した信長であったが、一方で、旧朝倉領の越前では一向宗が蜂起し、信長の支配体制を瓦解させるという事態に陥っていた。

越前で一向宗が蜂起したのは、天正二年（一五七四）正月のことである。しかし、信長はすぐに越前鎮定に乗り出すことはできなかった。尾張近郊では伊勢長島の一向一揆が活発化し、また東方では武田勝頼が西上の構えを見せていたためである。そこで信長は羽柴秀吉、**武藤舜秀**《むとうきよひで》に敦賀郡の守備を任せて越前の押さえとし、また七月には本願寺と敵対関係にあった越前の高田専修寺派《たかだせんじゅじ》や**朝倉景健**《かげたけ》ら朝倉旧臣に対して書状を送り、越前侵攻の際には忠節を尽くすよう働きかけた。

武藤舜秀
?〜1579。『尾張誌』によると、尾張国馬寄村の出。

越前一向一揆関係図

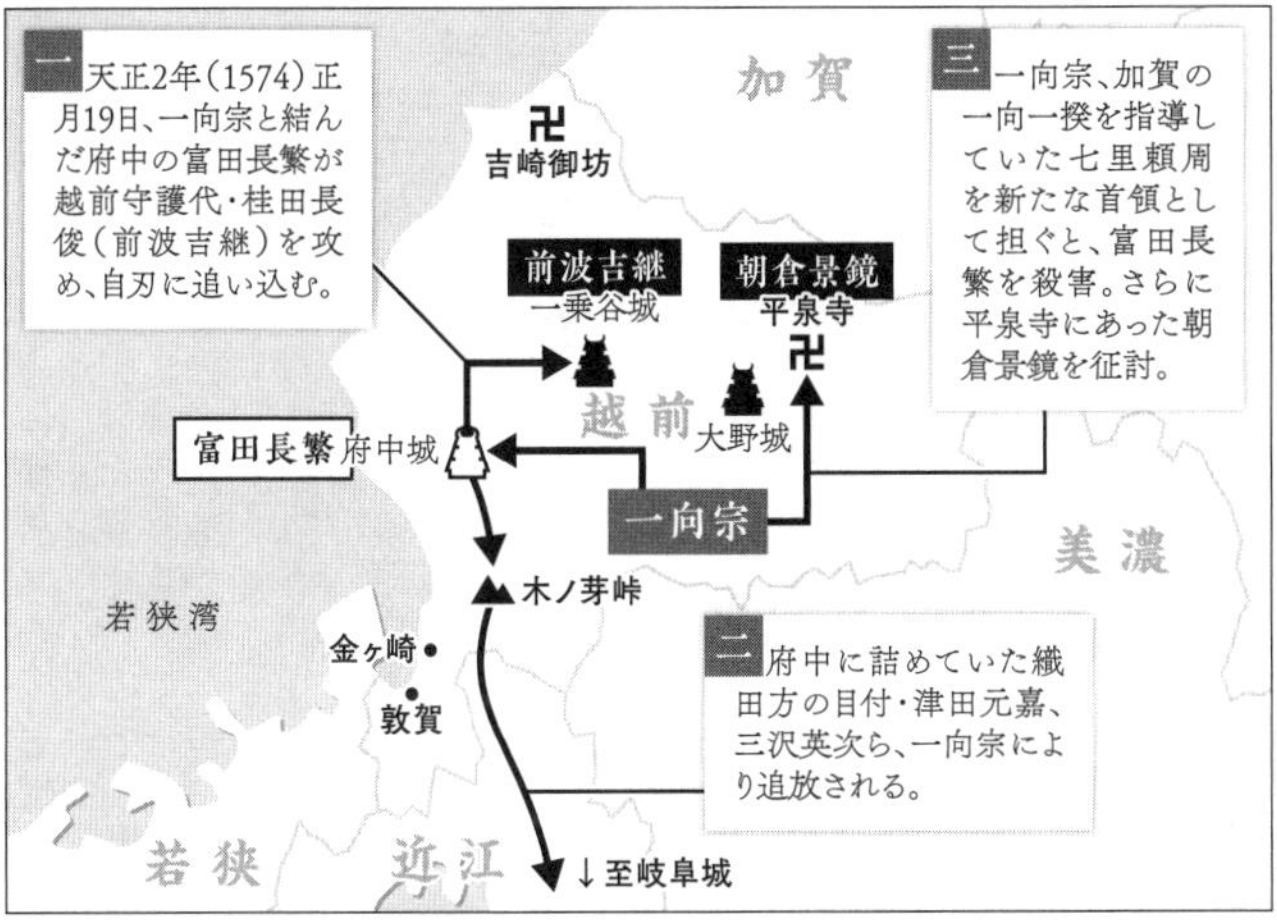

天正2年（1574）正月、越前で一向宗が蜂起。これにより、越前は一向宗が支配するところとなった。

◆信長による大量虐殺

伊勢長島一向一揆を鎮定し、また長篠・設楽原の戦いで勝頼を撃ち破って当面の憂いを取り除いた信長は、いよいよ越前の一向一揆征討に乗り出す。それに先駆け、天正三年（一五七五）六月、越前国衆・建部《たけべ》周光《しゅうこう》に対して大谷浦など五か所の知行を与え、また本願寺とは別派の越前誠照寺《じょうしょうじ》、証誠寺《しょうじょうじ》、専照寺《せんしょうじ》に対し、忠節を働きかける朱印状を発給した。さらには越前三国湊《みくに》の廻船問屋・森田三郎左衛門尉《もりたさぶろうざえもんのじょう》の領地を安堵し、七月二十一日から二十六日までの間、越後、越中、能登から

信長に仕えて武功を残し、越前国敦賀郡を与えられる。天正7年（1579）に病没。

朝倉景健
?〜1575。安居城主・朝倉景隆の末子。朝倉家滅亡後、信長に降る。

来航する船の入港を禁ずるよう命じている。

こうして征討の準備を整えたのち、八月十二日、信長は岐阜城を出陣。十四日には敦賀に入って舜秀の城に陣を構えた。『信長公記』によると、その総勢は、柴田勝家や佐久間信盛、羽柴秀吉など織田方の有力武将三万余、信長の本陣一万余であったという。伊勢長島一向一揆の苦い経験を踏まえ、一揆勢は一度に叩き潰さなくてはならぬと判断したのだろう。

十五日、信長は総攻撃を命じた。敵方は板取《いたどり》城、木ノ芽峠、鉢伏《はちぶせ》城、今庄《いまじょう》城・燧《ひうち》城、大良《だいら》越・杉津《すぎつ》城、河野《こうの》新城、府中龍門寺《りゅうもんじ》と越前の要所に布陣していたが、信長勢は次々と砦を攻略していき、その日の夜のうちに府中龍門寺を落とした。一揆勢は戦意を喪失し、逃走を図るが、信長はそれを許さない。山々谷々まで隈なく捜索させ、一揆勢を見つけ次第、首を斬らせた。十五日から十九日までの五日間で生け捕りにした者、斬首した者合わせて三、四万に及んだという（『信長公記』）。

さらに信長は八十余年も一向宗の拠点となっていた加賀に侵攻し、南二郡（能美《のみ》、江沼《えぬま》）までをも制圧。そして越前八郡には勝家、加賀には大聖寺《だいしょうじ》城を築かせて簗田広正を封じるなど**新たな支配体制**※を構築したのち、九月二十六日、岐阜に帰城した。

※信長は「前例

越前一向一揆の鎮圧

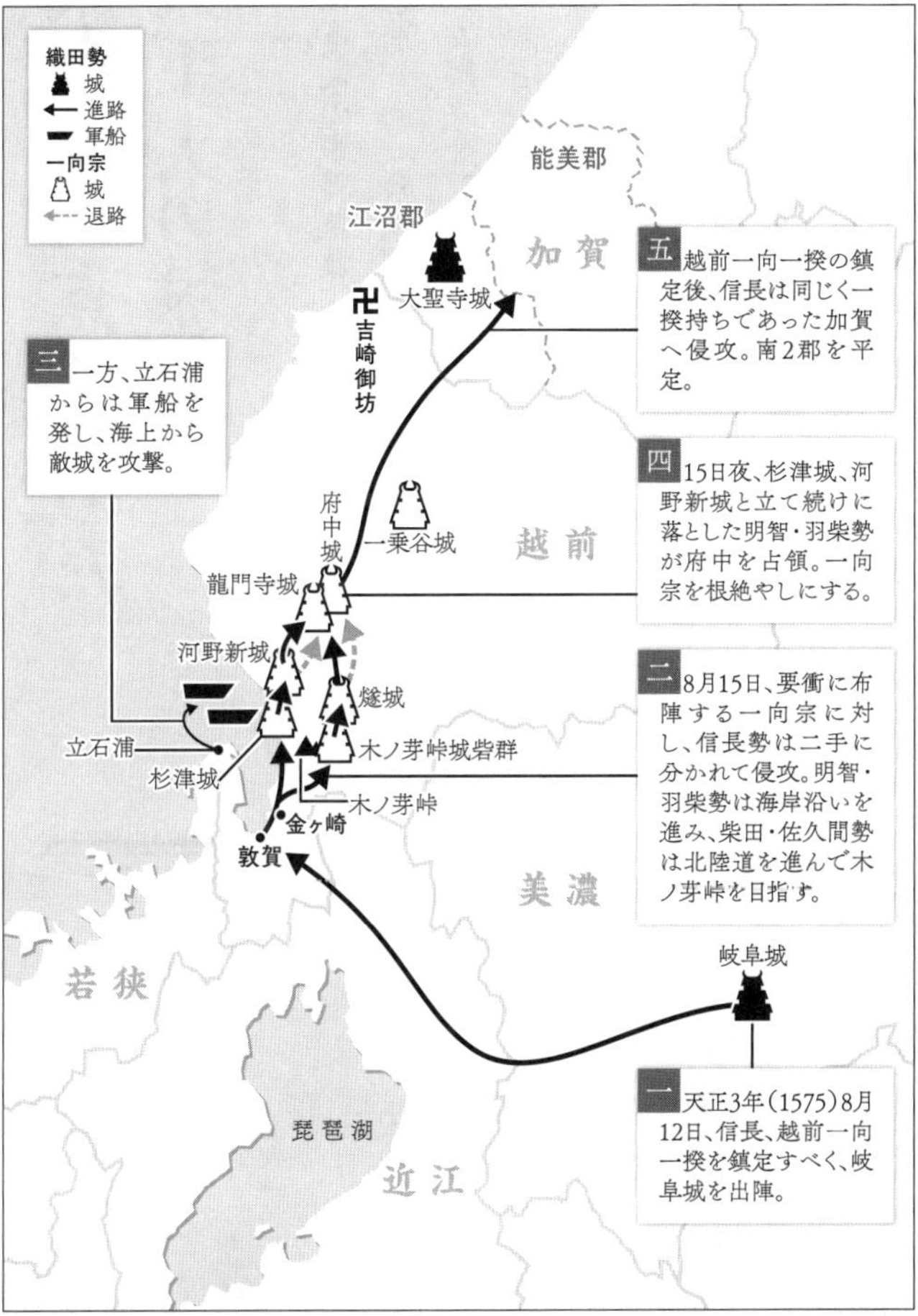

天正3年(1575)8月、信長は越前で蜂起した一向宗をことごとく撃ち破り、再び越前を制圧した。

のない非分の課役の禁止」、「訴訟の公正な裁許」、「関所の廃止」などをうたった越前国掟9か条を制定。諸将に分国支配の方針を示した。

武家の頂点に立った天下人の城

天正四年(一五七六)正月

安土築城

◆信忠への家督譲渡

越前一向一揆殲滅後の天正三年(一五七五)十月二十一日、本願寺顕如が三好康長《やすなが》、松井友閑を介して信長に和睦を願い出た。伊勢長島に続き、越前の一向宗をも大虐殺されたという事態を踏まえ、現時点では形式だけでも信長に服していた方がよいと判断したのであろう。実際、天正四年(一五七六)には再び信長への敵対行動を取りはじめるのである(P134)。

とはいえ、こうして成立した和議により、一時的ではあるが天下静謐《せいひつ》が実現したことになる。ここに至り、信長は官位の昇進を受け入れることとし、天正三年(一五七五)十一月四日には従三位権大納言に、七日には右大将に就任した。こうして信長は、名実ともに武家の頂点に立ったのであった。二十八日には嫡子・信忠に家督を譲渡し、

信長の居城の移動

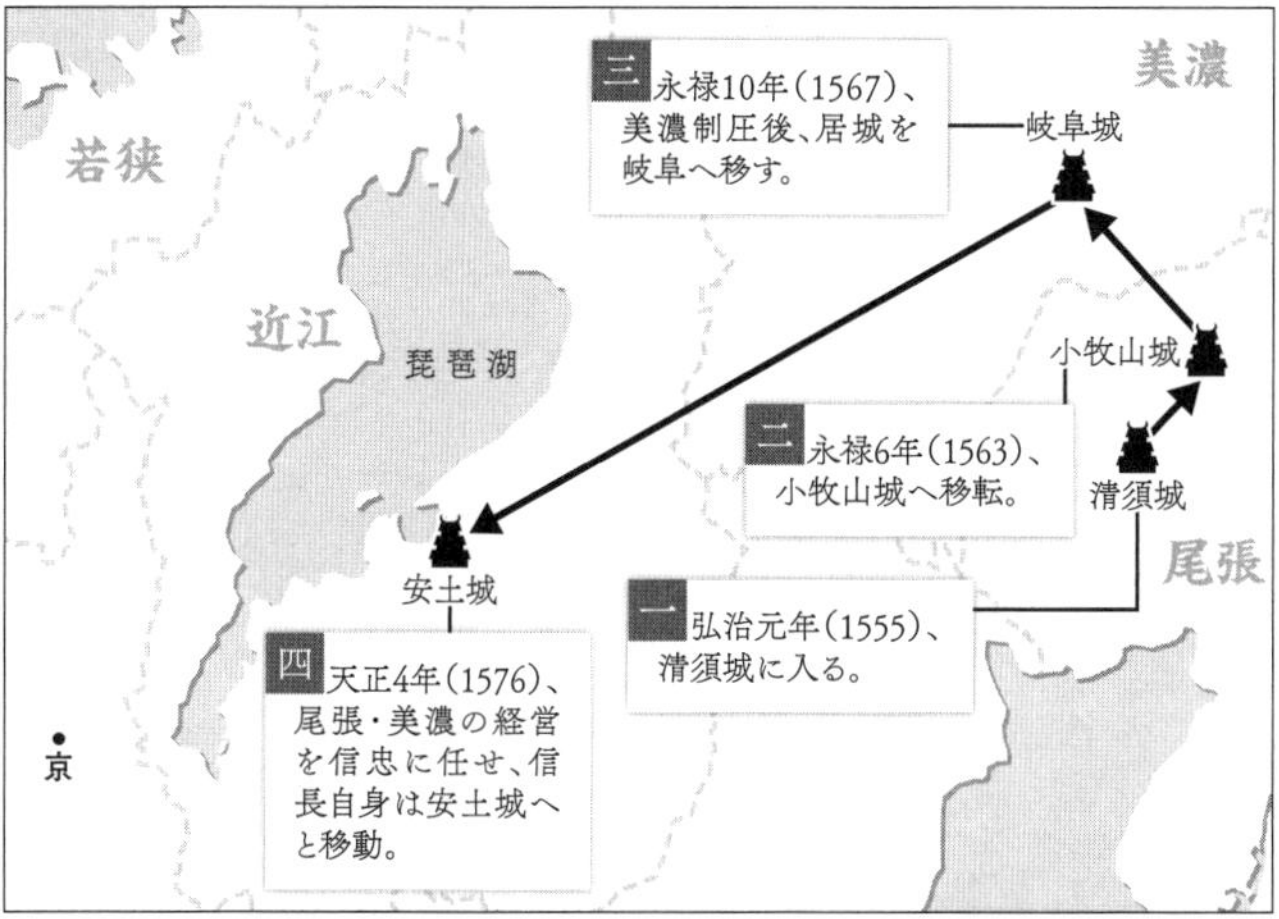
美濃
若狭
近江
琵琶湖
尾張
京
岐阜城
小牧山城
清須城
安土城
三 永禄10年（1567）、美濃制圧後、居城を岐阜へ移す。
二 永禄6年（1563）、小牧山城へ移転。
一 弘治元年（1555）、清須城に入る。
四 天正4年（1576）、尾張・美濃の経営を信忠に任せ、信長自身は安土城へと移動。

専業の武士による常備軍の編成により、信長は家臣団ごと居所を移すことを可能にした。

尾張、美濃二国の支配を託す。そして自身は安土に新たな拠点を求め、天正四年（一五七六）正月、標高百九十九メートルの※**安土山を城地として築城に着手**したのである。

すでに信長は、天正元年（一五七三）の時点で少しずつ尾張・美濃両国の支配権を信忠に継承しはじめていた。実際、義昭追放直後の同年七月、信重（信忠は初め信重を名乗った）名義において大縣社に制札を出させている。尾張、美濃にとどまらず、いよいよ「天下」の支配に乗り出す新たな段階において信長が信忠に家督を譲ったのは、「天下人」と

※普請奉行に任じられたのは丹羽長秀だった。完成後、信長から名物・珠光茶碗を賜っている。

して畿内経営に注力するためであったと考えられる。

では信長は、天下人の城としてなぜ安土という場所を選択したのか。それは、何よりも交通の要衝であったことが大きいだろう。南には中山道から分岐した下街道が通り、佐和山からは北国街道を通じて越前方面へ向かうことができた。また、琵琶湖に面していたことから、水運を使って短時間で近江の至るところに行くこともできた。京へもわずか一日で上ることができたのである。岐阜からではどうしても一泊する必要があったため、その差は大きな違いであった。

天正四年二月二十三日に仮御殿が完成すると、さっそく信長はそこに移り住み、工事の進捗を監督した。ようやく七重の天守が完成したのは、天正七年（一五七九）正月のことで、吉日である五月十一日、信長は移住した（『信長公記』）。また、城下町繁栄のために安土山下町に楽市・楽座を規定。これが功を奏し、天正九年（一五八一）頃には人口六千人を抱えるまでに発展を遂げたという。

一方、信長は京における自らの御座所の普請にも取り掛かった。天正五年（一五七七）十一月十三日に「二条御新造」は完成したが、のち誠仁《さねひと》親王に進上されている（二条新御所）。

安土城の全容

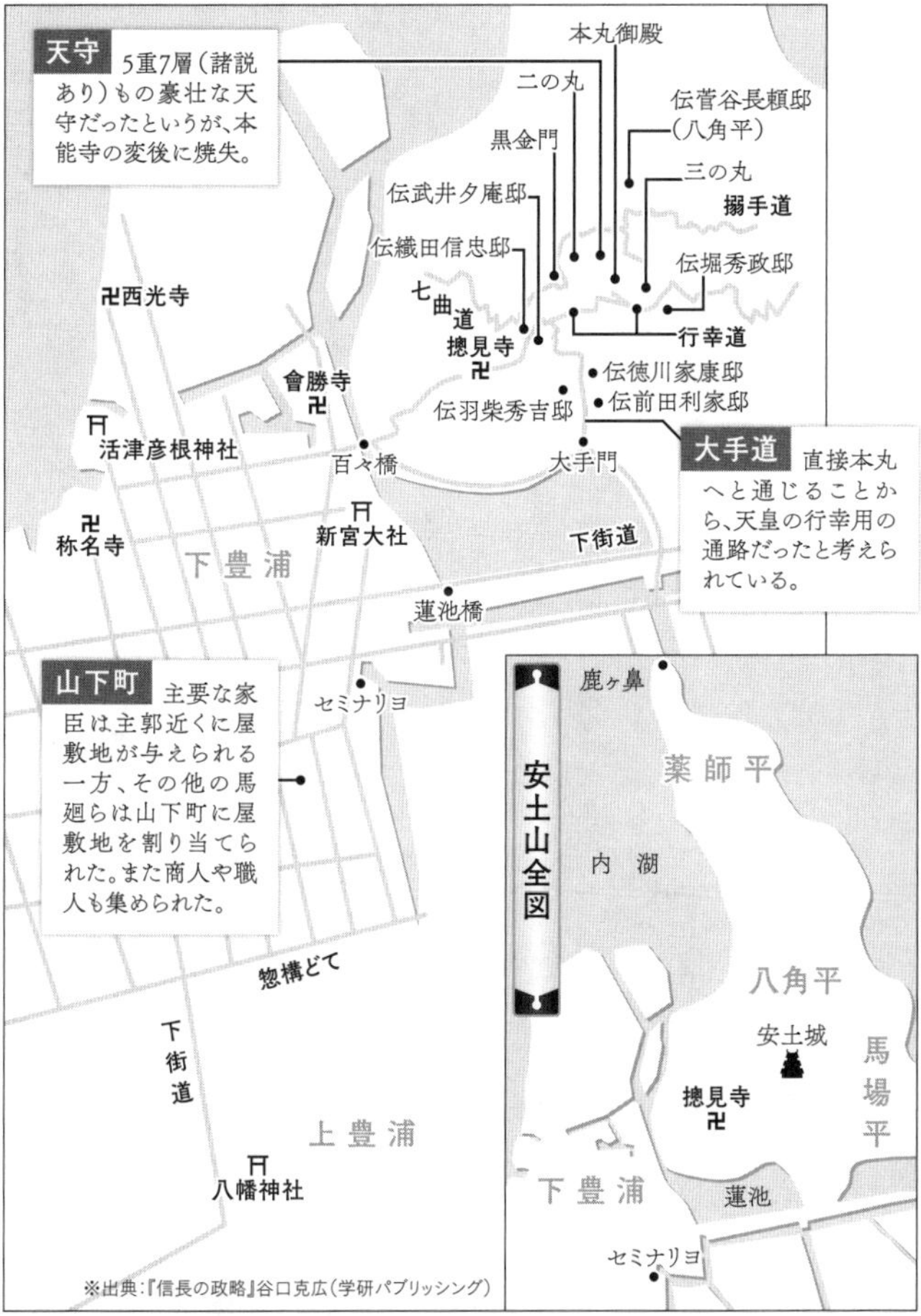

天正4年（1576）2月23日、信長は安土城へ移り住んだ。本能寺の変後に焼失したため、その全貌についてはいまだ謎に包まれている部分が多い。

もっと知りたい！戦国合戦の舞台裏 ❸

依然として健在だった京都朝廷の権威

●困窮にあえぐ朝廷

朝廷とは、天皇を中心とした中央政権のことである。延暦十三年（七九四）に桓武天皇が平安遷都を敢行して以降、朝廷は京を中心に政治を行なったことから、京都朝廷とも呼ばれる。

しかし鎌倉幕府という武家政権が樹立すると、武士の頂点である将軍が天皇や公卿に代わって政治を行なうようになる。

とくに室町時代、三代将軍・足利義満が太政大臣に就任し、武家のみならず公家の世界でもトップに立つと（公武統一政権）、朝廷の権力は幕府に吸収されることとなった。朝廷の直轄地も武家に奪われ、朝廷の財政は窮迫。第百三代後土御門天皇が崩御した際は葬儀費を工面できず、じつに四十日余も霊柩が放置されている。またその跡を継いだ後柏原天皇も費用を捻出できなかったことから、二十二年間、即位の儀を執り行なうことができなかったという。

●朝廷の権威を利用した諸大名

しかしそれでも、天皇を頂点とする国家の枠組みと身分制度は存続し続けた。領国支配を優位に進めるためには、天皇から授けられる位階や官途（官職）がなお効果的だったのである。そのため、官位を求める諸大名は後を絶たなかった。

朝廷としても、天皇の権威を知らしめるとともに、その手続きの費用として徴収した礼銭によって生計を立てることができるという利点があった。

信長も朝廷の権威を利用すべく、御所の修理費や即位式の費用を献上するなど朝廷とは良好な関係を保った。実際、越前朝倉攻めの際には勅命による出陣という形式を取ることで、自らの軍事行動を正当化しようとした。また、石山本願寺を退去させるにあたっても、朝廷を仲介としている。

戦国時代において朝廷の地位は非常に低いものであったが、依然としてその権威は健在だったのである。

第三章

野望、果つ

天正四年（一五七六）五月七日

石山合戦②天王寺砦の戦い

石山本願寺の再挙兵、苦境に立つ織田勢

◆石山本願寺の挙兵

天正三年（一五七五）十月二十一日に成立した信長と本願寺の和議は、結局かりそめのものに過ぎなかった。和議成立後も本願寺は**雑賀《さいか》の鉄砲衆**を引き入れるなどひそかに戦力の増強を図っていたのである。また天正四年（一五七六）二月に義昭が備後国鞆《とも》に移り、毛利輝元《もうりてるもと》の庇護下に入ると、再び反信長の動きが活発化。本願寺も毛利氏と連携を取るようになり、同年四月、ついに挙兵した。

こうして和議がもろくも破れ去ると、信長はすぐさま本願寺討伐の兵を挙げる。四月十四日には、**荒木村重《あらきむらしげ》**、**塙直政《ばんなおまさ》**、細川藤孝《ほそかわふじたか》、明智光秀《あけちみつひで》をして本願寺の攻囲に取り掛からせた。村重は野田、光秀・藤孝は守口《もりぐち》、森河内《もりがわち》、直政は天王寺口《てんのうじ》にそれぞれ砦を構築し、三方から本願寺包囲網を形成した。だがこのとき、本願寺は大坂湾岸の楼《ろうの》

雑賀の鉄砲衆
紀伊雑賀を本拠地とした本願寺門徒の集団。鉄砲を積極的に導入し、日本でも有数の鉄砲集団を組織していた。

荒木村重
1535～86。摂津池田城主・池田勝正に仕えたのち、信長の家臣となる。

塙直政
?～1576。足利義昭の蜂起後、山城国守護に就任。のち大和守護に就任。

天王寺砦の戦い要図（4月14日〜5月3日）

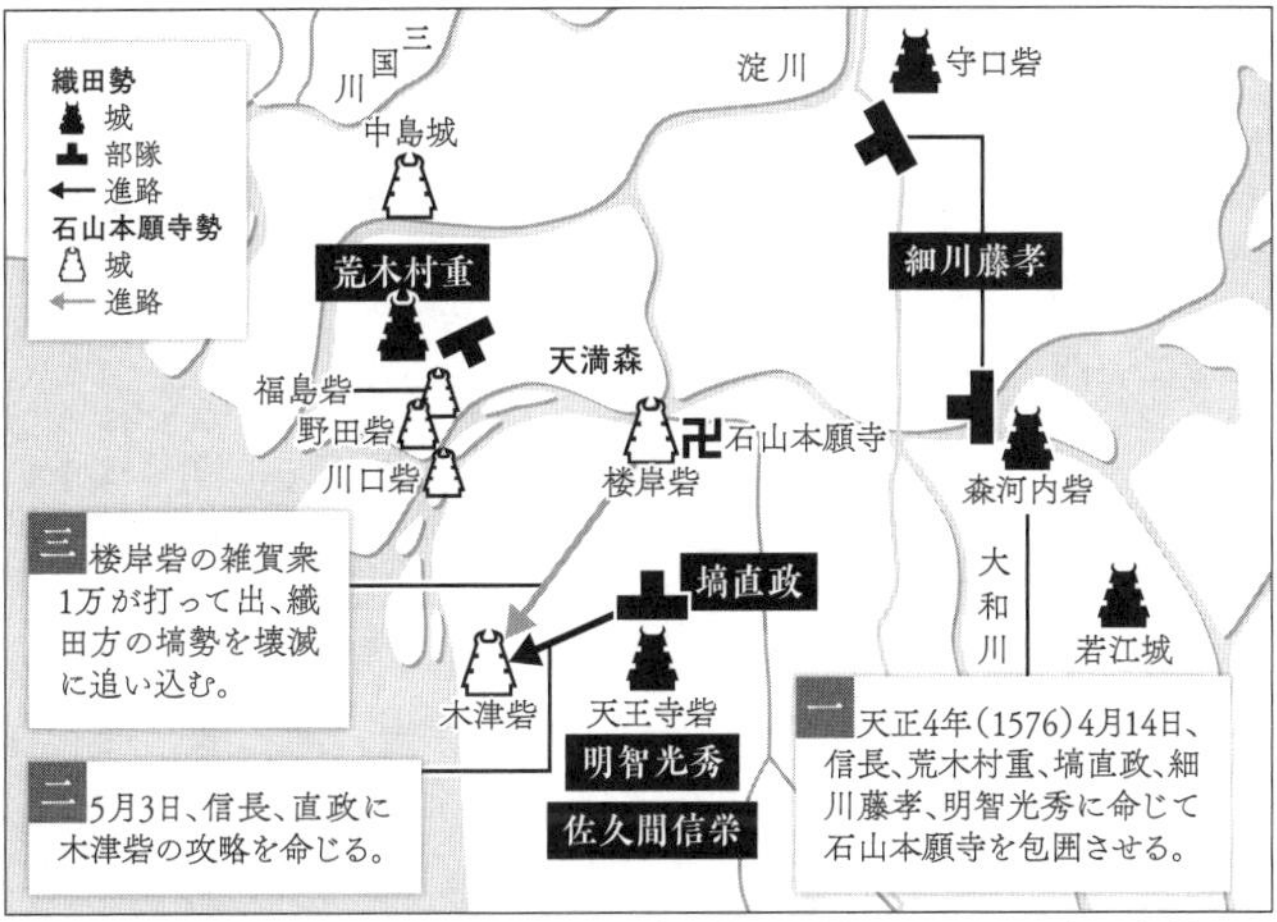

石山本願寺を落とすべく、信長は三方から包囲網を形成したが、石山本願寺勢の反撃に苦戦を強いられた。

天王寺砦の戦い要図（5月3日〜5日）

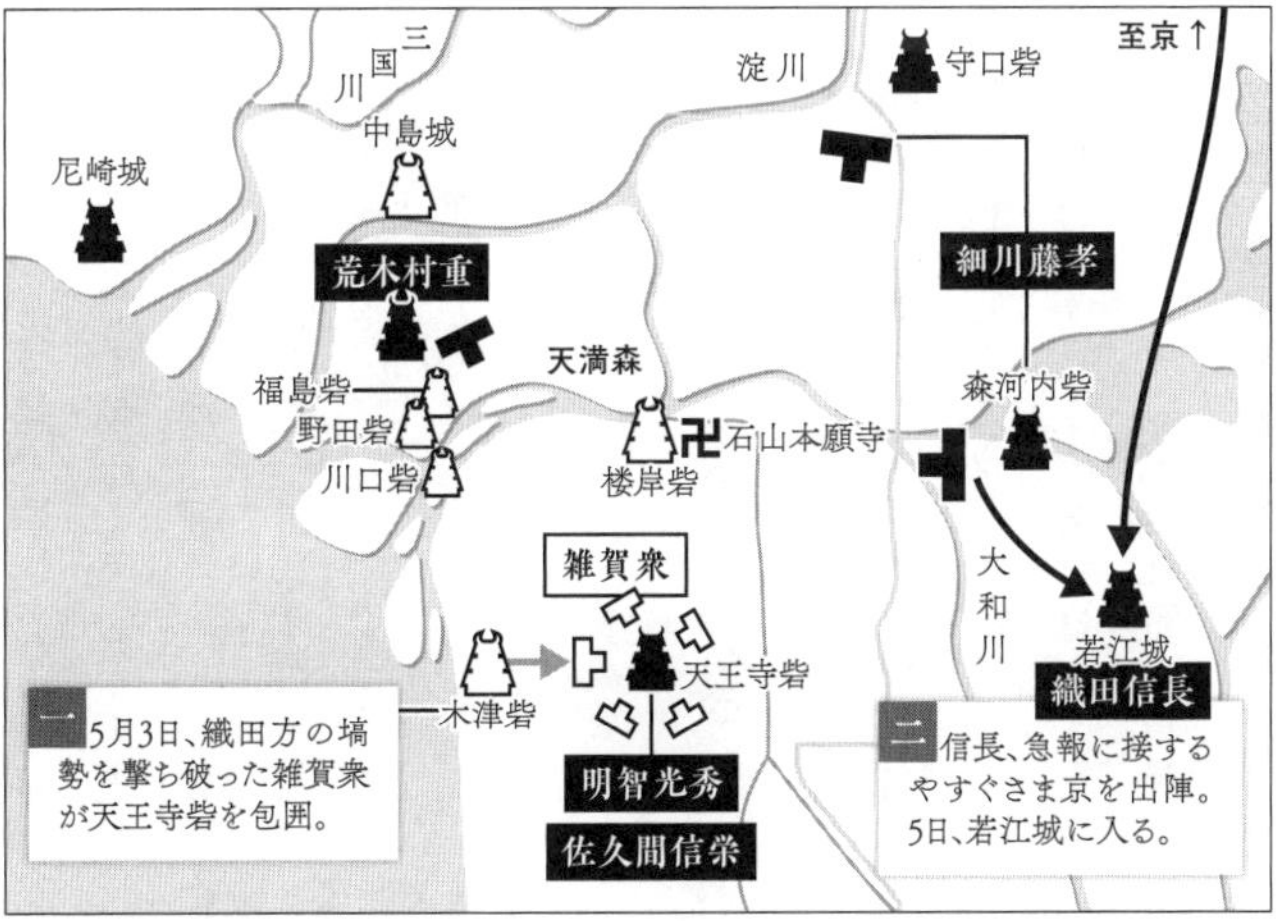

天王寺砦が石山本願寺勢に攻囲されるという危急の中、京にいた信長はただちに天王寺砦の後詰へと向かった。

岸《きし》、木津《きづ》の砦を占拠しており、海上を通じて毛利氏、雑賀氏らと連絡を取ることが可能だった。そこで信長は敵の海上通路を遮断すべく、直政に木津の制圧を下命。天王寺砦には代わって**佐久間信栄**《さくまのぶひで》、光秀を入れた。五月三日早朝、直政は三好康長《みよしやすなが》とともに木津砦の攻略にかかる。しかし楼岸から数千挺もの鉄砲を装備した一万の本願寺勢が打って出ると、織田勢は次々と討ち取られ、ついには直政が戦死。康長は逃走し、軍は壊滅状態に陥った。本願寺勢はその勢いのまま、天王寺砦を包囲した。

◆追い込まれた天王寺砦

織田勢は、一転窮地に追い込まれた。このとき、京にいた信長は戦況に触れるや、ただちに陣触れを出し、五日早朝、天王寺砦を救出すべく出陣した。あまりにも突然の出陣であったため、信長に付き従ったのはわずか百騎ほどであったという。信長自身、時を惜しんだのか、鎧を装備せず、湯帷子《ゆかたびら》のまま駆け抜けたのであった。

同日、信長は河内若江《わかえ》城に入る。ここで後続の軍勢を待ったが、翌六日になっても、集まったのは三千に過ぎなかった。しかしもはや待つことはできず、七日払暁、信長は三千の兵を率いると、本願寺勢一万五千の包囲軍への突入を敢行した。

佐久間信栄
1556～1632。佐久間信盛の長子。石山合戦後、父とともに高野山に追放される。

天王寺砦の戦い要図（5月7日）

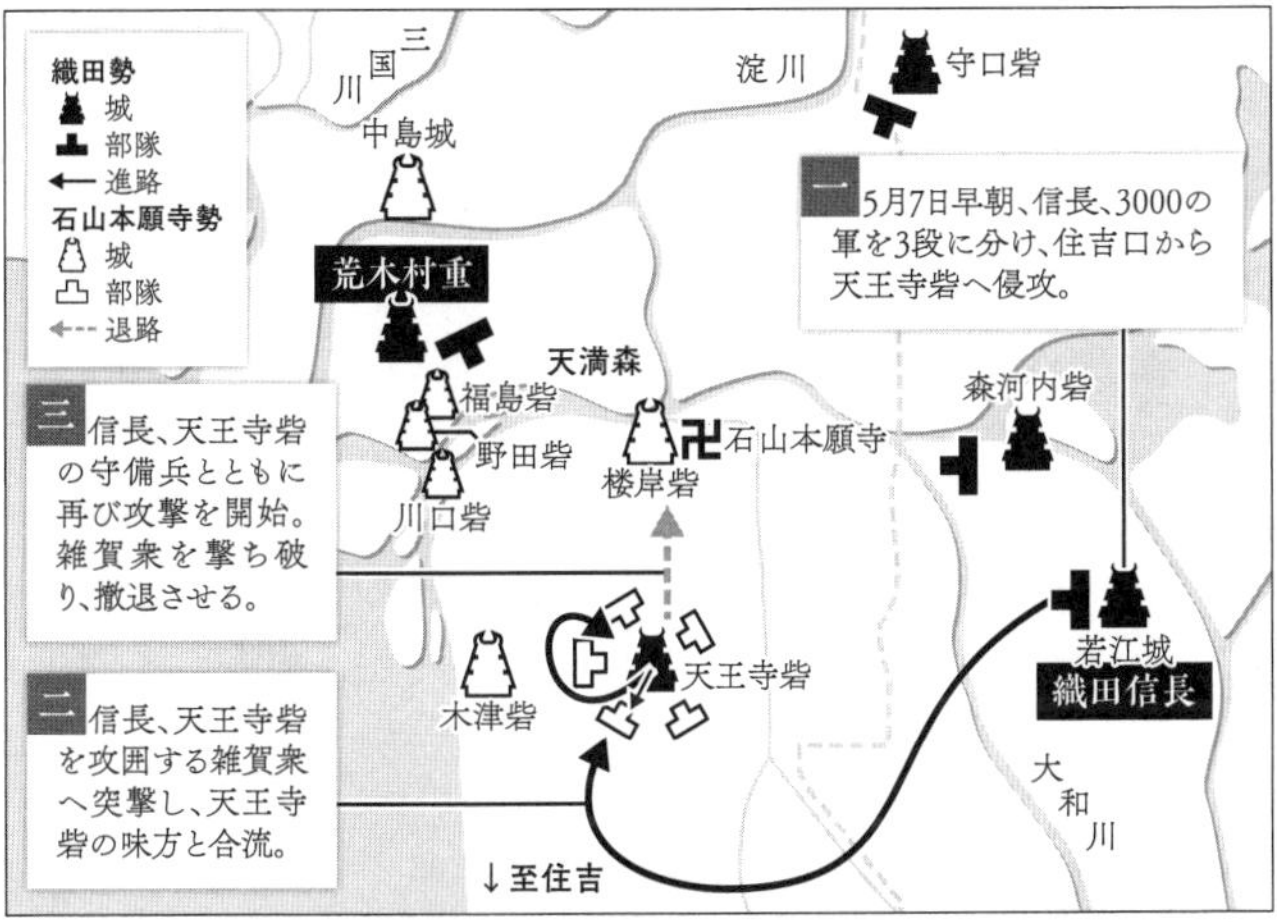

5月7日、信長は天王寺砦を取り巻く石山本願寺勢を撃ち破り、拠点の確保に成功した。

本願寺勢のおびただしい銃撃をかいくぐり、織田勢は必死に攻め掛かって敵陣の切り崩しを図る。このとき、信長も足に銃弾を受けて軽傷を負ったが、それでもひるむことなく突撃を繰り返し、ついには天王寺砦で孤立していた者らと合流することに成功した。だが本願寺勢も退かなかったため、信長は軍勢を二手に分けると、再び攻撃を開始。一方をひそかに迂回させ、正面と背後から本願寺勢に攻撃を加える。背後をつかれた本願寺勢はたちまち崩れて潰走。こうして信長は天王寺砦の死守に成功したのであった。

毛利水軍の前に大敗を喫した織田水軍

天正四年（一五七六）七月十四日
石山合戦③第一次木津川口の戦い

◆毛利水軍との対決

本願寺勢を退け、天王寺砦を死守した信長はその後、佐久間信盛《のぶもり》父子と松永久秀《まつながひさひで》父子を定番《じょうばん》として置くと、彼らに命じて石山本願寺の周囲に十か所もの付城を構築させた。だが、本願寺と大坂湾を結ぶ海上ルートを遮断することだけはできずにいた。

そうした中、本願寺顕如《けんにょ》の要請に応じた毛利輝元がついに動く。本願寺に兵糧を運び込むべく、七、八百艘の大船からなる水軍を派遣したのである。そして七月十三日、大坂湾に入ったのであった。

これに対し、織田方の真鍋七五三兵衛貞友《まなべしめのひょうえさだとも》、沼間伝内《ぬまのでんない》らは三百余艘の水軍をもって木津川河口に布陣。毛利水軍を食い止めんともくろんだ。だが、能島《のしま》、来島《くるしま》などの海賊衆を主力とする毛利水軍は数に勝っていただけでなく、操船技術も装備も織田水

第一次木津川口の戦い要図

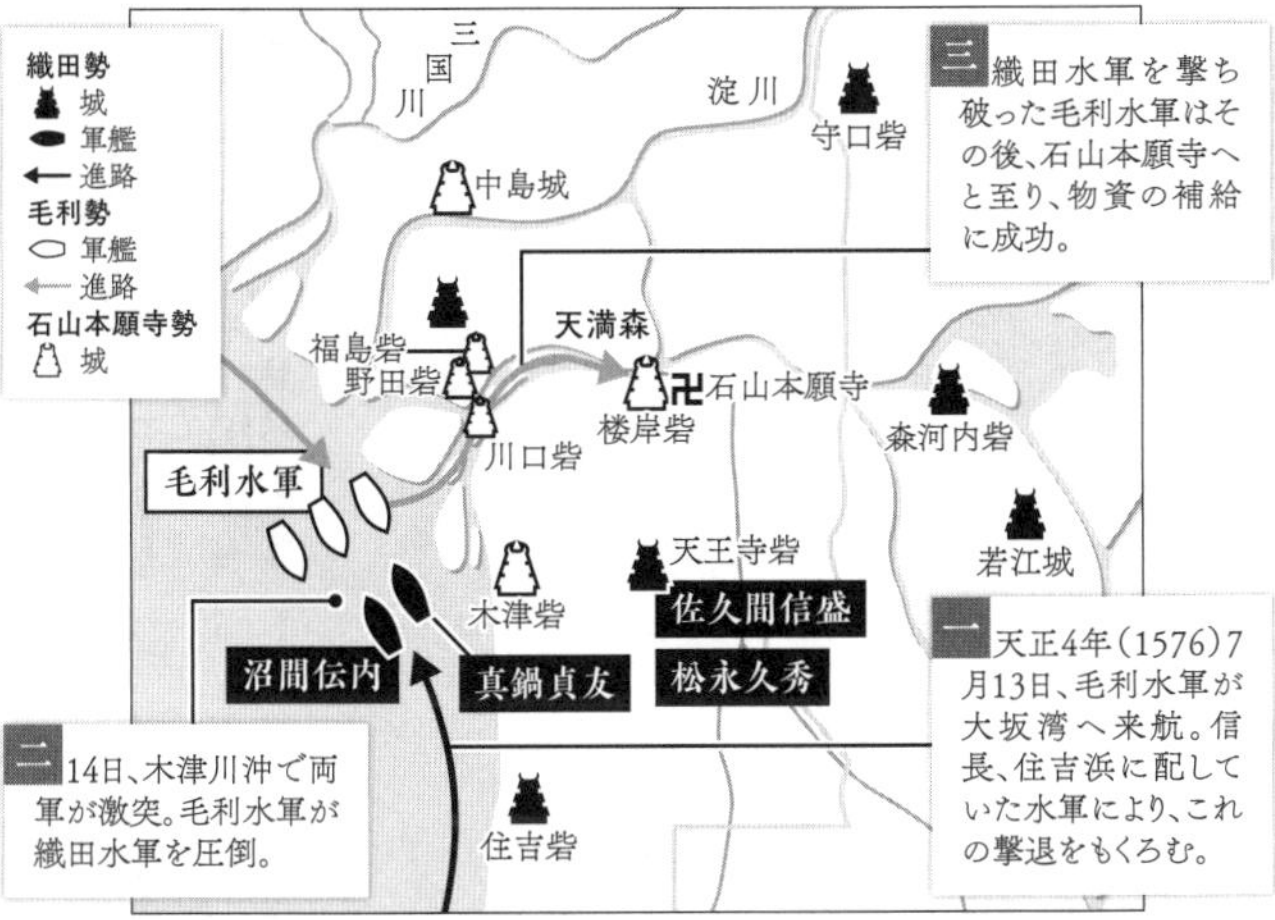

石山本願寺への物資補給を防ぐべく、織田水軍は毛利水軍と激突したが、あえなく返り討ちにあった。

軍の比ではなかった。十四日、両軍は激突するが、毛利水軍が繰り出す焙烙火矢《ほうろくびや》によって織田水軍の船は次々と炎上してしまう。貞友や伝内らも討ち取られ、織田水軍は壊滅。

こうして織田方は、本願寺への兵糧補給をむざむざと見過ごすこととなってしまったのである。織田水軍敗北の報に接した信長は自ら出馬しようとしたが、すでに戦いの決着がついている以上はどうしようもないとして、保田久六《やすだきゅうろく》、碓井因幡守《うすいいなばのかみ》、伊地知文大夫《いぢちぶんだゆう》、宮崎二郎七《みやざきじろうしち》を住吉砦の定番に命じ、改めて水際の守りを固めるにとどめた。

天正五年（一五七七）二月十三日
石山合戦④紀伊攻め

石山本願寺に与した雑賀衆の服属

◆紀伊で反乱が勃発

天正四年（一五七六）十一月二十一日、信長は内大臣に昇進した。宮中においては左大臣、右大臣に次ぐ官職であり、信長はますます政治的発言力を強めていく。

だが信長の支配体制はまだ盤石ではなかった。年が明けた天正五年（一五七七）二月、紀伊の畠山貞政《はたけやまさだまさ》が雑賀の一向宗門徒、根来寺《ねごろじ》の僧侶らと謀って挙兵したのである。

一方、信長は対本願寺戦線を優位に進めるため、すでに前年から本願寺の主力を為していた雑賀衆の切り崩し工作を進めていた。それが功を奏し、二日には雑賀衆のうち「三緘《みからみ》の者（雑賀五組のうち宮郷、中川郷、南郷）」と根来寺の杉之坊《すぎのぼう》の内応を取りつけることに成功する。これを紀伊征討の好機であると考えた信長は十三日をもって雑賀に出陣する旨を諸国へ触れさせると、自身は九日に上洛。信忠も尾張、美濃の

紀伊侵攻図

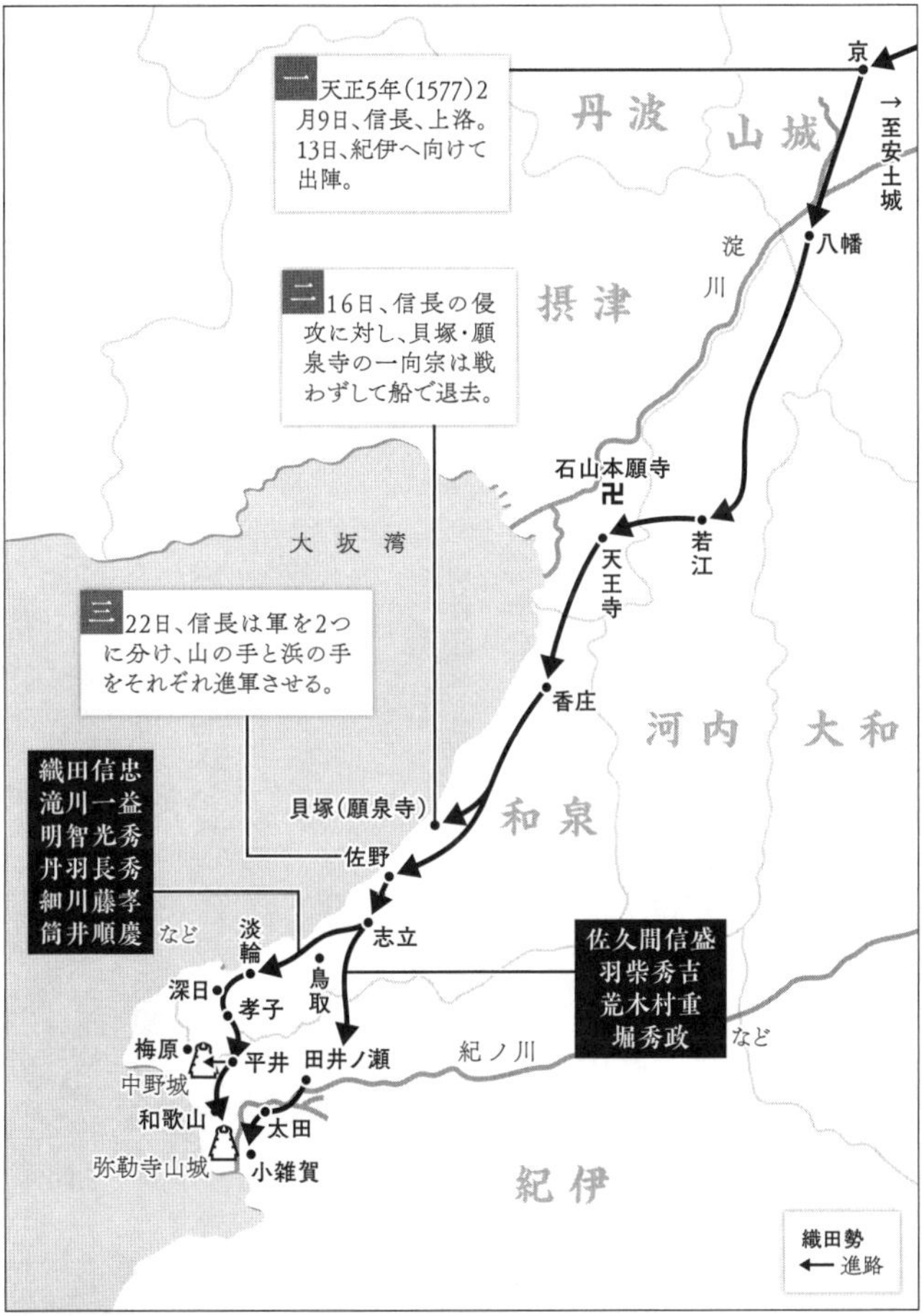

天正5年2月、雑賀衆の内、三緘の者と根来寺の杉の坊を味方につけた信長は雑賀攻めを決断。13日、侵攻を開始した。

軍勢を率いて出馬し、十一日、守山に着陣した。次男・信雄、三男・信孝もまた近江、伊勢などの軍勢を率いて瀬田・大津方面に陣を構え、その他、五畿内に加えて越前や若狭、丹後、丹波、播磨の大名らも上洛して信長のもとへ馳せ参じた。

信長としてはここで雑賀衆を確実に叩き、本願寺勢力の弱体化を図っておきたいと考えたのだろう。

◆雑賀衆の降伏

十三日、京を発した信長は八幡《やわた》から若江へと軍を進め、十六日、和泉香庄《こうのしょう》に布陣。ここで貝塚《かいづか》に籠っていた一揆勢への攻撃をもくろんだが、信長の大軍に恐れをなした敵勢が戦わずして逃走したため、十八日には佐野《さの》の郷へ、二十二日には志立《しんだち》にまで陣を進めた。

いよいよ雑賀を制圧するにあたり、信長は軍勢を二分。内応してきた者らを先導とし、佐久間信盛、羽柴秀吉《はしばひでよし》らには山道を、滝川一益《たきがわかずます》、明智光秀らには海岸沿いを進軍させると、三月一日、雑賀の首領・**鈴木孫一**《すずきまごいち》の城館を攻囲、総攻撃に取り掛かった。鈴木孫一をはじめとする雑賀衆は盛んに銃撃をくわえてきたが、信長勢は竹を束ねた

鈴木孫一
生没年不詳。
雑賀衆を組織

雑賀攻め要図

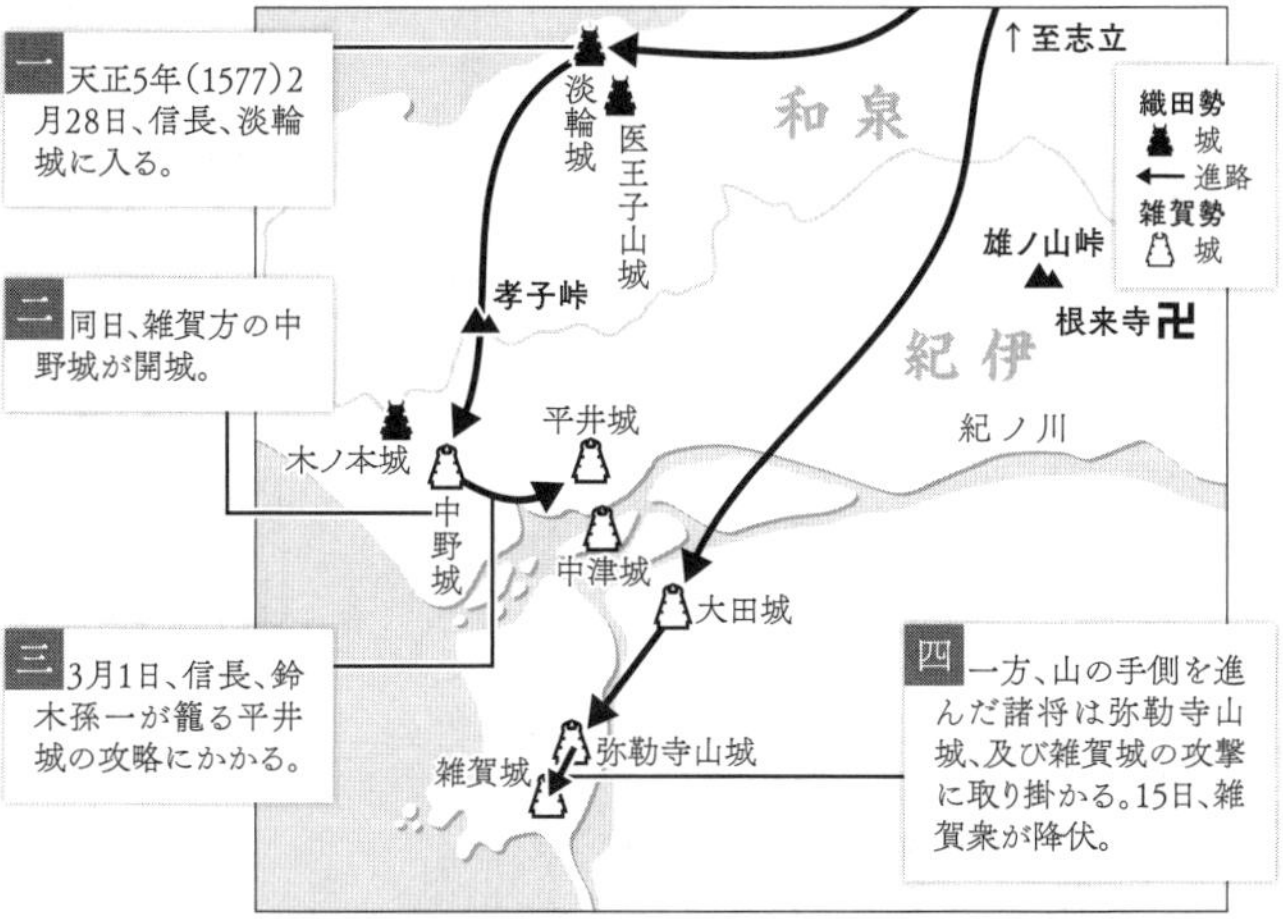
一　天正5年(1577)2月28日、信長、淡輪城に入る。
二　同日、雑賀方の中野城が開城。
三　3月1日、信長、鈴木孫一が籠る平井城の攻略にかかる。
四　一方、山の手側を進んだ諸将は弥勒寺山城、及び雑賀城の攻撃に取り掛かる。15日、雑賀衆が降伏。
↑至志立
和泉
紀伊
織田勢
城
進路
雑賀勢
城
淡輪城
医王子山城
孝子峠
雄ノ山峠
根来寺
木ノ本城
中野城
平井城
紀ノ川
中津城
大田城
弥勒寺山城
雑賀城

天正5年3月15日、信長は雑賀衆からの講和申し入れを受け入れ、その罪を許す旨の朱印状を発した。

ものでこれを防ぎ、徐々に包囲網を狭めてゆく。それと同時に櫓《やぐら》を築かせ、鉄砲で城を狙い撃ちした。

昼夜問わずに攻勢をかける信長勢に対し、十五日、孫一らはついに降伏。以降、本願寺には協力せず、信長の指示に従うことを堅く誓った。

こうして紀伊における反乱を鎮圧した信長は二十一日に陣を解くと、二十七日、安土城へと帰陣した。その途上、紀伊と和泉の押さえとして佐野の郷に砦を築かせ、**織田信張**《のぶはる》、杉之坊を定番とするとともに、明智光秀、丹羽長秀《にわながひで》、羽柴秀吉、荒木村重らの軍勢を駐留させた。

して信長に敵対するも降伏。その後は信長、秀吉と仕える。

織田信張
1527〜94。小田井城主・織田寛故の次男で信長の義理の従兄弟。

機を見て信長を裏切った男の壮絶な最期

天正五年(一五七七)十月五日
信貴山城の戦い

◆松永久秀の裏切り

天正五年(一五七七)閏七月、義昭の上洛要請に応じ、また本願寺顕如とも和議を結んだ越後の上杉謙信《うえすぎけんしん》が能登・加賀へ軍を進め、能登畠山氏の七尾《ななお》城を攻めた。このとき謙信の勢力伸長を防ぎたかった信長は能登畠山氏の重臣・長《ちょう》氏の援軍要請に応じると、八月八日、柴田勝家《しばたかついえ》を総大将に任じ、謙信攻めの大軍を派遣した。紀伊雑賀衆の反乱を鎮圧したのも束の間、今度は謙信との間に緊張が走ったのである。

そのような状況下の十七日、またしても信長の支配体制を揺るがす事件が勃発する。石山本願寺攻めに加わっていた松永久秀父子が突然戦線を離脱するや、居城・信貴山《しぎさん》城に籠って信長に反旗を翻したのである。

もっとも、久秀が離反したのはこれがはじめてのことではなかった。すでに元亀二年（一五七一）、反信長陣営の攻勢に信長が苦境に陥る中、武田《たけだ》信玄《しんげん》と内通して信長を裏切っている。このときは信玄が病没したことで情勢が一変したため、久秀は信長に詫びを入れ、赦免された。だが天正五年、大坂では本願寺との抗争が続き、また北陸では織田勢と上杉勢とがにらみ合うという状況が現出される中、久秀はこれを信長討伐の好機であると捉え、再度挙兵をもくろんだのであった。信長は松《まつ》井《い》友閑《ゆうかん》を派して久秀

手取川の戦い要図

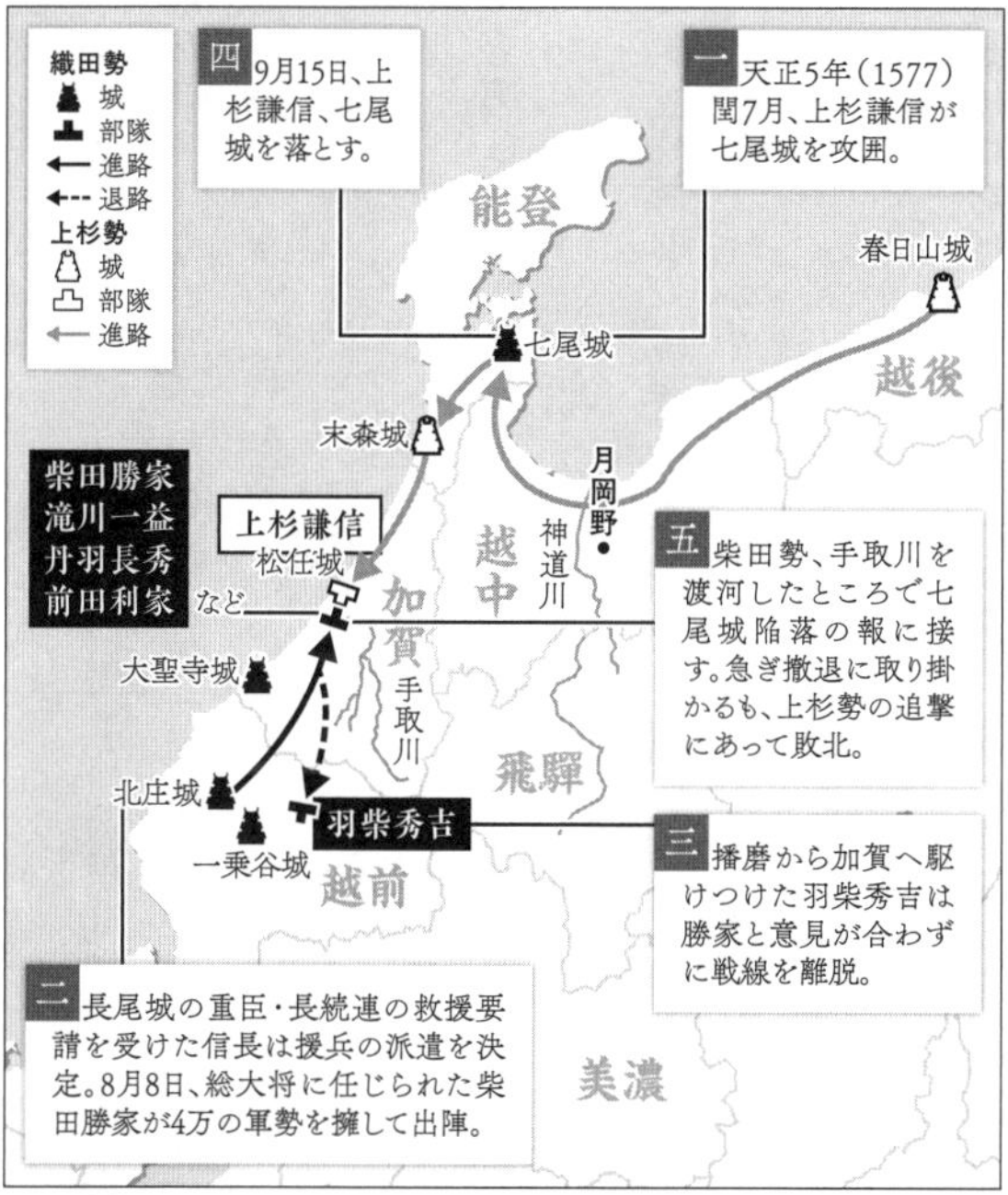

七尾城救援のために能登へ向けて進軍した柴田勢であったが、七尾城を救えなかったばかりか、手取川の戦いで上杉勢に敗北を喫した。

の翻意を促そうと試みたが聞き入れられなかったため、人質であった久秀の二人の子を六条河原で殺害。ここに至り、両者の関係は完全に決裂することとなった。一説に、天正四年（一五七六）、信長が大和一国の支配権を**筒井順慶**《つついじゅんけい》に与えたことに不満を感じたために久秀は信長を裏切ったといわれるが、その他、信長による茶道具の名物狩りも理由のひとつだといわれている。

一方、北陸へと向かった勝家らであったが、謙信と手を結んだ加賀の一向一揆に行く手を遮られたため、七尾城の救援は果たせなかった。九月十五日、七尾城は上杉勢の手に落ちる。その後、手取川《てどりがわ》で上杉勢に敗れた織田勢は撤退し、十月三日、ほうほうの体で帰陣した。謙信との戦が不首尾に終わったところで、信長はいよいよ信貴山城攻めに取り掛かった。まず十月一日、細川藤孝、明智光秀らが信貴山城の支城・片《かた》岡《おか》城を攻略。信貴山城を孤立無援の状態へと追い込むと、三日には信忠が信貴山城周辺に布陣し、城下一帯を焼き払って裸城とした。

信長はさらにそこへ、加賀方面へ派遣していた軍勢を援軍として送り込む。十日、信忠は佐久間信盛、羽柴秀吉、明智光秀、丹羽長秀らに命じ、諸口から信貴山城を攻撃させた。ついに追い込まれた※**久秀は天守に火をかけ、自害を遂げた**のであった。

筒井順慶
1549～84。2歳のときに家督を継承。松永久秀に大和の地を追われるも、のち久秀を追い払い、信長に大和一国の支配を安堵される。

※
このとき久秀

信貴山城の戦い要図

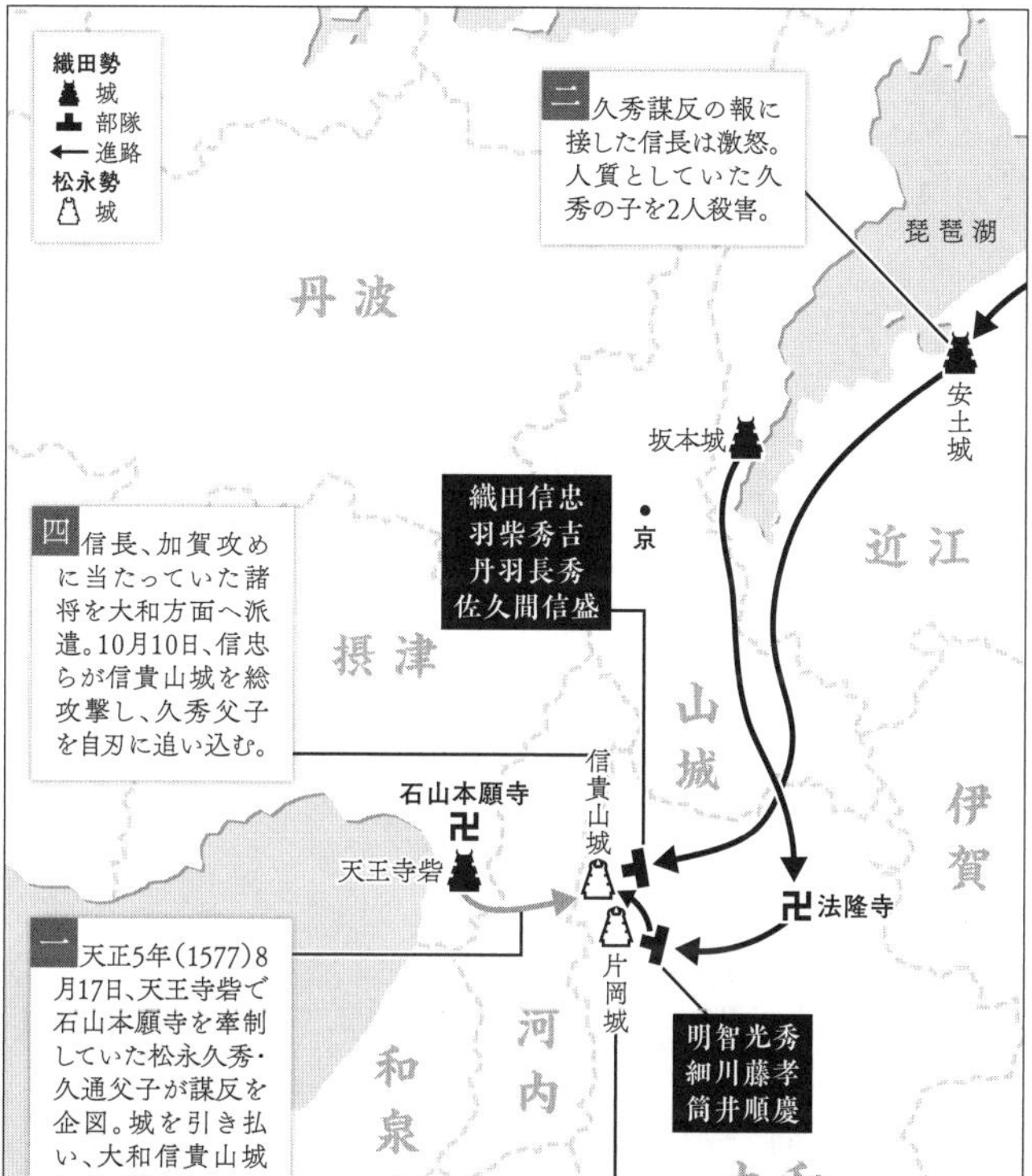

信長への謀反を企て、信貴山城に立て籠もった松永久秀父子であったが、天正5年10月10日、織田信忠らの攻撃によって追い込まれ、自害を遂げた。

は信長が欲していた名物・平蜘蛛の茶釜とともに爆死したともいう。

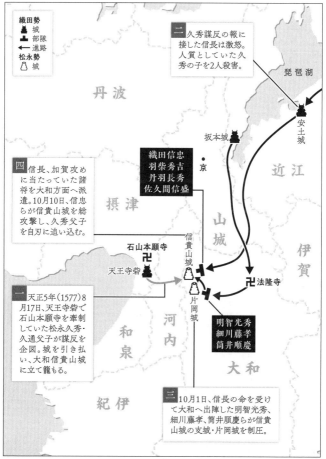

秀吉が弄した「三木の干殺し」

天正六年（一五七八）八月
三木城の戦い

◆秀吉の播磨平定

信貴山城攻略後の天正五年（一五七七）十月十二日、上洛した信忠は松永久秀征討の軍功として三位中将に任じられた。その後、信長も十一月十三日に上洛。十八日に参内し、従二位右大臣に叙されている。

一方この頃、羽柴秀吉による播磨《はりま》攻略が進展していた。十月二十三日、**小寺（黒田）孝高《よしたか》**の姫路城に入った秀吉は下旬には但馬《たじま》の岩洲《いわす》城、竹田《たけだ》城を攻略。さらに十二月三日には毛利氏の支城・播磨上月《こうづき》城を落とし、そこに毛利氏と長年敵対していた尼子勝《あまごかつ》久《ひさ》を入れている。また福原《ふくはら》城をも制圧し、こうして秀吉は但馬・播磨両国をほぼ平定するに至った。

じつは同年八月の加賀出兵の際、秀吉は勝家と対立し、無断で帰陣した廉で信長に

黒田孝高　1546～1604。通称官兵衛。もと播磨の国人・小寺氏に仕える。信長の中国進出の際、信長に与することを主君に主張。秀吉を

秀吉の播磨侵攻図

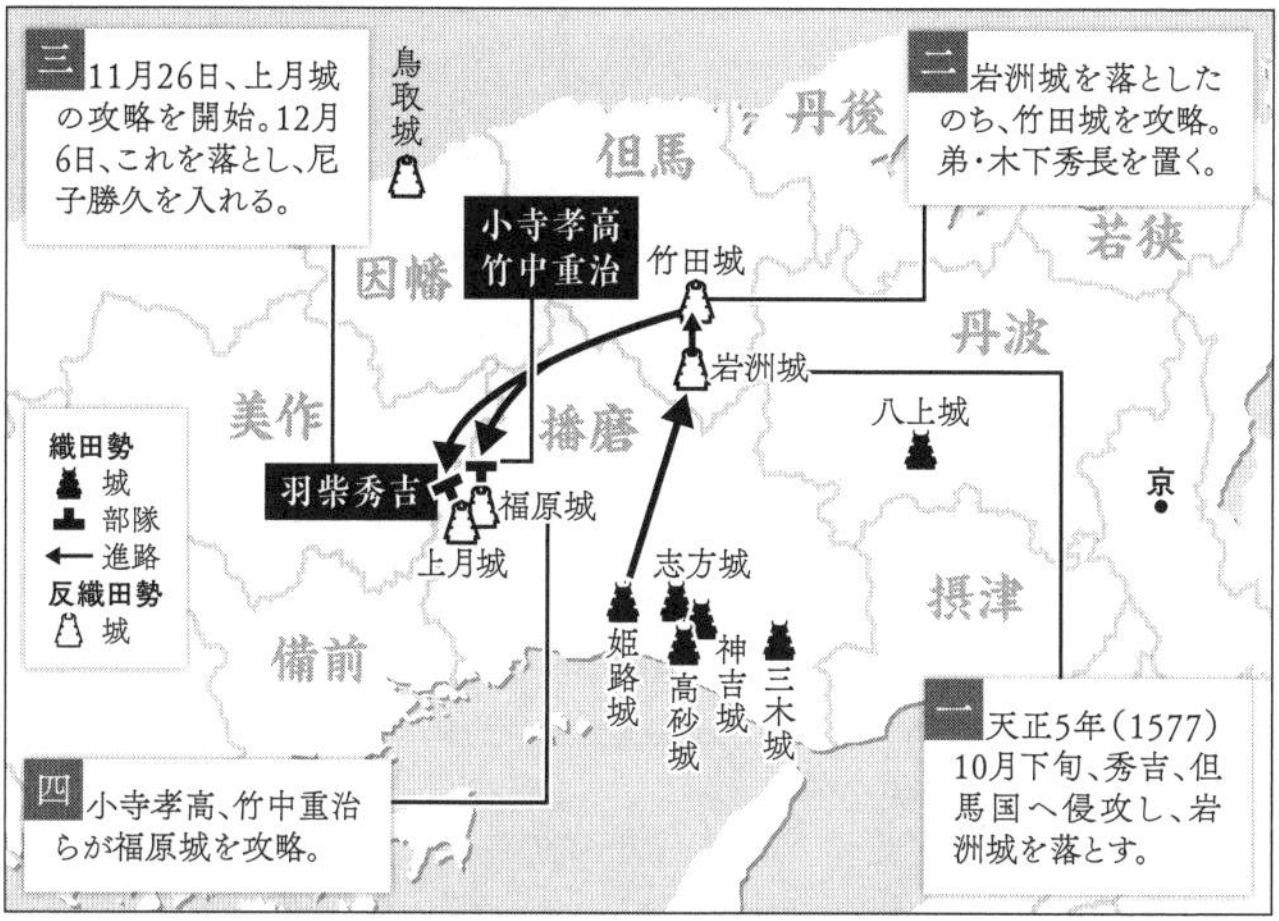
三 11月26日、上月城の攻略を開始。12月6日、これを落とし、尼子勝久を入れる。
二 岩洲城を落としたのち、竹田城を攻略。弟・木下秀長を置く。
一 天正5年（1577）10月下旬、秀吉、但馬国へ侵攻し、岩洲城を落とす。
四 小寺孝高、竹中重治らが福原城を攻略。
鳥取城
丹後
但馬
若狭
丹波
因幡
美作
播磨
備前
摂津
小寺孝高
竹中重治
羽柴秀吉
竹田城
岩洲城
八上城
京
福原城
上月城
志方城
姫路城
高砂城
神吉城
三木城
織田勢
城
部隊
進路
反織田勢
城
天正5年（1577）10月23日、播磨に出陣した秀吉は姫路城を拠点とし、播磨、但馬の反信長方の城を次々と落としていった。

叱責されていた。但馬・播磨の平定はいわば汚名返上の機会であり、戦果を土産として帰陣すべく、粉骨砕身の働きをなしたのである。この秀吉の働きを信長は大いに喜び、十二月十日に鷹狩りに出掛ける際、秀吉が安土に来たら褒美として乙御前釜《おとごぜがま》を与えるよう、言い残している。直接での手渡しではないところに、信長と秀吉の人間関係をうかがうことができよう。

◆別所長治の離反

ところが天正六年（一五七八）二月、播磨の有力国衆である三木《みき》城主・

姫路城に迎え入れ、以降、秀吉のもと中・四国、九州平定に尽力した。

別所長治《べっしょながはる》が毛利氏と通じて離反したことで戦局は一変した。七月三日には毛利勢の攻撃によって上月城が陥落。尼子氏が滅ぼされるという事態にまで陥った。いよいよ毛利氏が本格的に東上に乗り出したのである。

長治への説得が困難であると判断した秀吉は八月、二万七千余の軍勢を率い、三木城の攻略に乗り出した。ところが三木城は、前面は美嚢《みのう》川、背後は二十メートルほどの崖に接する天険堅固の堅城であった。一気呵成には攻略できないと見て取った秀吉は兵糧攻めを選択。三木城の東方に位置する平井山に本陣を置くと、城の周囲に柵を巡らせ、城内へ通じる兵站線をすべて断ち切った。

あとは、城内の食糧が尽きるのを待つのみとなった。天正七年（一五七九）二月六日、長治が毛利氏と連絡を通ずるべく、約三千二百の兵を率いて討って出たが、秀吉はこれを迎撃。九月十日にも、強行突破を図ろうとした三木城の守兵と毛利方の輸送部隊の攻撃を退けた。天正八年（一五八〇）一月六日、秀吉は満を持して総攻撃を仕掛ける。もはや三木城方には戦意はなく、ついに長治は降伏し、自刃を遂げた。またこれにより、毛利氏は東上を断念せざるを得なくなり、領国の保全に追われることとなる。

三木城の戦い要図

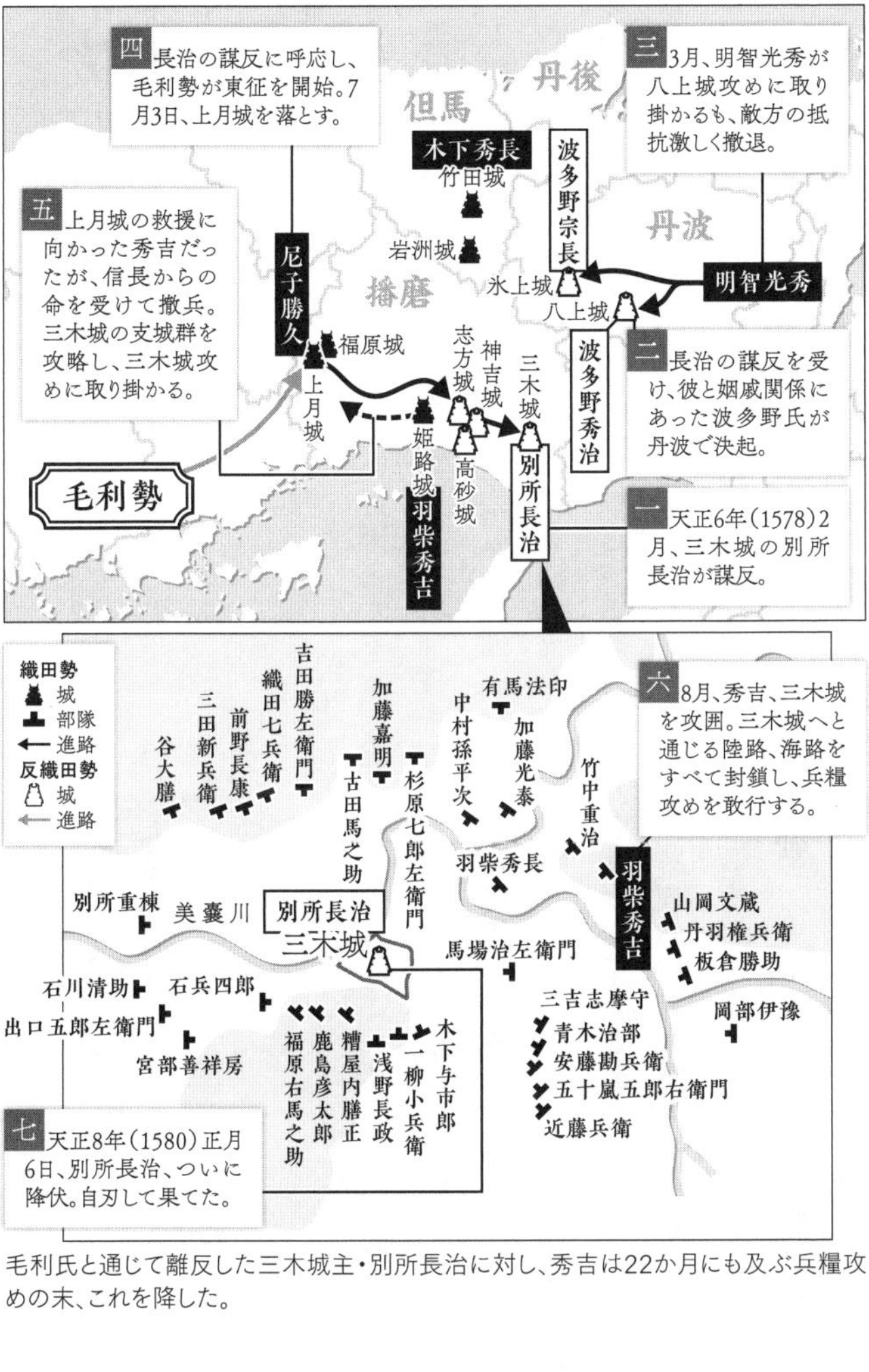

毛利氏と通じて離反した三木城主・別所長治に対し、秀吉は22か月にも及ぶ兵糧攻めの末、これを降した。

新たに構築された反信長同盟

天正六年（一五七八）十月
有岡城の戦い

◆荒木村重の離反

秀吉が三木城攻めを敢行していた天正六年（一五七八）十月のことである。攻城に参加していた摂津の荒木村重が突然持ち場を離れるや、居城の有岡《ありおか》城へと帰陣。信長に対して反旗を翻した。これに呼応し、摂津高槻城の**高山右近**《たかやまうこん》、茨木城の中川清秀《なかがわきよひで》らも信長への敵対意志を表明する。ここに、大坂の石山本願寺、安芸の毛利輝元、播磨の別所長治、摂津の荒木村重を中核とする新たな信長包囲網が構築された。

信長のもとにこの報が届いたのは、二十一日のことである。村重に摂津一国を任せるほどの信を置いていた信長は当初、誤報ではないかと耳を疑ったという。だがこのとき、村重はすでに義昭、輝元、本願寺といった反信長勢力と通じていた。実際、本願寺顕如が天正六年十月十七日付で村重に宛てた起請文には、村重からの通信に感謝

高山右近　1552～1615。摂津高槻城主。キリシタン大名。信長、秀吉に仕えるが、秀吉の禁教令により改易。江戸時代には禁教令で国外追放され、フィリピン・マニラで

反信長同盟の結成

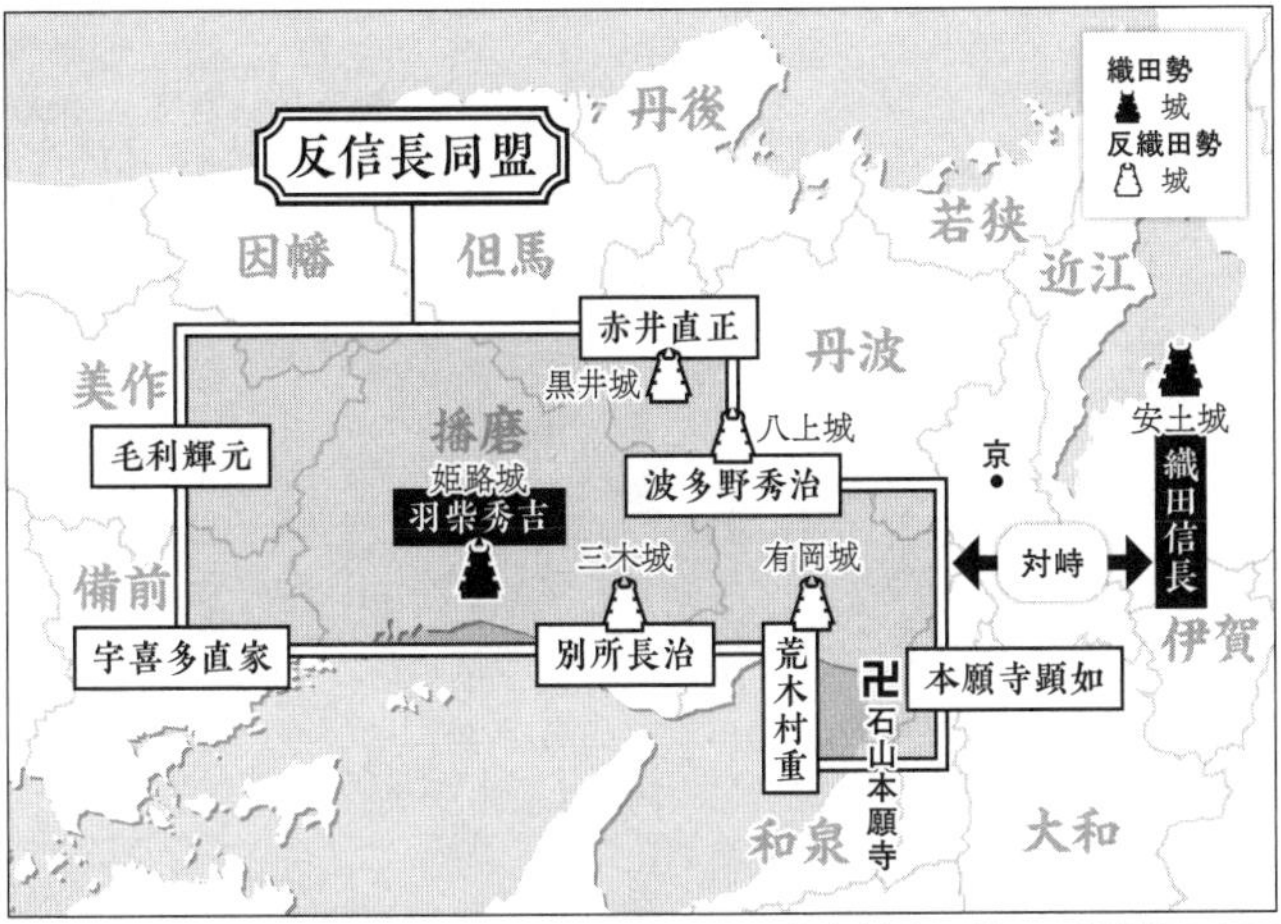

天正6年（1578）10月、三木城攻めに加わっていた荒木村重が離反。毛利輝元や石山本願寺などと通じ、信長への敵対意志を表明した。

した旨や、摂津以外に望む国があれば義昭や輝元に取り計らう旨などが記載されている。

抵抗を続けた村重

これに対して信長は、村重のもとに二度、使者を派遣して説得を試みる。だが、村重は応じなかった。十一月四日には天皇を動かし、本願寺との講和をもくろんだが、これも失敗に終わった。ここに至り、信長は軍事行動を起こして戦局の打開を図ることを決意。六日、本願寺への兵糧補給のために木津川沖にやってきた毛利水軍を撃ち破ると（第二次木

病没した。

津川口の戦い↓P158）、九日、自ら兵を率いて摂津へと出陣したのであった。手始めとして、信長は十六日に高槻城主の右近を、二十四日に茨木城主の清秀を調略によって服属させる。そして十二月八日、有岡城の総攻撃に取り掛かった。

しかし有岡城の守りは固く、また荒木勢の必死の防戦により、織田勢は二千人余もの犠牲を出してしまう（『多聞院日記』）。そこで信長は力攻めから兵糧攻めへと方針を転換。有岡城の周囲に砦や付城を構築させると、城を攻囲した。

戦いは長期戦の様相を呈す。そうした中、天正七年（一五七九）九月二日、村重はわずかな供廻りのみを率いると、夜陰に乗じて有岡城を脱出。嫡子・村次《むらつぐ》が拠る尼《あま》崎《がさき》城に移って態勢の立て直しを図った。十一月九日、有岡城はついに開城に至る。このとき、城を守っていた荒木久左衛門は尼崎城、及び花隈《はなくま》城の開城を条件とし、荒木一族の者の妻子や城兵の助命を請うたが、村重はこれを拒否。十二月には花隈城へと移った。一方、村重が両城の明け渡しを拒んだことで村重の妻子や一族の者三十余人は京・六条河原へと連行され、無残にも殺害された。その後も村重は抵抗を続けたが、天正八年（一五八〇）七月二日、花隈城は織田方の池田恒興《いけだつねおき》勢の攻撃によって落城した。しかし村重はひそかに城を脱し、毛利氏の元へと落ち延びたと伝わる。

有岡城の戦い要図（天正6年11月〜12月）

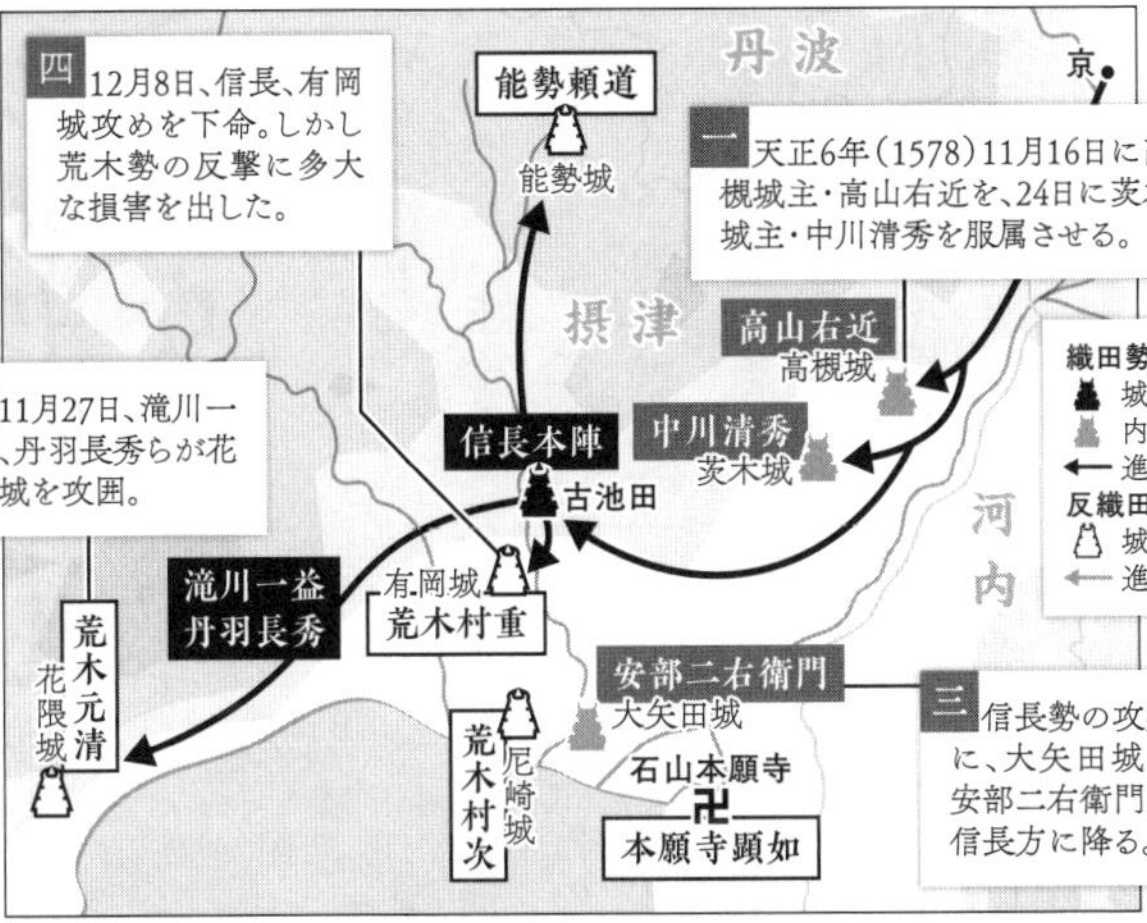

荒木方の諸将を服属させ、有岡城攻めに取り掛かった信長だったが、荒木勢の抵抗に思わぬ苦戦を強いられたため、戦法を力攻めから兵糧攻めに切り替えた。

有岡城の戦い要図（天正7年9月〜天正8年3月）

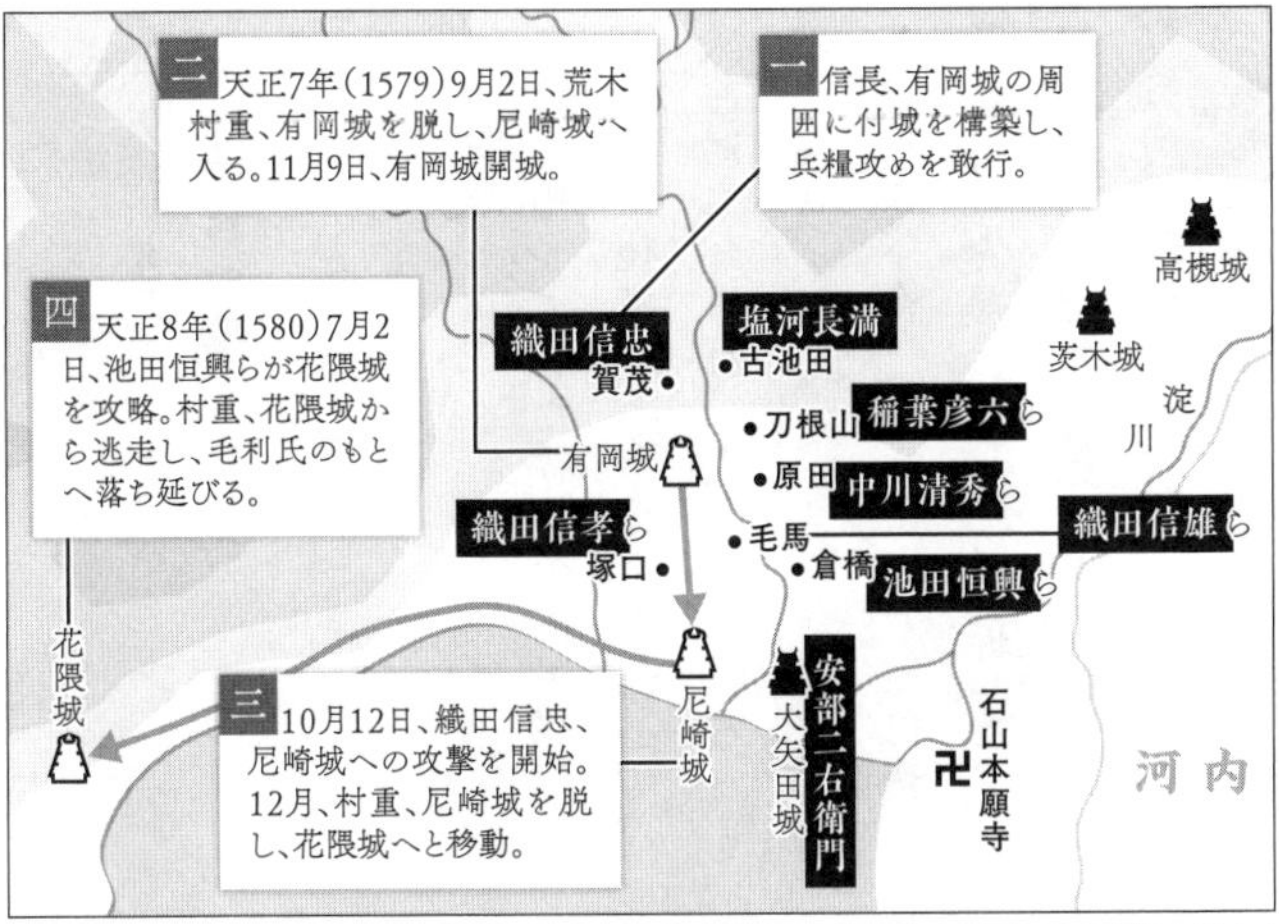

1年以上にわたって信長への抵抗を続けた荒木村重であったが、天正8年閏3月に石山本願寺が信長に屈服すると、ひそかに花隈城を脱し、毛利氏を頼って亡命した。

上杉家中の混乱をついた越中侵攻作戦

天正六年（一五七八）十月四日
月岡野の戦い

◆御館の乱の勃発

天正六年（一五七八）三月十三日、信長包囲網の一角を担っていた越後の上杉謙信が急逝した。そしてその跡を巡り、謙信の甥で養子の景勝《かげかつ》、相模・北条氏康《ほうじょううじやす》の七男で、同じく養子の景虎《かげとら》が激突。上杉家中は景勝派と景虎派とに二分され、大混乱に陥ることとなる（御館《おたて》の乱）。そうした中、信長はこれを越中侵攻の好機であると捉えた。

そこで四月、越中日宮《ひのみや》城主神保長職《じんぼながもと》の子・長住《ながずみ》に越中攻略を下命。さらに九月には**斎《さい》藤利治《とうとしはる》（新五《しんご》）**や**毛利河内守秀頼《もうりかわちのかみひでより》**、坂井越中守《さかいえっちゅうのかみ》、**森長可《もりながよし》**らを援兵として派遣した。

利治らはまず上杉方の津毛《つげ》城を攻略し、越中南部における拠点を構築すると、さらに軍を進めて今泉《いまいずみ》城へと攻め掛かった。しかし上杉勢の抵抗に苦戦を強いられたため、一計を案じ、撤退すると見せかけて上杉勢を城からおびき出す作戦をとった。

斎藤利治
1541?～82。斎藤道三の末子。通称新五。父・道三の没後、斎藤家を見限り信長に仕える。

月岡野の戦い要図

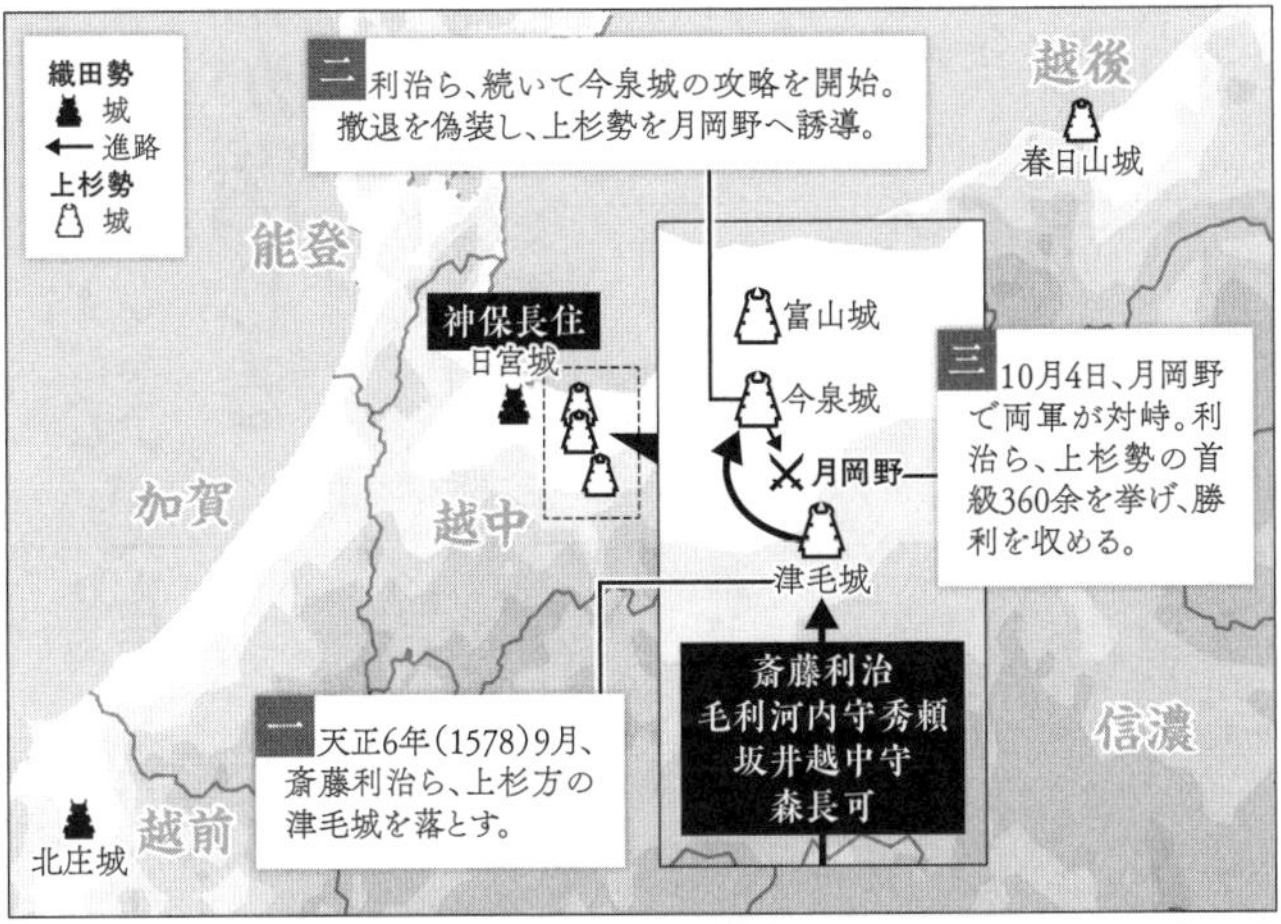

上杉家中の混乱をつき、信長は越中への侵攻を本格化。月岡野で上杉勢を撃ち破り、越中西半を勢力下に置いた。

十月四日、上杉勢をまんまと新川郡月岡野《つきおかの》へと引きつけることに成功した織田勢は一斉に転進して上杉勢への突撃を敢行。織田勢の急な攻勢に上杉勢はたちまち崩れ、敗走した。結果、越中西半は織田方の勢力下に置かれることとなった。

その後、荒木村重の謀反もあり、信長は越中侵攻を一時断念せざるを得ない状況に追い込まれる。

そうした中、天正七年（一五七九）三月二十四日、上杉家では甲斐の武田勝頼を自陣に引き込んだ景勝が景虎を自害へと追い込み、家督を継承した。

毛利秀頼
?〜1593。尾張守護・斯波氏の一族と伝わる。武田家滅亡後、信濃飯田城主に任じられる。信長没後は秀吉に仕えた。

森長可
1558〜84。森可成の次子。信長に仕えて各地を歴戦。武田家滅亡後は信濃高井・水内・更科・埴科4郡を与えられた。信長没後は秀吉に従うも、小牧・長久手の戦いで戦死。

十年もの長き戦いの幕が閉じる

天正八年（一五八〇）閏三月

石山合戦⑤本願寺の降伏

◆対毛利水軍用の新造艦

播磨三木城主・別所長治、及び摂津有岡城主・荒木村重らの謀反、さらには毛利勢の東上により、信長は対石山本願寺戦線の戦略を大きく見直さざるを得ない状況に追い込まれる。とくに海上を通じて補給物資を運び込む毛利水軍への対策は喫緊の課題であった。

すでに信長は天正四年（一五七六）七月の木津川口《きづがわぐち》の戦いで毛利水軍に敗戦を喫した直後から対策を講じていた。熊野水軍を束ねる九鬼嘉隆《くきよしたか》に命じ、伊勢大湊で新たな軍艦を六艘建造させたのである。それが天正六年（一五七八）六月、ついに完成した。『多聞院日記』によると、新造艦の大きさは横七間（約十二・六メートル）、縦十二・三間（約二十二メートル）で、しかも鉄張りであったという。船体に鉄板が張られたのは毛利水軍の焙烙火矢に対抗するものであるといわれ、また、敵船団を駆逐するために大鉄砲も備えつけられた。一方、信長は滝川一益にも新造艦の造船を命じており、同時期に完成している。

第二次木津川口の戦い要図

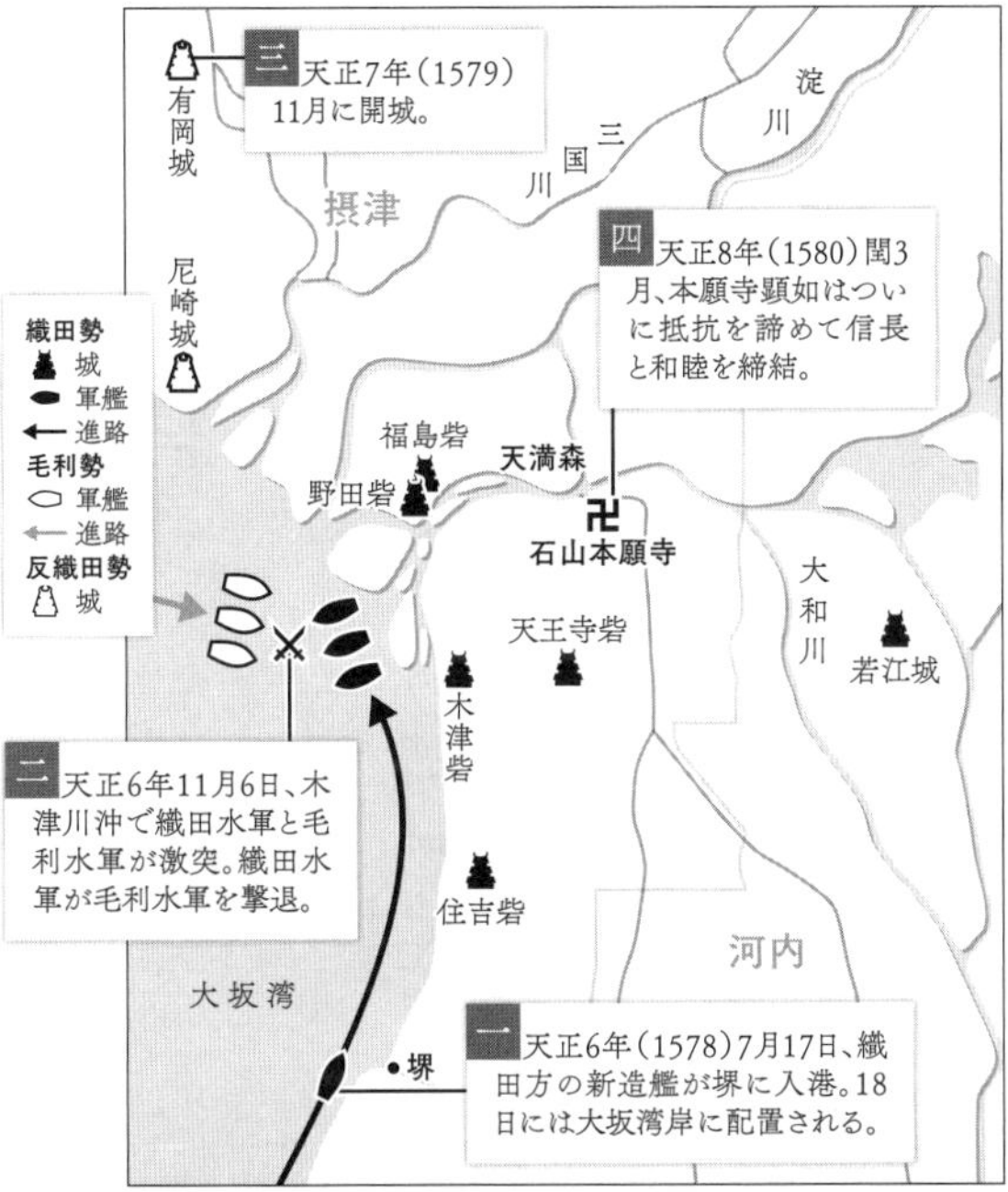
三 天正7年（1579）11月に開城。
有岡城
淀川
三国川
摂津
尼崎城
四 天正8年（1580）閏3月、本願寺顕如はついに抵抗を諦めて信長と和睦を締結。
織田勢
城
軍艦
進路
毛利勢
軍艦
進路
反織田勢
城
福島砦
天満森
野田砦
石山本願寺
大和川
天王寺砦
若江城
木津砦
二 天正6年11月6日、木津川沖で織田水軍と毛利水軍が激突。織田水軍が毛利水軍を撃退。
住吉砦
河内
大坂湾
堺
一 天正6年（1578）7月17日、織田方の新造艦が堺に入港。18日には大坂湾岸に配置される。

信長への抵抗を続けた本願寺顕如だったが、毛利水軍の補給が絶え、また有岡城、及び三木城が開城するに至り、信長との講和に応じた。

二十六日、熊野浦を出港した新造艦七艘は七月十四日頃、紀州沖で本願寺方の雑賀・淡輪《たんのわ》の一揆勢を大鉄砲で撃破したのち、十七日、**堺**※**に入港**。十八日、大坂湾岸に配置された。その目的は、石山本願寺への援兵と食糧

※信長は9月30日に堺に入って新造艦の出来栄えを視察。このとき、九鬼嘉隆と滝川一益は信長一行と堺の町衆のため、軍艦に幟と差し旗などを飾り立てたという。

の補給を遮断することにあった。

十一月六日、ついに新造艦の威力を発揮する機会が訪れる。毛利水軍の補給部隊六百艘が木津川沖に来航したのである。

◆石山合戦の終結

午前八時頃、両水軍による海戦の幕が開ける（第二次木津川口の戦い）。嘉隆は新造艦の大鉄砲を効果的に使用すべく、劣勢を装って毛利水軍を間近に引きつけた。嘉隆の誘いに乗り、毛利方の大将が乗っていると思われる船が近づいてくる。とそこへ大鉄砲で集中砲撃を加え、大破させた。

この勢いに乗じ、嘉隆は攻勢に転じた。だが織田方の新造艦の威力に恐れをなした毛利水軍はただちに距離を取り、警戒を強めたため、嘉隆も深追いはせず、対峙を続ける。そして正午頃、ついに毛利水軍は退却。こうして織田水軍は、毛利水軍の補給部隊を追い払うことに成功したのであった。

補給手段が断たれた石山本願寺は一転、窮地に立たされた。そのような中、天正七年（一五七九）十一月に有岡城が開城、さらに翌八年（一五八〇）正月には三木城が

本願寺の分裂

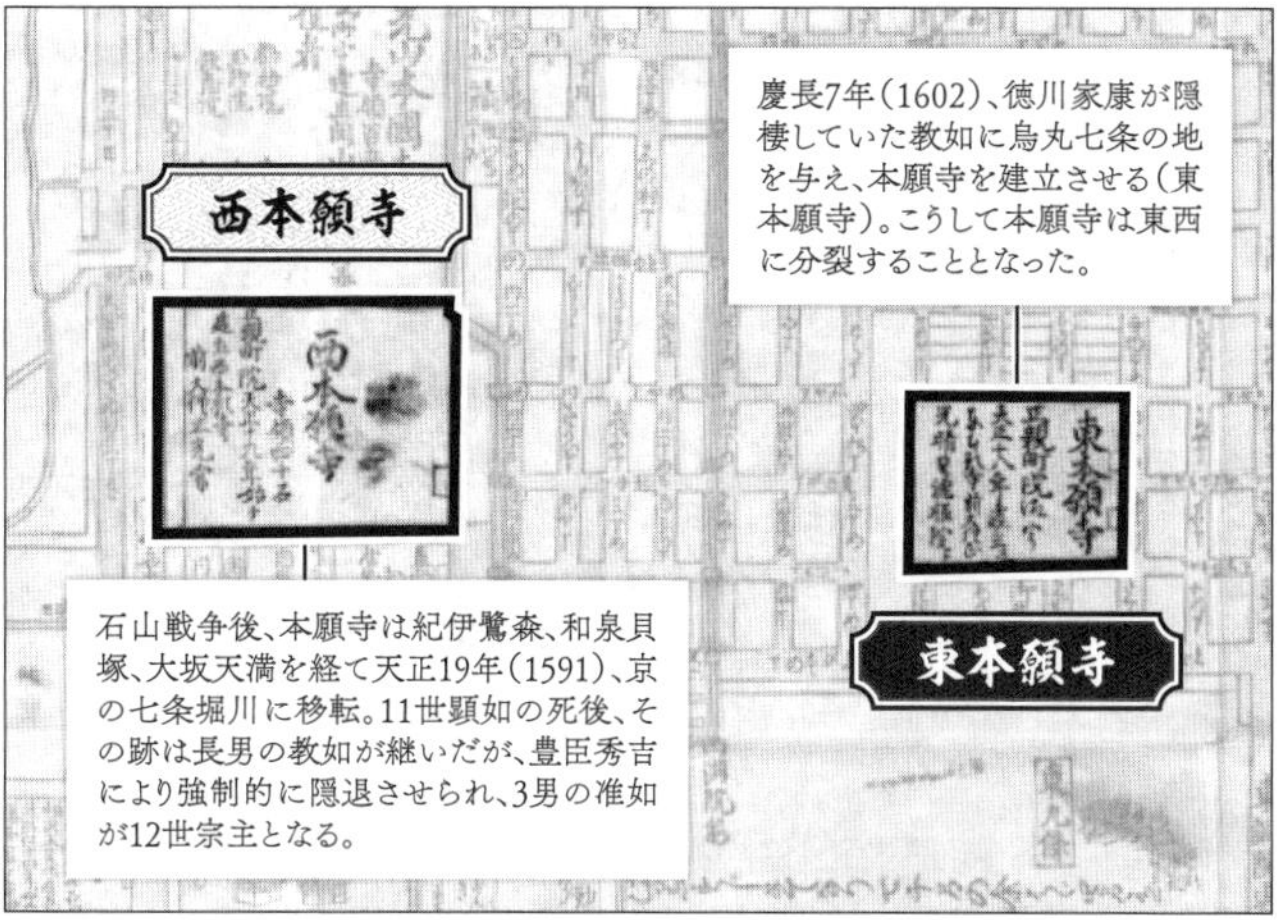
慶長7年（1602）、徳川家康が隠棲していた教如に烏丸七条の地を与え、本願寺を建立させる（東本願寺）。こうして本願寺は東西に分裂することとなった。
西本願寺
東本願寺
石山戦争後、本願寺は紀伊鷺森、和泉貝塚、大坂天満を経て天正19年（1591）、京の七条堀川に移転。11世顕如の死後、その跡は長男の教如が継いだが、豊臣秀吉により強制的に隠退させられ、3男の准如が12世宗主となる。

江戸時代、徳川家康は一向宗勢力の増長を防ぐべく、本願寺の内紛を利用して勢力を2分した。現在、本願寺が京都に2寺林立しているのはこうした理由による。

陥落した。これに対し、本願寺坊官・**下間頼廉**《しもつまらいれん》は諸国の門徒に鉄砲で武装した番衆を本願寺に派遣するよう命じているが、ここに至り、本願寺顕如はこれ以上の抵抗は不可能であると判断した。閏三月、朝廷が顕如に対して信長への本願寺明け渡しを斡旋すると、顕如はこれに応じ、四月、紀伊雑賀へと退去した。こうして十年の長きにわたって繰り広げられた石山合戦にようやく終止符が打たれたのである。

その後、顕如の子・教如《きょうにょ》はこの和睦に従わずに抵抗を続けたが、八月二日、石山を退去した。

下間頼廉　1537～1626。石山本願寺の顕如に仕え、信長に抵抗。天正17年（1589）には秀吉から本願寺町奉行を命じられている。

信長の威光を示す一大示威行動

天正九年(一五八一)二月二十八日

京都御馬揃

◆信長によるデモンストレーション

石山本願寺との戦いが終結したことで、信長包囲網は実質瓦解した。一方、明智光秀が丹波を、羽柴秀吉が播磨・但馬を、柴田勝家が加賀・能登を平定し、信長による天下統一事業は順調に進められていった。そうした中、天正九年(一五八一)正月十五日、信長は安土城下で左義長《さぎちょう》(火祭)と馬揃《うまぞろえ》を行なった。**華やかな装束を身にまとった諸将**[※1]らが馬に乗り、爆竹を打ち鳴らしながら馬場を駆け抜け、そのまま町を行進したのである。この成功に気を良くした信長は京でも趣向を凝らした馬揃を行なうべく、二十三日、明智光秀に準備を命じた。

一方、安土城下での馬揃には近衛前久《このえさきひさ》などの公家衆も参加しており、その評判はたちまち京中に広まった。正親町《おおぎまち》天皇も噂を聞きつけたのであろう、信長に対し、都で

※1 信長は黒い南蛮笠をかぶり、赤い頬当てをつけ、唐錦の陣羽織を着用した。

京都御馬揃の陣容

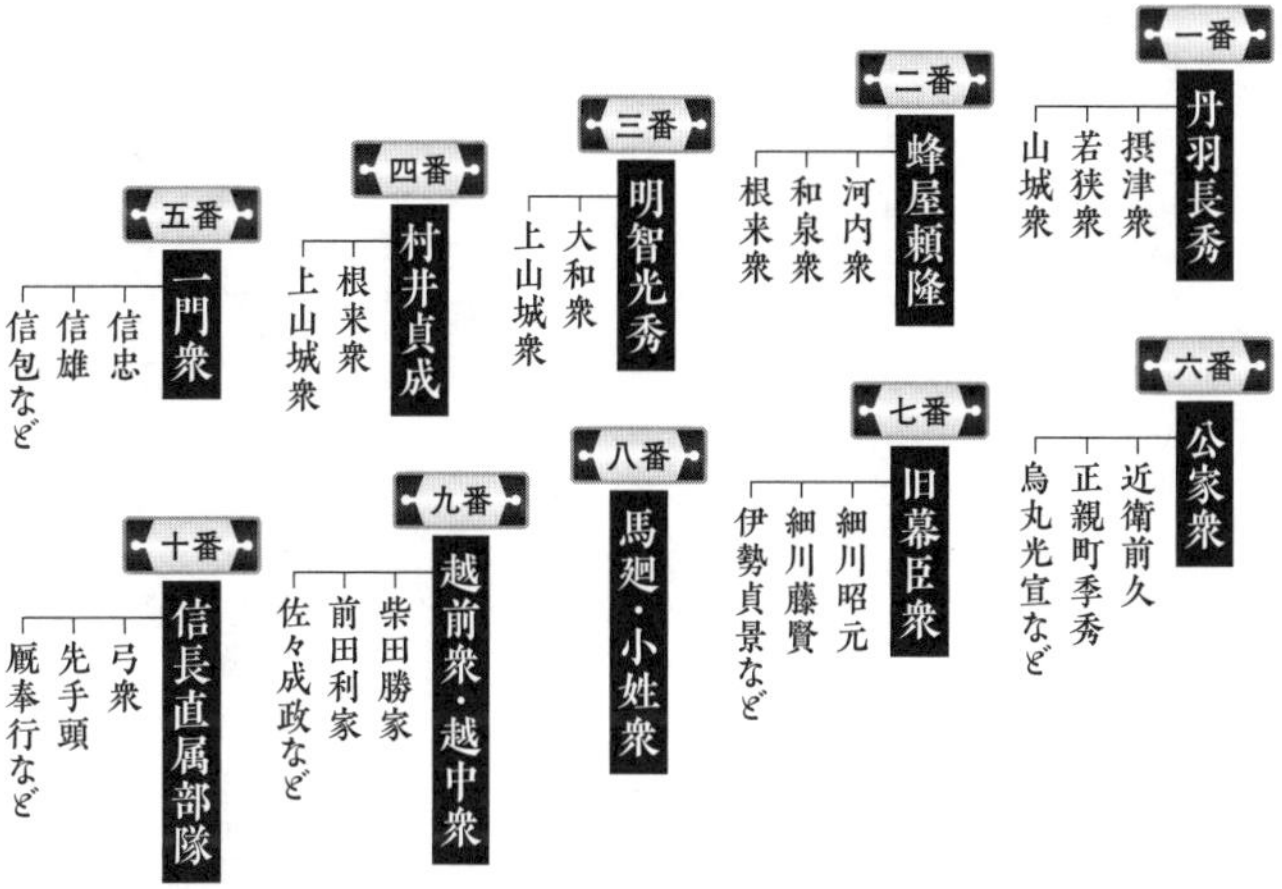

天正9年（1581）2月28日、信長は五畿内隣国の大名、諸将を召集し、京で御馬揃を挙行。信長の権威を示すデモンストレーションとなった。

も趣向の異なる馬揃を見たいと要望（『御湯殿上日記』）。信長はすぐにこれに応じ、五畿内隣国の大名や諸将をほぼすべて招集すると、二月二十八日午前八時頃、内裏の東に設けた馬場で**馬揃を挙行**※2した。天皇や公家衆のみならず、諸国からも大勢の見物人が押し寄せたこの馬揃は「天下人」たる信長の権威を印象づける絶好の機会となり、こうして信長の威光はますます世に轟くこととなった。天皇はこれを喜び、三月九日、信長を左大臣に任じようとしたが、信長は誠仁《さねひと》親王への譲位がなされたのちに受けると返答した。

※2　ルイス・フロイスの『日本史』によると、20万人近くもの群衆が馬揃を見るために集まったという。

織田勢の侵攻で伊賀一国が灰燼に帰す

天正九年(一五八一)九月

天正伊賀の乱

◆**独立を保つ伊賀国**

京を中心とする畿内を平定し、「天下」における覇権を確立した信長。そうした状況下、依然として独立を保ち続けた国があった。山城・大和・近江・伊勢に隣接し、四方を山に囲まれた伊賀国である。

当時の伊賀には一国を統べるほどの強大な力を有した者はおらず、国人や地侍層がそれぞれ独自の勢力を築き、相互に均衡を保ちながら支配を行なっていた。戦国期、国内にはじつに五百四十六もの城郭や居館が存在していたという。そしていざ危急の際にはそれらの勢力が一国規模で一揆を結び、外敵にあたった。

一揆勢の抵抗は激しく、実際、天正七年(一五七九)九月十七日に伊賀へ侵攻した伊勢の織田信雄勢を完膚なきまでに叩きのめしている。なおこの行動は信雄の独断で

織田信雄の伊賀攻め

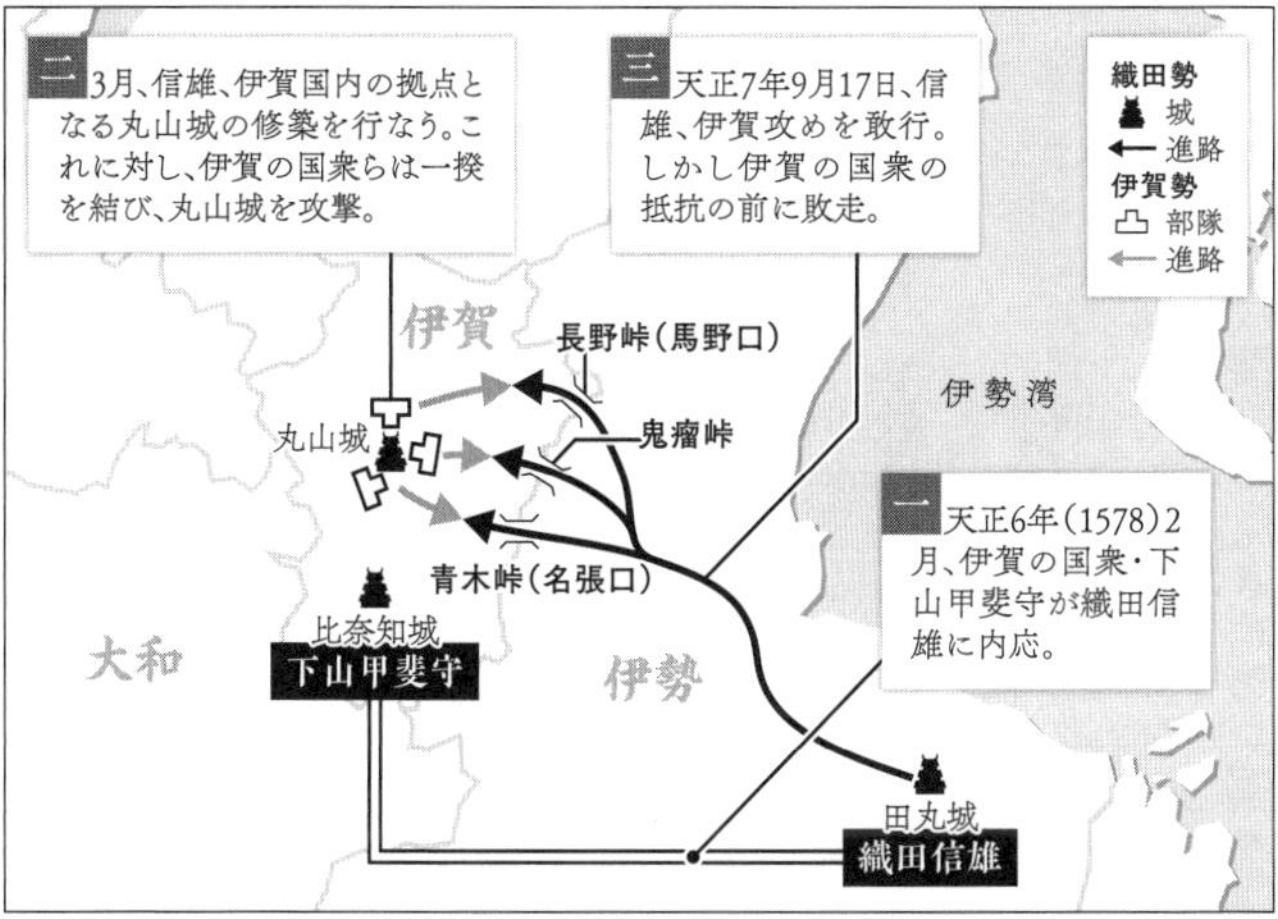

天正7年9月17日、織田信雄は1万余の兵を率いて伊賀国へ出兵したが、あえなく大敗を喫した。

あったといい、戦後、報告を受けた信長は信雄を厳しく叱責したというエピソードも残る。

信長としても、京に近く、周辺諸国を結ぶ交通の結節点でもあった伊賀をこのまま放置する心づもりはなかった。だが荒木村重や別所長治らの謀反、石山本願寺との抗争などに追われ、伊賀攻略にまで軍勢を費やす余裕がなかったのである。

◆伊賀惣国一揆殲滅戦

ようやく諸方面における抗争が一段落した天正九年（一五八一）九月、いよいよ信長は伊賀の攻略に乗り出した。総大将は信雄である。

三日、信雄は総勢五万をもって伊賀への侵攻を開始する。甲賀《こうか》口からは信雄、滝川一益、丹羽長秀、甲賀衆など、信楽《しがらき》口からは**堀秀政**《ほりひでまさ》率いる近江衆、加太《かぶと》口からは**滝川雄利**《かつとし》、織田信包《のぶかね》、伊勢衆、大和口からは筒井順慶率いる大和衆と、伊賀へと通じる四つの峠からそれぞれ軍を進めた。

対する伊賀勢はわずか九千に過ぎなかった。また、織田勢の侵攻を受けて柘植《つげ》の福《ふく》地《ち》氏がすぐさま人質を出して帰順を申し出るなど、その結束も一枚岩ではなかったようである。

多勢に無勢、戦いは織田勢の一方的な展開で進み、わずか半月ほどで伊賀は平定された。この戦いで、非戦闘員を含めて三万数千人が虐殺されたと伝わる。残った城もすべて破却。寺社も破壊された。こうして伊賀国は織田勢によって灰燼に帰したのであった。

戦後、信長は伊賀四郡のうち三郡を信雄、一郡を信包に与えると、伊賀における支配体制を固めた。十月九日には自ら伊賀視察へ出立。四日にわたって国内の隅々までを検分したのち、要所の村々に砦を築くよう命じて十三日、安土城へ帰陣した。

堀秀政
1553〜90。通称久太郎。信長に仕え、越前一向一揆、紀伊雑賀一揆征討などに活躍。本能寺の変後は秀吉に仕え、賤ヶ岳の戦い後、羽柴姓を賜っている。

滝川雄利
1543〜1610。伊勢日置城主・木造具康の子。滝川一益の娘婿となり、滝川姓を名乗る。織田信雄に家老として仕えた。

伊賀惣国一揆殲滅戦要図

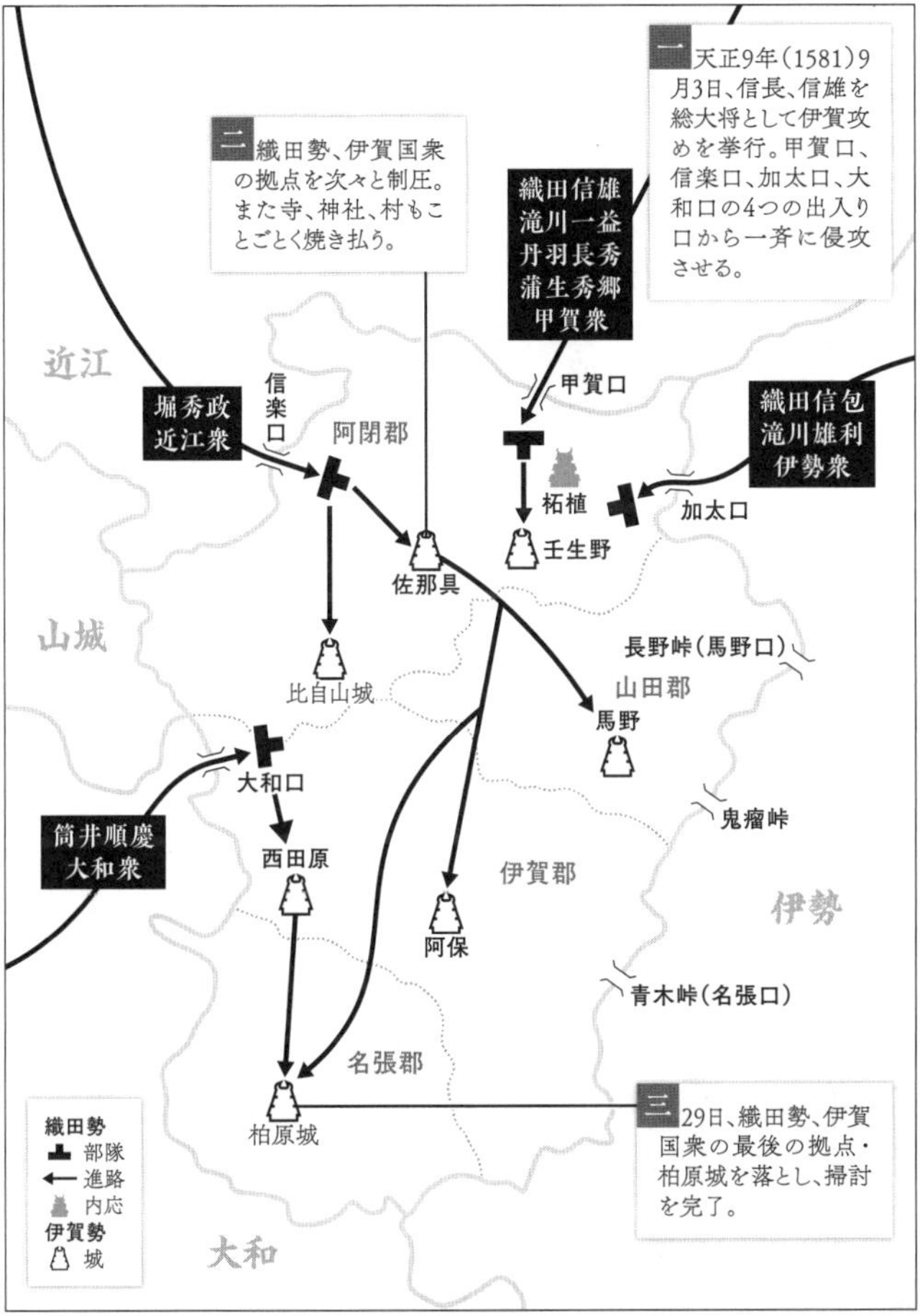

天正9年9月、信長は空白地帯であった伊賀を制圧。ついにその支配下に置くことに成功した。

内部から瓦解した武田家の滅亡

天正十年（一五八二）三月十一日

天目山の戦い

◆武田氏を見限る諸将

長篠・設楽原の戦い後、武田氏の勢力は大きく後退した。天正九年（一五八一）三月には徳川家康によって高天神城が攻略され、いよいよ勝頼の威信は地に堕ちる。天正十年（一五八二）二月一日には信濃木曾福島城主・木曾《きそ》義昌《よしまさ》が信長に寝返った。

ここに、武田征討の好機が訪れる。しかし信長は慎重で、まず義昌から人質を取るよう命じる。その上で自ら出馬し、武田攻めに取り掛かろうともくろんだ。

一方、勝頼の対応は早かった。義昌の裏切りを知るや、二日には**新府《しんぷ》城**を出陣。一万五千の軍勢をもって信濃諏訪上原へ布陣した。

十二日、信忠が岐阜城を出陣。十四日には岩村に着陣した。この信忠の進軍に対し、武田方の諸将は戦わずして降伏。二十五日には勝頼の従兄弟で妹婿であった江尻《えじり》城主・

新府城
勝頼は父信玄以来居城としていた躑躅ヶ崎館を引き払い、天正9年（1581）

天目山の戦い要図

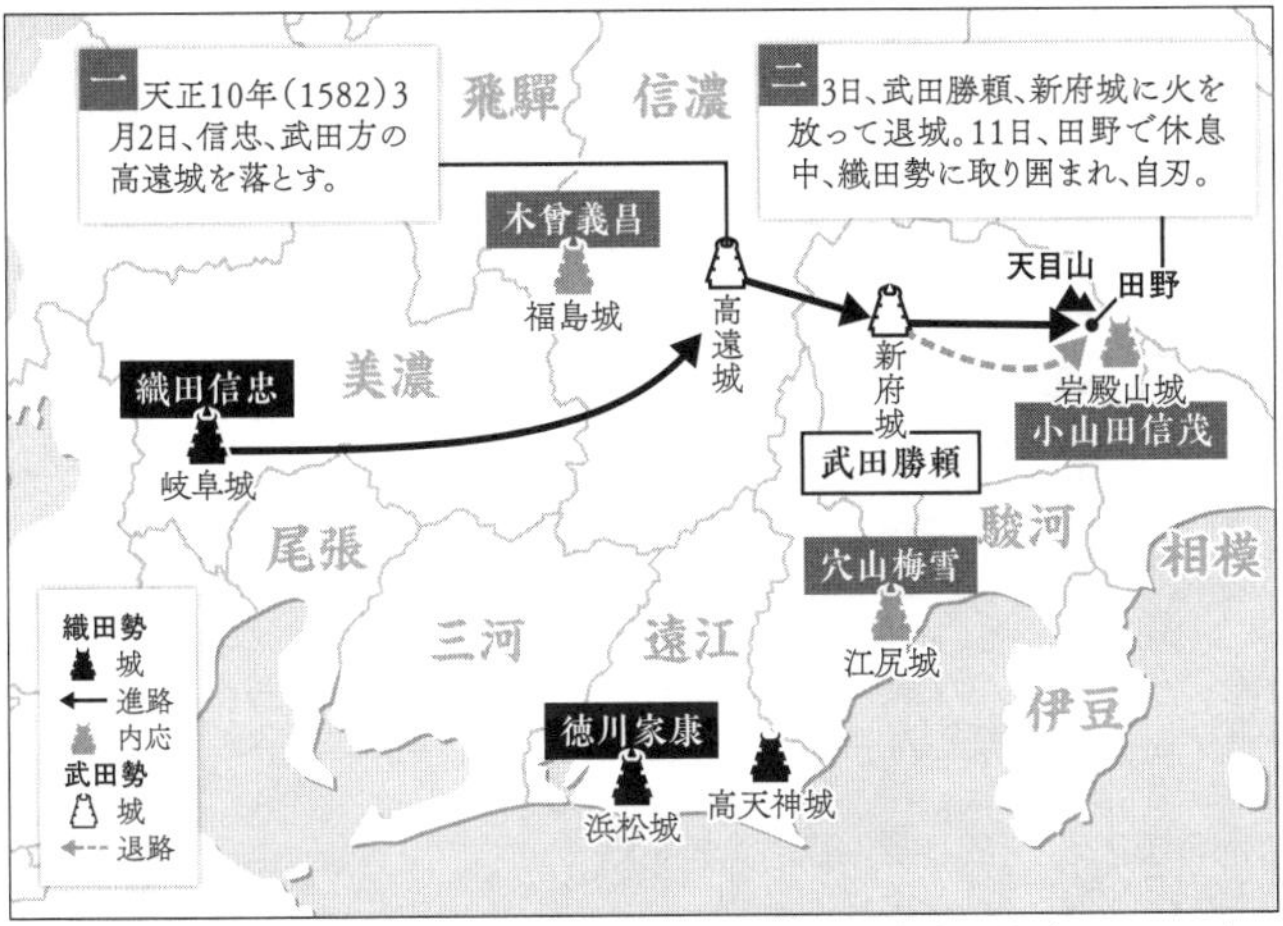
一 天正10年（1582）3月2日、信忠、武田方の高遠城を落とす。
二 3日、武田勝頼、新府城に火を放って退城。11日、田野で休息中、織田勢に取り囲まれ、自刃。
飛騨
信濃
木曽義昌
福島城
高遠城
天目山
田野
新府城
岩殿山城
小山田信茂
武田勝頼
織田信忠
美濃
岐阜城
尾張
駿河
相模
穴山梅雪
江尻城
三河
遠江
伊豆
徳川家康
浜松城
高天神城
織田勢
城
進路
内応
武田勢
城
退路

天正10年3月11日、織田勢に追い詰められた武田勝頼は自害を遂げる。ここに武田家は滅びることとなった。

穴山信君《あなやまのぶただ》（梅雪《ばいせつ》）も信長の元へ走った。

一族の者にも見放された勝頼は新府城に籠って抵抗することを決する。だが三月二日に高遠《たかとお》城が陥落するに至り、城内の者のほとんどが逃走。勝頼のもとにはわずかな手勢が残るのみとなった。

三日、勝頼は城に火を放つと、再起を懸けて小山田信茂《おやまだのぶしげ》の岩殿山《いわどのやま》城を目指したが、その途上、信茂の謀反を知る。もはや、勝頼の命運は尽き果てた。十一日、勝頼は天目山《てんもくざん》麓の田野《たの》で自刃。こうして武田家は滅亡したのであった。

12月、新府城に移った。

明智光秀の裏切りにより散った天下人

天正十年（一五八二）六月二日
本能寺の変

◆中国・四国平定に乗り出した信長

宿敵・武田氏を滅ぼしたことにより、信長は甲斐・信濃・駿河・上野などにまたがる地域を支配下に収めた。次なる目標は、中国・四国地方の制圧である。中国地方については秀吉がすでに平定戦を進めており、天正九年（一五八一）十月には毛利方の因幡鳥取城を攻略。続いて備中高松城攻めに取り掛かっていた。

一方、天正十年（一五八二）五月、信長は三男・神戸《かんべ》信孝《のぶたか》を総大将とする四国征討軍を編成。信孝は六月二日をもって四国へと出陣することを決した。

この頃、四国で勢力を拡大していたのは土佐の長宗我部《ちょうそかべ》元親《もとちか》であるが、もともと信長は阿波三好一族への対抗策として元親と同盟を締結していた。天正三年（一五七五）十月二十六日には、元親の嫡子・弥三郎《やさぶろう》の元服にあたり、一字を与えて信親《のぶちか》と名

本能寺の変前の信長版図と諸将の配置

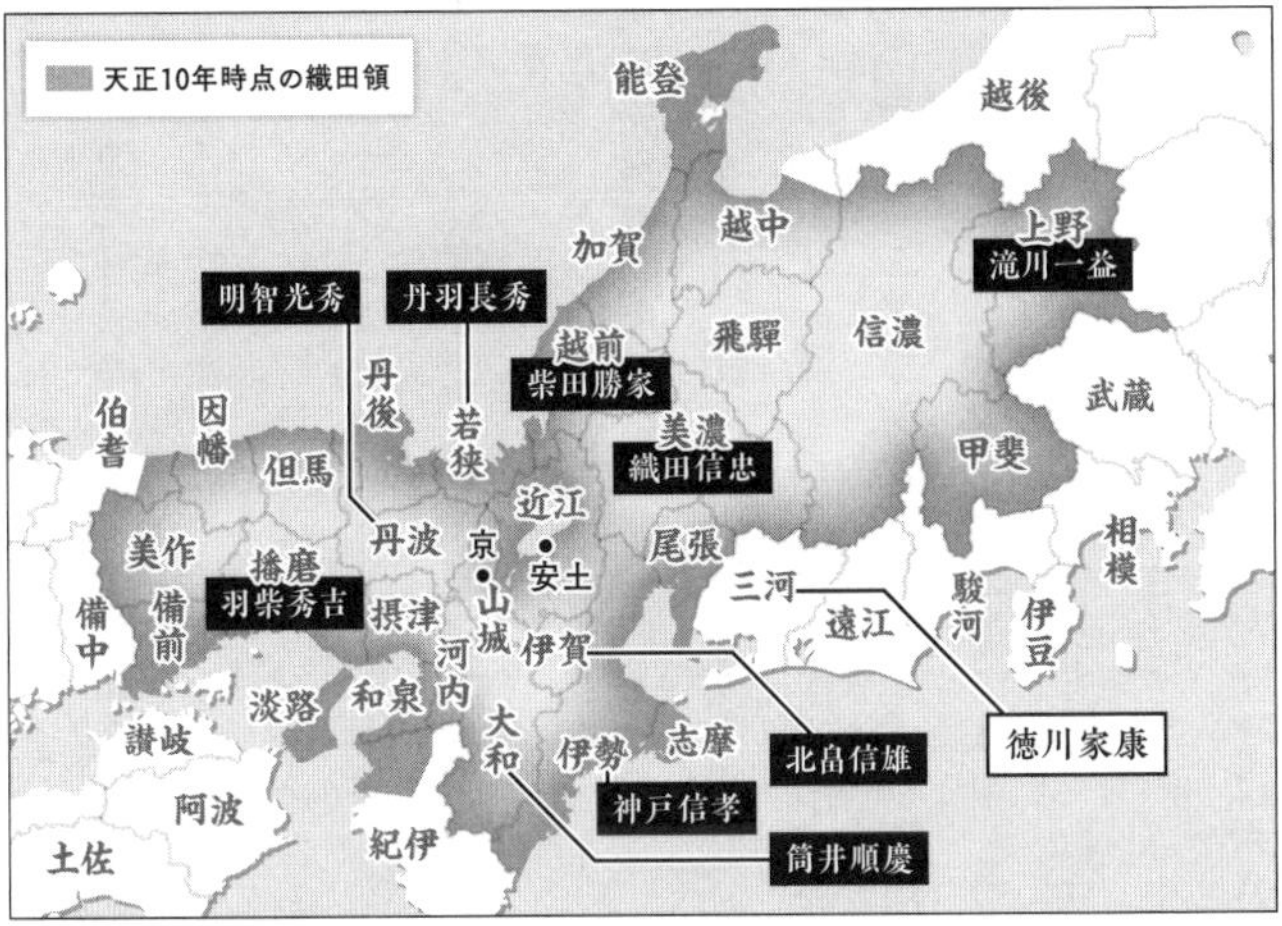

瞬く間に版図を拡大した信長は諸方面に武将を配置し、多方面の攻略を同時進行で展開していった。

乗らせている。このとき、両者の取り次ぎをなしたのは明智光秀であった。その後、元親は着々と四国平定を進めていき、天正七年（一五七九）には阿波、讃岐の大部分を領するに至る。これに対し、信長は天正八年（一五八〇）六月十二日付で元親の阿波支配を認める朱印状を下している。このように、当初両者の関係は良好だったのである。

　しかし、三好一族の康長が信長陣営に降ったことで事情は一転する。康長を重用し、四国平定に利用しようともくろんだ信長は康長をたびたび四国へ派遣。康長はそれに応じ、天正九年には元親に従っていた阿波岩倉城主で子の康俊《やすとし》を織田方に寝返らせた。また同年、阿波三好家の当主・三好存保《まさやす》が信長に服属するに至り、阿波北郡は織田家が治めるところとなった。ここに至り、阿波の領有を巡って信長と元親が対立。信長は元親に対して土佐と阿波南郡のみを安堵すると通告したが、元親にとっては到底受け入れられるものではなく、こうして二人の関係は断絶したのであった。光秀も元親を説得すべく、幾度も使者を派遣したが、元親がそれに応じることはなかった。

◆明智光秀の謀反

天正十年五月、備中高松城を攻囲していた秀吉勢に対し、毛利方の小早川隆景、**吉《きっ》川元春《かわもとはる》**勢が救援部隊として駆けつけた。秀吉からこの報告を受けた信長は自ら中国戦線に出馬することを決意。明智光秀、**細川忠興《ほそかわただおき》**、池田恒興、中川清秀らに中国攻めの先陣を命じ、急ぎ戦備を整えるよう申しつけると、自身は五月二十九日に安土城を出立。同日、本能寺に入った。信長としてはすぐに中国攻めに取り掛かる心積もりであったため、このとき信長に付き従ったのは小姓衆二、三十人のみだった。

一方、中国出陣を命じられた光秀は六月一日夜、一万三千の軍勢を率いて丹波亀山

吉川元春
1530～86。毛利元就の次子。安芸国大朝荘の吉川興経の養子となり、家督を相続。弟・小早川隆景とともに毛利宗家の中国平定に尽力した。

細川忠興
1563～1645。細川藤孝（幽斎）の長子。妻ガラシャは明智光秀の娘。信長に仕え、丹後一国の支配を任じられる。

信長の四国政策の転換

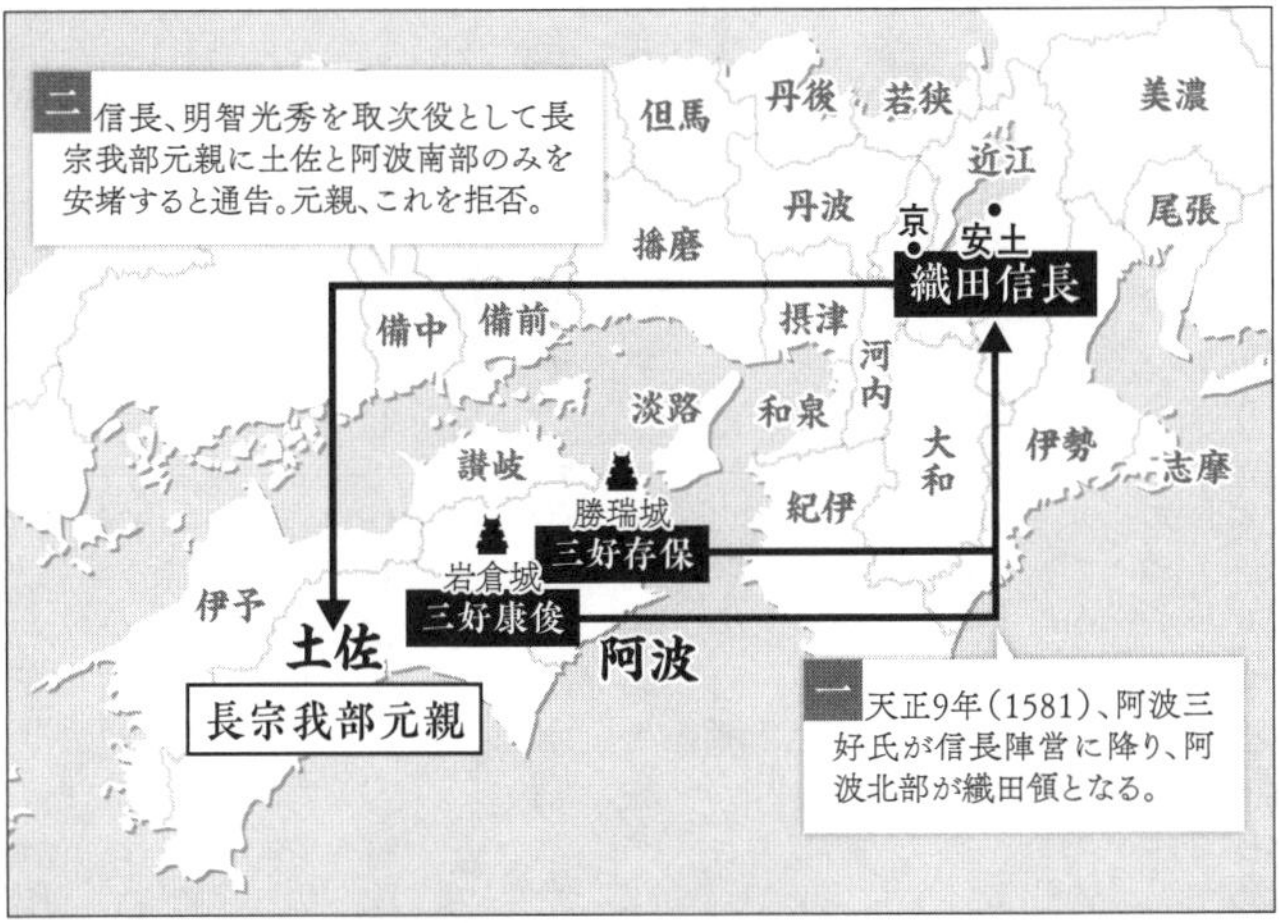

当初、長宗我部元親の四国支配を安堵していた信長であったが、阿波三好氏の内応を機に方針を転換。阿波の領有を巡って元親と対立した。

備中高松城の戦い要図

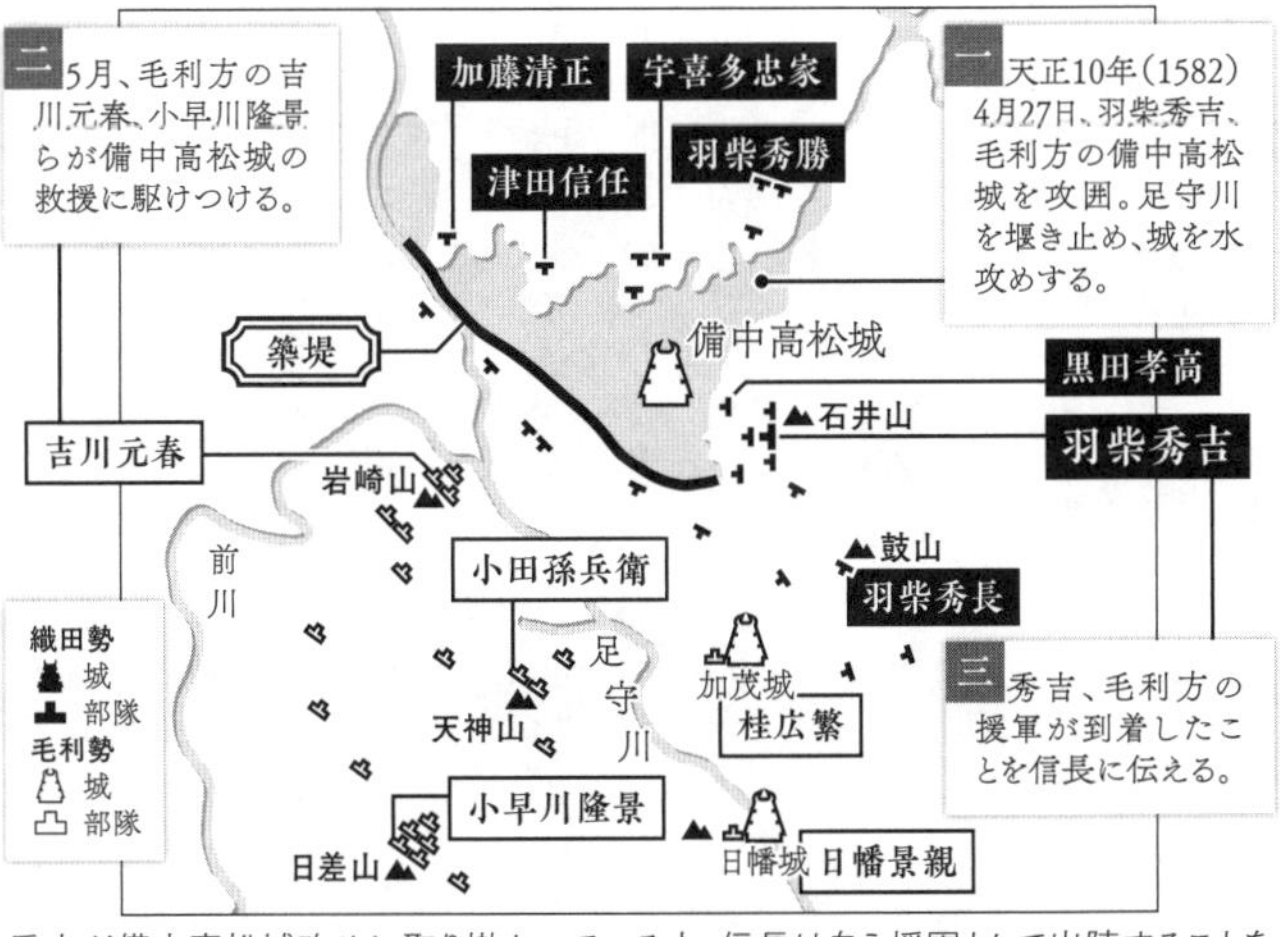

秀吉が備中高松城攻めに取り掛かっている中、信長は自ら援軍として出陣することを決め、その準備に取り掛かった。

城を出陣。明智秀満《ひでみつ》、明智次右衛門《じえもん》、藤田伝五《ふじたでんご》、斎藤利三《さいとうとしみつ》らに謀反の企てを打ち明けると、京を目指してひた駆けた。翌二日早朝、※**明智勢は本能寺を攻囲**する。そしてついに信長への攻撃を開始した。突然の喧騒に、当初信長は寺の外で下々の者が喧嘩をしているものだと思ったが、御殿に銃撃が撃ち込まれるのを見て初めて謀反であると気づいたという。そして信長は小姓の**森蘭丸**《もりらんまる》から明智勢の攻撃であるという報告を受けると、「是非に及ばず」と述べ、自ら弓、鎗を手に取って迎撃した。

信長が宿所としていた本能寺は水堀と土塁で囲まれ、城構えの様相を呈していたが、兵力差は圧倒的であり、たちまち小姓衆は明智勢に討ち取られてしまう。本能寺が炎に包まれる中、信長は一人殿中の奥へと引き下がると、自刃して果てた。享年四十九。こうして信長の覇業は夢半ばにして潰えることとなったのであった。

光秀はなぜ信長を裏切ったのか。江戸時代から様々な説が取り沙汰される中で、『信長公記』は光秀が天下統一の野望を抱いたためだと伝える。また、信長に恨みを抱いていたとする「怨恨説」や、朝廷や義昭が黒幕だったのではないかという説も唱えられている。一方、信長の四国政策の転換で元親との間を取り持ってきた光秀の面目が失われ、謀反へと駆り立てたとする説もあるが、真相はいまだ闇の中である。

※
『当代記』によると、このとき光秀は67歳だったという。

森蘭丸
1565〜82。森可成の3子。信長に小姓として仕え、のち美濃岩村5万石を与えられる。本能寺の変では弟の坊丸、力丸とともに明智勢と対峙するも、戦死。

本能寺の変要図

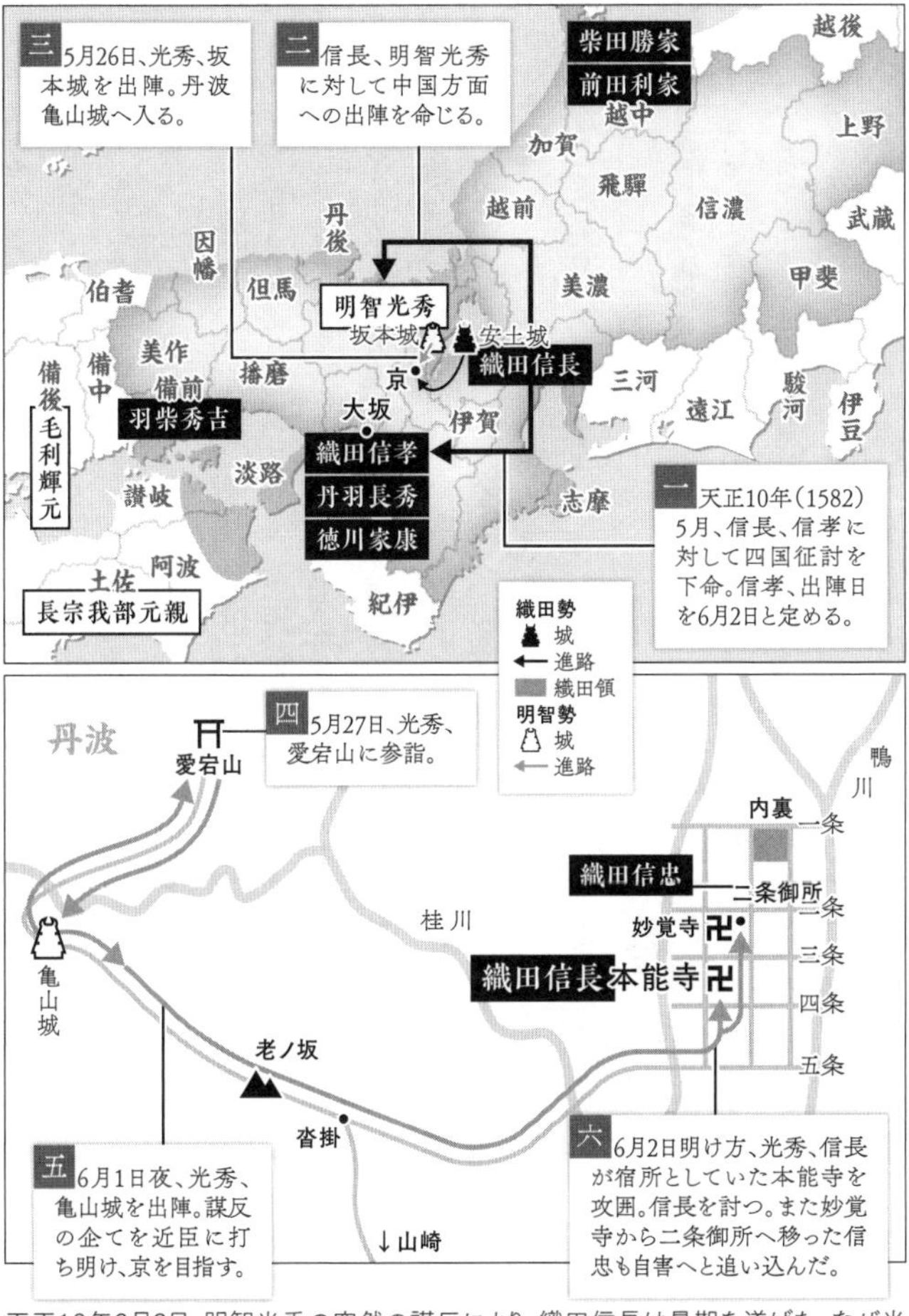

天正10年6月2日、明智光秀の突然の謀反により、織田信長は最期を遂げた。なぜ光秀が離反したのかについては謎に包まれている。

もっと知りたい！戦国合戦の舞台裏 ❹

信長が定めた「茶の湯御政道」

●武将の教養だった茶の湯

日本における茶の歴史は、平安時代末期にはじまるという。この頃の茶は飲み物としてよりも、薬として使われていたようだ。

その後、室町時代に村田珠光《むらたしゅこう》が侘び茶を興し、茶を楽しむ風習が生まれると、戦国時代には武将たちの間にも浸透した。茶の湯には精神の安定をもたらす効果があったほか、少人数しか入れない茶室は政治交渉を行なう際に好都合の場であったためである。

いつしか茶の湯は武将にとって欠かせない教養であるとされるようになり、茶の湯のたしなみがない者は不作法者として扱われるようになった。

●信長の「茶の湯御政道」

信長は、この茶の湯を家中統制の道具として利用した。収集した名物茶道具を戦功を挙げた武将に下賜し、その茶道具を用いた茶会の開催を許可したのである。これを「茶の湯御政道」という。

信長政権下においては、信長の許可なくして茶会を催すことはできなかったため、茶道具を下賜されることは家臣にとって大変名誉なことであった。そのため諸将らは手柄を立てるべく、戦場で目覚ましい働きをなしたのである。

とくに滝川一益のエピソードは、よく知られるところだろう。

武田氏滅亡にひと役買った一益は戦後、信長から恩賞を与えられることになった。このとき、一益は名物・珠光小茄子《こなすび》の茶入れを所望したが、その願いは叶わず、代わりに武田氏の遺領であった上野一国と信濃二郡を与えられるとともに、関東管領に任じられた。しかし一益はこれが不服であったようで、「小茄子を拝領しようと思っていたが、上野のような遠国に置かれてしまい、茶湯の冥加ももはやつき果てた（「三国市太郎五郎宛書状」）」と嘆いている。

領土よりも名物茶道具に重きを置いていたことがよくわかる逸話である。

第四章

信長没後の戦国情勢

わずか十一日で終わった光秀の天下

天正十年（一五八二）六月十三日
山崎の戦い

◆近江征討に乗り出す光秀

天正十年（一五八二）六月二日、明智光秀《あけちみつひで》の突然の謀反により、織田信長は自刃を遂げた。信長の居城・安土城にその一報が伝えられたのは、同日午前中のことであった。このとき、城を守っていたのは**蒲生賢秀**《がもうかたひで》であったが、明智勢を迎え撃つだけの兵力はなかったため、三日、信長の妻子を伴って自らの居城・日野《ひの》城へと退去している。

光秀は信長を討ったのち、五日、安土城を接収した。これには、自身が信長の後継者であることを知らしめるという狙いがあったと思われる。また、城内に貯えられていた軍資金の確保も理由のひとつであっただろう。その後、光秀は自陣営についた**京極高次**《きょうごくたかつぐ》や**阿閉貞征**《あつじさだゆき》らに羽柴秀吉の居城・長浜《ながはま》城を攻めさせるなど近江の征討に着手。七日には安土城で勅使・**吉田兼和**《よしだかねかず》**（兼見《かねみ》）**を迎え、誠仁《さねひと》親王が京の経営を光秀に

蒲生賢秀
1534～84。六角義賢に仕えたのち、信長に仕える。本能寺の変後は明智光秀の誘いを断り、秀吉に与する。

京極高次
1563～1609。浅井氏に仕えたのち、信長に与する。本能寺の変では明智光秀に加担するも、のち妹が秀吉の側室

本能寺の変後の光秀の動向

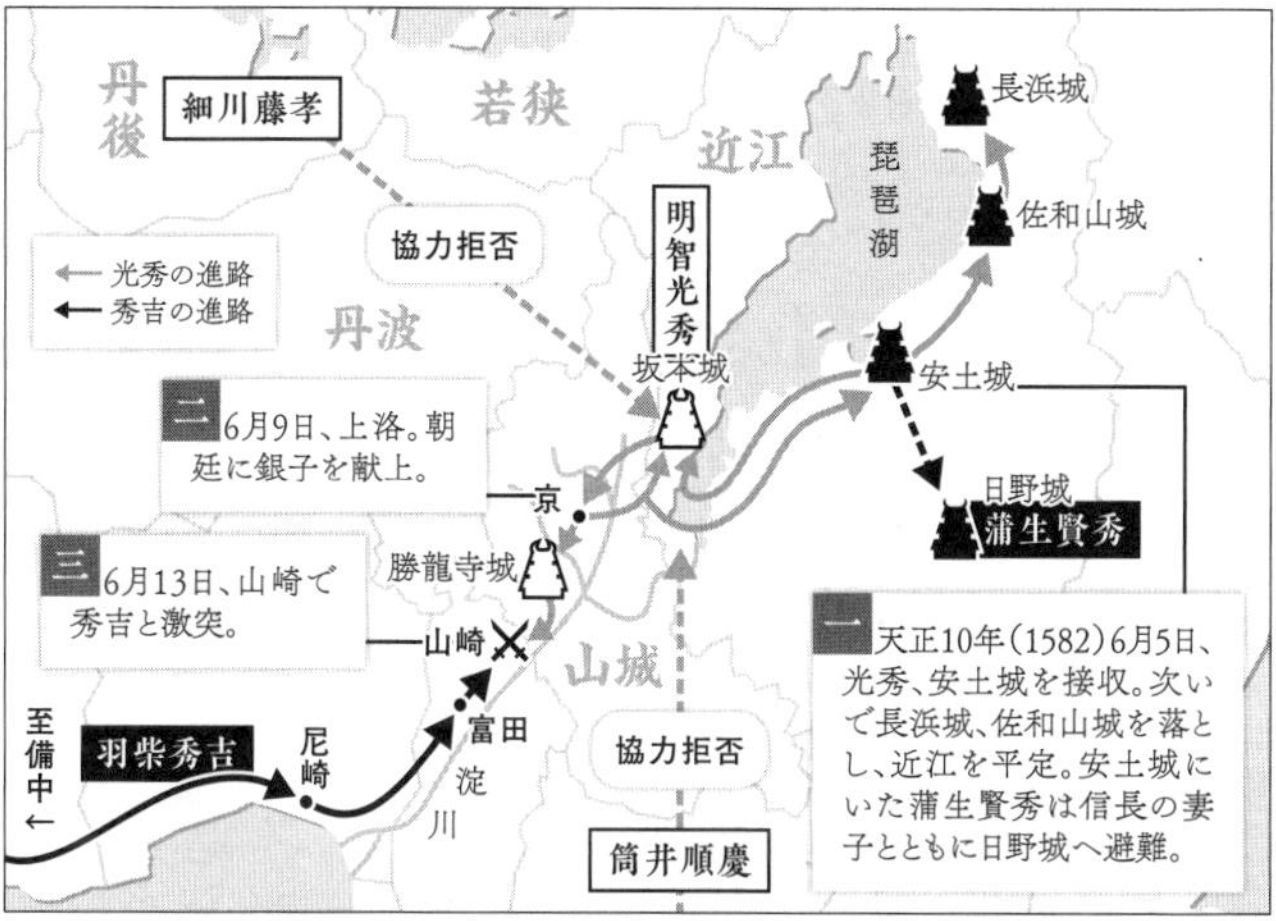

本能寺の変後、光秀はまず近江の支配体制を固めるとともに朝廷工作を行なった。その後、秀吉が東上してきたため、これを討つべく山崎で対峙した。

任せる意向であることを伝えられた。光秀はそれに応じ、九日に上洛。朝廷に銀子五百枚を献上した。この時点で、自身が信長の後継者であることを朝廷に認められたと考えたのだろう。だが娘・珠《たま》（ガラシャ）の嫁ぎ先であった細川藤孝《ほそかわふじたか》・忠興《ただおき》父子、また大和の筒井順慶《つついじゅんけい》らには協力を断られ、近江から摂津へと軍を進めることができずにいた。

◆秀吉の「中国大返し」

そうした中、先に摂津を押さえたのは秀吉《ひでよし》であった。秀吉が光秀謀反の報に接したのは六月三日夕刻のこ

（松丸殿）となったことで許され、秀吉に仕えた。妻はお初。

阿閉貞征　?～1582。浅井氏に仕えたのち、信長に降る。本能寺の変後は明智光秀に従った。

吉田兼見　1535～1610。吉田神社の祠官で、吉田神道宗家吉田家の9代当主。神祇官代として神祇官の祭祀の一部を代行した。

とである。このとき、秀吉は毛利方の備中高松城攻めに取り掛かっていたが、幸いなことに、すでに講和交渉が進んでいた。秀吉は急ぎ毛利方の使僧・**安国寺恵瓊**《あんこくじえけい》を呼び出すと、信長の死を秘して講和に持ち込む。そして六日、毛利方の軍勢が撤退するのを見届けたのち、京へと引き返したのであった（中国大返し）。その際、秀吉は「信長は生きている」という偽情報を流し、池田恒興《いけだつねおき》や中川清秀《なかがわきよひで》、高山右近《たかやまうこん》ら摂津国内の織田方の諸将らを味方につけ、また当時、四国征討のために大坂にいた神戸信孝《かんべのぶたか》、丹羽長秀《にわながひで》らとも合流。十二日、摂津富田に布陣したときにはその総勢はおよそ四万余にまで膨れ上がっていた。

秀吉の鬼神のごとき進軍に対し、光秀は摂津と京を結ぶ要衝であった山崎に布陣した。しかし光秀の思惑通りには味方が集まらず、総勢は一万三千余に過ぎなかった。十三日夕刻、ついに両軍が激突する。だが兵力差は如何ともしがたく、明智勢はたちまち崩れ、戦いはわずか三時間余で秀吉の勝利に終わった。

敗走した光秀は勝龍寺城《しょうりゅうじ》へと籠るが、付き従った兵はわずか七百余だった。やがて勝龍寺城が羽柴勢に包囲されるに至り、光秀はひそかに城を抜け出して近江を目指したが、その途上、小栗栖《おぐりす》で農民に襲撃され、絶命した。

安国寺恵瓊
?～1600。臨済宗の僧。毛利氏の信任を得て安芸国安国寺、備後国安国寺の住持を兼任。秀吉と毛利氏の和議を成立させたことで秀吉に信頼され、のち伊予6万石を与えられた。

山崎の戦い要図

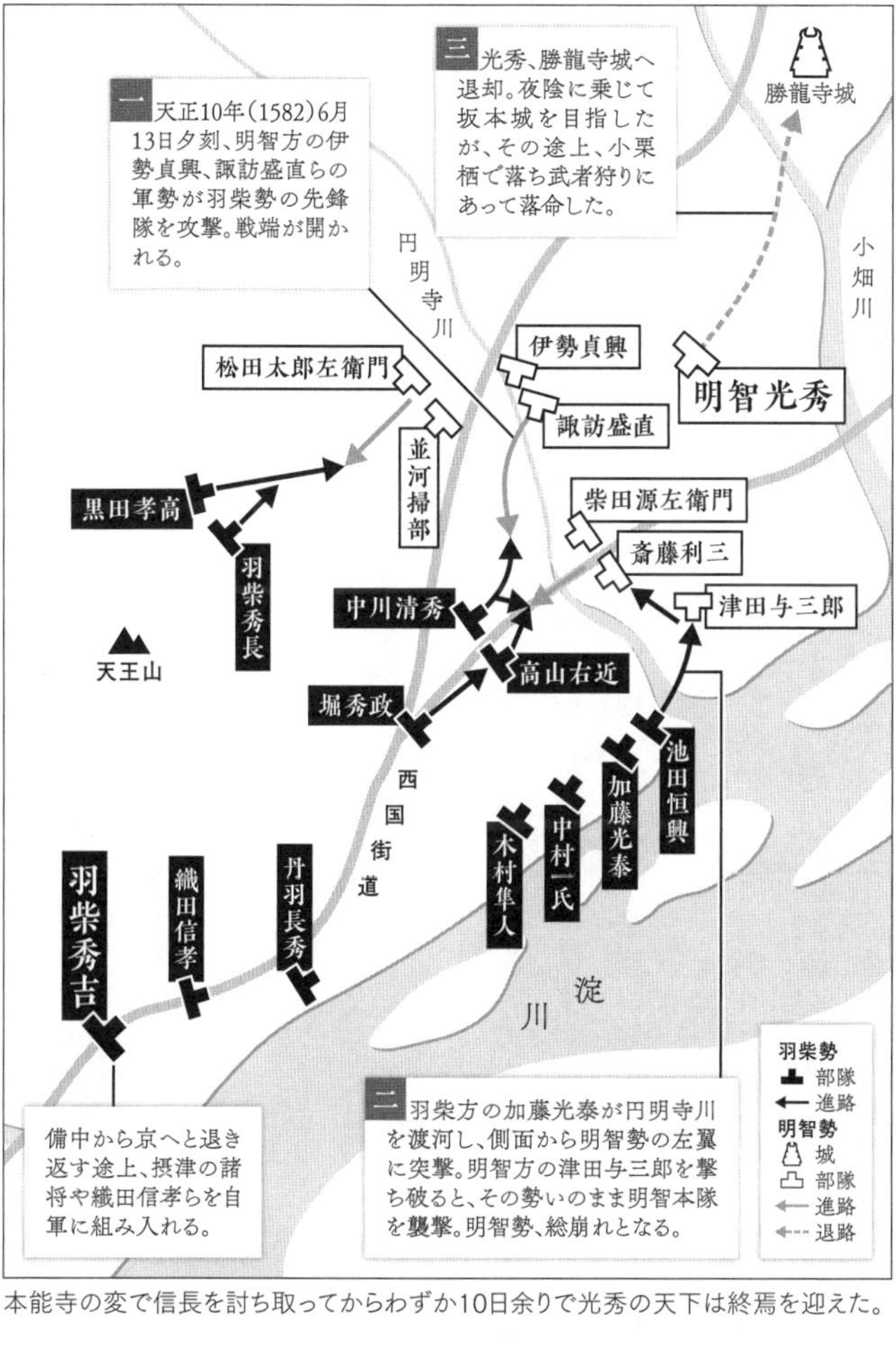

本能寺の変で信長を討ち取ってからわずか10日余りで光秀の天下は終焉を迎えた。

豊臣秀吉が戦国乱世に幕を降ろす

天正十九年（一五九一）
天下統一

◆名実ともに信長の後継者となった秀吉

明智光秀を降し、主君・信長の仇を見事に討った羽柴秀吉は、これを足掛かりとして天下統一への道を歩みはじめていく。

天正十一年（一五八三）四月二十四日には信長の後継者を巡って対立した柴田勝家《しばたかついえ》を自害に追い込んだ（賤ヶ岳《しずがたけ》の戦い）。さらに信長の三男・信孝を自害させ、また秀吉に敵対した滝川一益《たきがわかずます》を降伏させるなど、一躍、織田家中筆頭の地位にまで上り詰めた。

天正十二年（一五八四）になると、それまで敵対関係になかった徳川家康《とくがわいえやす》との間に対立が生じるようになる。秀吉の勢力拡大を快く思わない家康が信長の次男・信雄《のぶかつ》と手を結んで秀吉に牙をむいたのである。同年三月から四月にかけて両軍は激突したが

秀吉版図の変遷

天正11年(1583)時

山崎の戦い後、信長の後継者候補筆頭に躍り出た秀吉は次々と敵対勢力を撃破。天正19年(1591)、ついに天下を統一した。

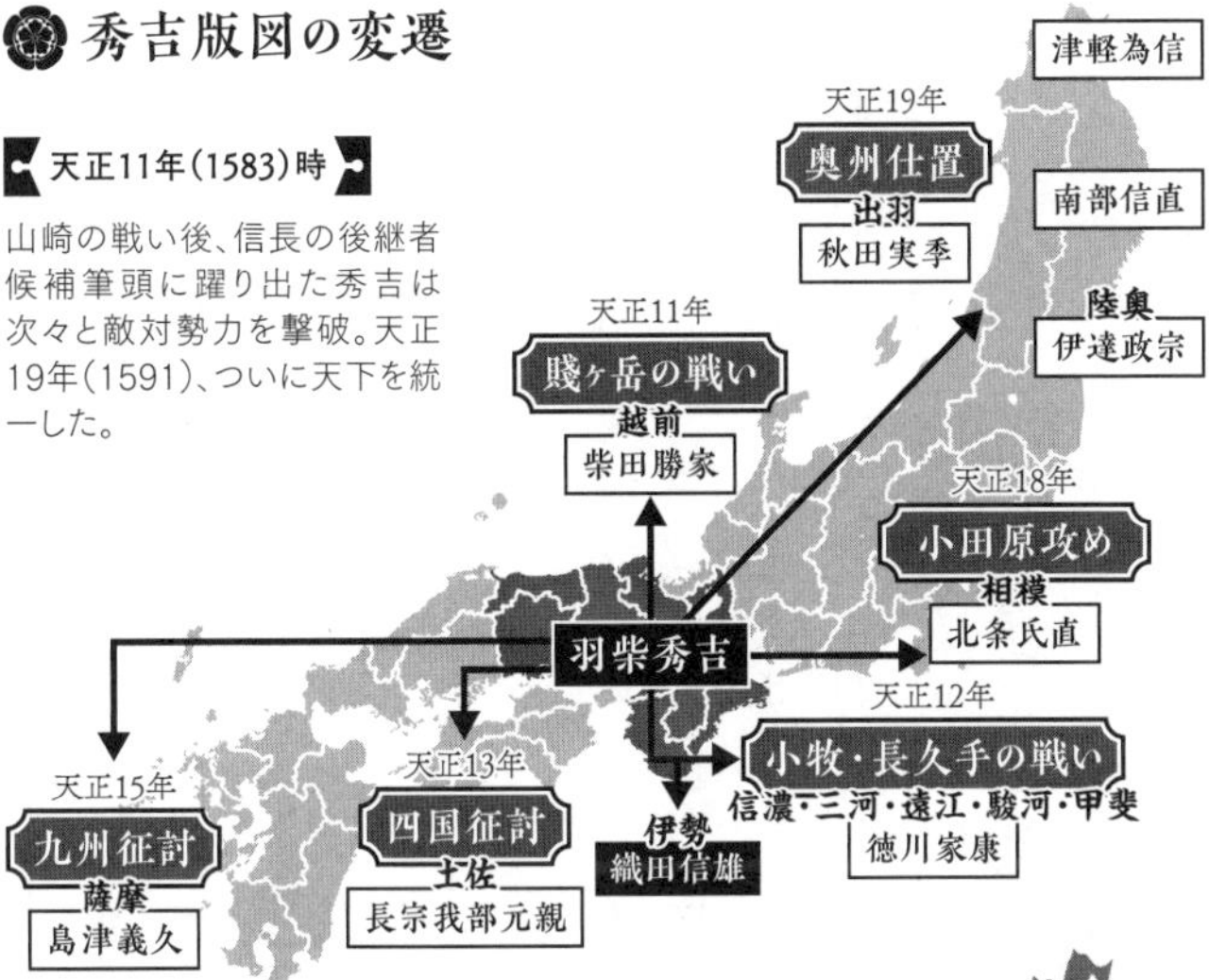
津軽為信
天正19年
奥州仕置
出羽
秋田実季
南部信直
陸奥
伊達政宗
天正11年
賤ヶ岳の戦い
越前
柴田勝家
天正18年
小田原攻め
相模
北条氏直
羽柴秀吉
天正12年
小牧・長久手の戦い
信濃・三河・遠江・駿河・甲斐
徳川家康
伊勢
織田信雄
天正13年
四国征討
土佐
長宗我部元親
天正15年
九州征討
薩摩
島津義久

天正19年(1591)時

天下統一を成し遂げ、国内に平穏をもたらした秀吉は死の直前、子・秀頼の補佐と政局の安定のため、五大老に後事を託す。やがて五大老の一人・徳川家康が天下取りの野心をあらわにすると、秀頼を擁した石田三成が同じく五大老の一人であった毛利輝元を総大将として挙兵。慶長5年(1600)9月15日、関ヶ原の合戦が勃発するに至る。

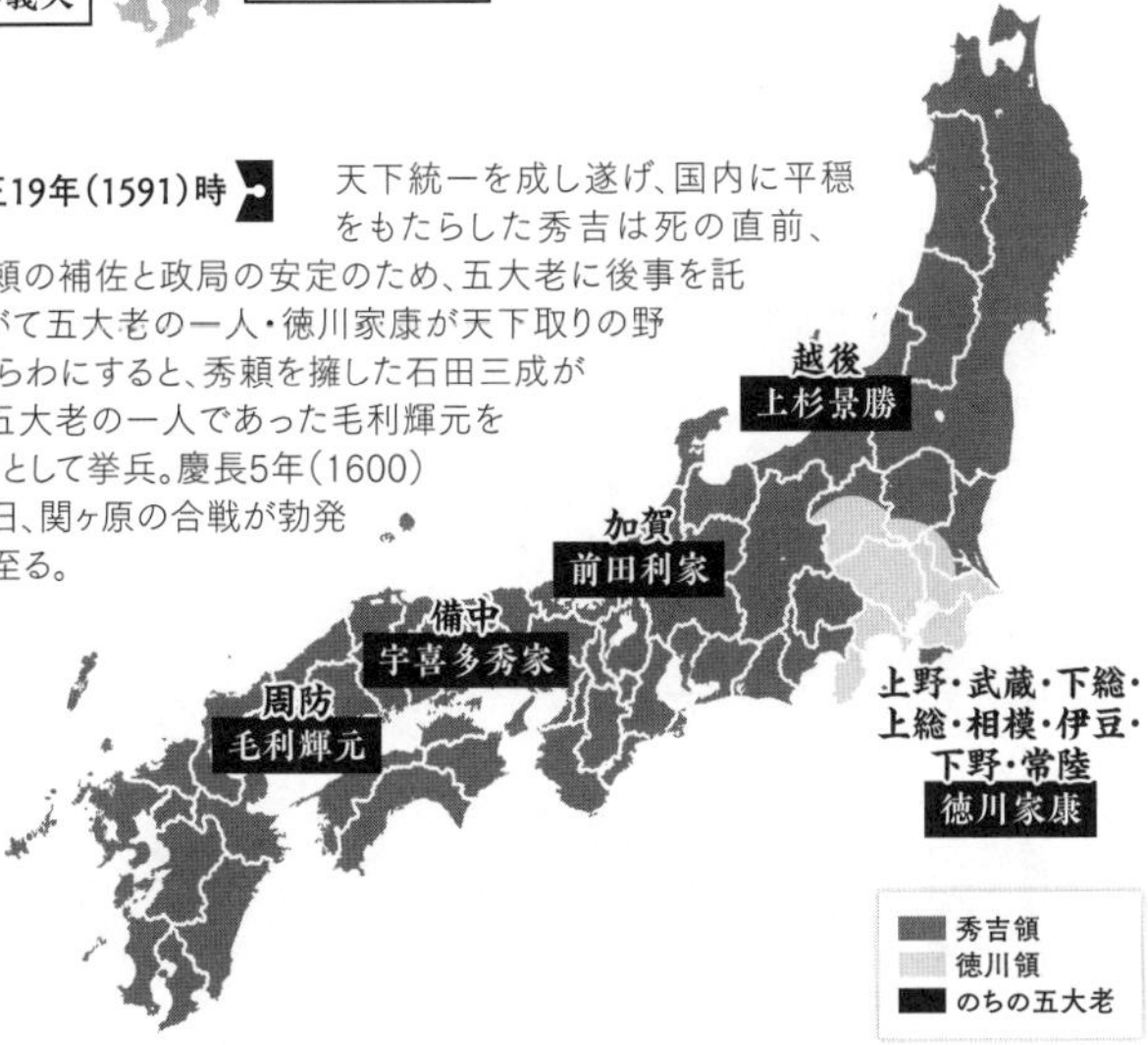
越後
上杉景勝
加賀
前田利家
備中
宇喜多秀家
周防
毛利輝元
上野・武蔵・下総・
上総・相模・伊豆・
下野・常陸
徳川家康
秀吉領
徳川領
のちの五大老

（小牧《こまき》・長久手《ながくて》の戦い）、わずか一万六千余に過ぎなかった家康・信雄勢に、十万の秀吉勢は苦戦を強いられる。そこで秀吉は信雄と単独講和を結ぶという起死回生の策を弄し、戦いを強引に終結させた。だが、このときに家康を撃ち破れなかったことは秀吉にとって大きな痛手であり、以降も家康の動向を注視せざるを得ない状況に置かれたのであった。

◆ついに天下統一なる

そうした状況下の十一月、秀吉は従三位権大納言に叙され、さらに年が明けた天正十三年（一五八五）三月には正二位内大臣に進んだ。もはや官職でも他を圧倒するようになった秀吉は、その後も歩を止めることなく勢力拡大に乗り出し、三月には家康・信雄勢に呼応して蜂起した紀州根来《ねごろ》衆・雑賀《さいか》衆の一揆を征討。次いで七月、長宗我《ちょうそか》部《べ》氏を降して四国を平定した。

またこの間、摂家間の関白職を巡る争いに乗じて近衛前久《このえさきひさ》の猶子となり、関白宣下を受けている。ここに、秀吉は公家の頂点に立ったのであった。懸念であった家康に対しても実妹・朝日姫《あさひひめ》を嫁がせ、また母・大政所《おおまんどころ》を実質人質として送り込むなどして上洛を促し、天正十四年（一五八六）、ついに臣従を誓わせることに成功。同年十二月には太政大臣に就任して豊臣の姓を賜り、天正十五年（一五八七）には九州を平定した。

天正十八年（一五九〇）七月には小田原の北条氏を降し、関東の平定に成功する。さらに翌天正十九年（一五九一）、いまだ秀吉に従わない奥州勢を鎮定。ここに戦乱は終結し、秀吉による国内統一が成し遂げられたのであった。

失敗に終わった文禄・慶長の役

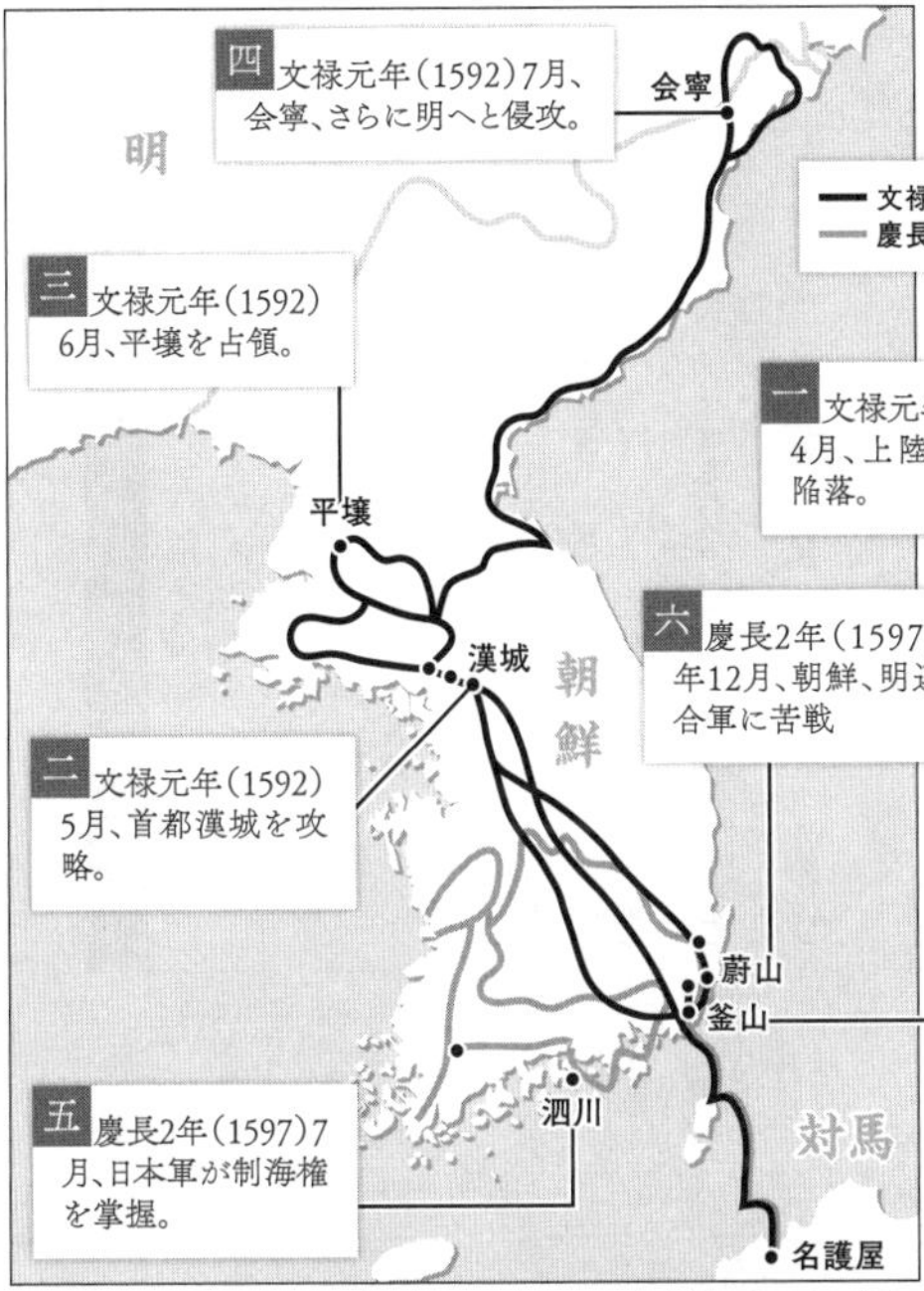

天下統一後、秀吉は朝鮮遠征を敢行した（文禄・慶長の役）。しかし遠征は失敗。これが豊臣家滅亡の遠因となった。

❖織田信長関連年表

元号（西暦）	日付	主な出来事
天文三年（一五三四）	五月	誕生
天文十五年（一五四六）		古渡城で元服
天文十八年（一五四九）		信長、斎藤道三の娘・濃姫と婚姻
天文二十一年（一五五二）	三月	父・信秀の死に伴い弾正忠家を継承（→P20）
天文二十二年（一五五三）	四月	斎藤道三と尾張国聖徳寺で会見（→P27）
天文二十三年（一五五四）	四月二十日	清須城を制圧（→P31）
永禄元年（一五五八）	十一月二日	弟・信勝を殺害（→P44）
永禄二年（一五五九）	二月二日	上洛し、十三代将軍足利義輝に拝謁（→P44）
永禄三年（一五六〇）	五月十九日	桶狭間の戦いで今川義元を撃破（→P46）
永禄五年（一五六二）	正月	徳川家康と同盟を締結（→P52）
永禄六年（一五六三）		小牧山に築城
永禄八年（一五六五）	七月	犬山城主・織田信清を討ち、尾張統一（→P54）
永禄十年（一五六七）	八月	斎藤龍興の稲葉山城を攻略。岐阜城と改称（→P58）
永禄十一年（一五六八）	十月十八日	足利義昭が十五代将軍に就任（→P70）
永禄十二年（一五六九）	正月五日	三好三人衆らが六条本圀寺の足利義昭を襲撃（→P74）
	十月三日	北畠氏を降して伊勢を平定（→P78）
元亀元年（一五七〇）	正月二十三日	足利義昭に五か条の条書を突きつけて行動を制約（→P84）
	四月二十日	越前朝倉攻めを敢行するも、浅井氏の離反により撤退（→P86）
	六月二十八日	姉川の戦いで浅井・朝倉勢を撃破（→P88）
	九月十二日	石山本願寺が挙兵（→P96）
元亀二年（一五七一）	九月十二日	比叡山を焼き討ち（→P100）
天正元年（一五七三）	二月	足利義昭が挙兵（→P106）
	八月二十日	朝倉氏を滅ぼす（→P108）
	九月一日	浅井氏を滅ぼす（→P112）

天正二年（一五七四）	九月二十九日	長島一向一揆を鎮定	（↓P116）
天正三年（一五七五）	五月二十一日	長篠・設楽原の戦いで武田勝頼を撃破	（↓P118）
	八月	越前一向一揆を鎮定	（↓P124）
天正四年（一五七六）	正月	安土築城開始	（↓P128）
天正五年（一五七七）	十月十日	離反した松永久秀を征討	（↓P144）
天正七年（一五七九）	十一月九日	離反した荒木村重の有岡城を開城させる	（↓P154）
天正八年（一五八〇）	閏三月	顕如、石山本願寺の明け渡しに応じる	（↓P161）
天正九年（一五八一）	二月二十八日	京都御馬揃挙行	（↓P162）
	九月	伊賀平定	（↓P164）
天正十年（一五八二）	三月十一日	武田家を滅ぼす	（↓P168）
	六月二日	離反した明智光秀に攻められ、本能寺で自刃	（↓P170）

●主な参考文献

『愛知県史　通史編3』（愛知県）／『新修名古屋市史　第二巻』（名古屋市）／『犬山市史　通史編上』（犬山市）／『新川町史』（清須市）／『東浦町誌』（東浦町）／『新編三好町誌　本文編』（みよし市）／『名城と合戦の日本史』小和田哲男（新潮社）／『NHKさかのぼり日本史⑦戦国』小和田哲男（NHK出版）／『図説織田信長』小和田哲男、宮上茂隆編（河出書房新社）／『戦争の日本史15　秀吉の天下統一戦争』小和田哲男、『織田信長』池上裕子、『戦争の日本史13　信長の天下布武への道』谷口克広、『敗者の日本史9　長篠合戦と武田勝頼』平山優、『信長軍の合戦史』日本史史料研究会監修、渡邊大門編（以上、吉川弘文館）／『戦国の合戦』小和田哲男、『歴史群像アーカイブvol13戦国合戦録　信長戦記』、『信長の政略』谷口克広（以上、学研パブリッシング）／『詳細図説信長記』小和田哲男、『織田信長読本』、『戦国合戦大事典　第二巻』戦国合戦史研究会編、『現代語訳信長公記』太田牛一著、中川太古訳、『織田信長事典』岡本良一、奥野高広、松田毅一編（以上、新人物往来社）／『考証織田信長事典』西ヶ谷恭弘（東京堂出版）／『信長研究の最前線』日本史史料研究会編、『信長研究の最前線②』日本史史料研究会監修、渡邊大門編（洋泉社）／『天下人の父・織田信秀』谷口克広（祥伝社）／『信長の戦争』藤本正行（講談社）／『地図で読み解く戦国合戦の真実』小和田哲男監修（小学館）／『長篠合戦の史料学』金子拓（勉誠出版）／『安土　信長の城と城下町　発掘調査20年の記録』滋賀県教育委員会（サンライズ出版）／『信長と京都』河内将芳（淡交社）／『信長の血統』山本博文、『日本史の新常識』文藝春秋編（以上、文藝春秋）／『中世史講義』高橋昌幸、五味文彦編（筑摩書房）／『織田信長　近代の胎動』藤田達生（山川出版社）／『信長公記　戦国覇者の一級史料』和田裕弘（中央公論新社）

サンエイ新書好評既刊

1
密教の聖地
高野山
その地に眠る偉人たち
上永哲矢
野田伊豆守

歴史上に名を残した多くの偉人との関係を紐解きながら高野山の知られざる一面を紹介。空海によって開基された平安時代から、戦乱の世を経た江戸時代までをたどる。高野山とゆかりの深い人物伝も多数収録！

2
三国志
その終わりと始まり
上永哲矢

後漢王朝の衰退から、激動の群雄割拠を経て、魏呉蜀の三国時代へ。そして晋の天下統一。今なお語り継がれる英雄譚を、陳寿が著した正史『三国志』を基に解説。三国志の舞台の地を訪れたルポルタージュも必読。

3
『古事記』を旅する
神話彷徨
編纂1300年 日本最古の歴史書
時空旅人編集部 編

天武天皇の勅命により編纂された『古事記』。ヤマトコトバで編まれたその神話性を読み解く。出雲神話と日向神話、そしてヤマト神話とゆかりのある地を訪れたルポルタージュでは、今に生きる神話の世界を覗く。

4
［カラー版］古地図で読み解く
城下町の秘密
男の隠れ家編集部 編

古地図を使って全国32カ所の城下町の成り立ちを学べる一冊。地形や町割、町名などの情報から当時の様子を徹底分析。東日本は上田、弘前、仙台、会津若松など、西日本は金沢、大阪、津和野、萩などを紹介。

5
おカネは「使い方」が9割
《生きガネ》を操る実戦心理術
向谷匡史

学歴も偏差値も、カネの前では無意味。ヤクザ、ホスト、政治家、フィクサーなど、1万円を10万円、100万円の価値に高め、その《生きガネ》を使うことで自分を売り込むプロたちの「実戦マネー心理術」。

6
今こそ知りたい
アイヌ
北の大地に生きる人々の歴史と文化
時空旅人編集部 編

北海道を中心に独自の文化を築いてきた先住民族アイヌ。自然や動植物、道具など、あらゆるものをカムイ＝神とする深淵な世界を紹介。さらに歴史も通じて日本の多様性を問う一冊。博物館&資料館ガイド付き。

成立から倒幕まで
長州藩
志士たちの生き様

男の隠れ家編集部 編

長州藩はなぜ明治維新で大きな影響力を持ち得たのか。藩の成り立ちから倒幕までの流れを追いながら、全体像を浮かび上がらせる。また新政府発足から始まった藩閥政治の光と影、幕末人物伝なども収載。

7

語り継ぎたい戦争の真実
太平洋戦争のすべて
日米開戦への道のり

野田伊豆守

日本が太平洋戦争へと踏み切った理由とは？ 真珠湾攻撃に至るまでの日米交渉、開戦後約半年で東南アジア全域を占領した快進撃、ミッドウェー海戦以降の敗戦への道のりなど3年8カ月に及ぶ戦いの全貌に迫る。

8

先人の足跡と名峰の歴史
日本山岳史

男の隠れ家編集部 編

明治初期、日本人の山登りは山岳信仰に基づく「登拝」から純粋な「登山」へと変化した。山の先駆者たちの足跡を追いながら日本アルプスの開山史をたどる一冊。北アルプスの山小屋の歴史と山行記も収録。

9

戦況図解
戊辰戦争

木村幸比古

265年続いた江戸幕府と薩長を中心とする新政府との戦い。鳥羽・伏見から最終戦の函館まで、518日間にわたって繰り広げられた戦いの全貌を、豊富な戦況図で経過を掴みながら理解する戦況図解シリーズ第1弾。

10

ルイス・フロイスが見た
異聞・織田信長

時空旅人編集部 編

宣教師ルイス・フロイスが綴った歴史書『日本史』をもとに、後世の想像ではない生々しいまでの人間・信長の実像に迫った一冊。本能寺の変ルポや、磯田道史氏が語る『日本史』インタビュー収載。

11

「許す」という心をつくる
ひとつだけの習慣

植西 聰

日頃から「許せない」という感情にとらわれることは数多い。しかし、その気持ちを引きずることは、自分の幸せを奪うことに繋がる。「許す」習慣を通してネガティブな感情から解放され、大きな幸福感を得られるコツが満載。

12

サンエイ新書好評既刊

13
潜伏 キリシタンの真実
時空旅人編集部編

キリスト教の歩みと日本における潜伏キリシタンの謎に迫る。遠藤周作の小説『沈黙』の舞台となった長崎県外海地方や、世界文化遺産の教会などを巡りながら、通史では語られない生の声も収録。

14
戦況図解 西南戦争
原口泉

西郷隆盛はなぜ決起し、いかに散ったのか—?日本最後の内戦の知られざる実像を完全網羅。豊富な戦況図で経過を掴みながら理解するビジュアル解説が大好評の戦況図解シリーズ第2弾。

15
実録!ムショで図太く生きる奴らの悲喜こもごも サラリーマン、刑務所に行く!
影野臣直

一般人にはなかなか知ることがない〝塀の中の暮らし〟とは?服役経験を持つ異色作家によって繰り広げられる悲喜こもごもの日々を臨場感たっぷりに描く。まさに平成版塀の中の懲りない面々?!

16
新選組 その始まりと終わり
時空旅人編集部編

動乱の時勢、幕府に忠義を尽くした「新選組」。日野から上洛した近藤勇、土方歳三の足跡を時系列でたどる。永倉新八や斎藤一など明治に生きた隊士たちの紹介も収録。京都や日野などゆかりの地のルポルタージュも掲載。

17
中国人富裕層のトリセツ 彼らの「心」と「サイフ」を開かせる極意
夏川 浩

ケタ違いの資産を持つ中国人富裕層たちが牽引する「爆買い」はこれから始まる!! わずか7年で150億円ものインバウンド消費を呼び込んだ凄腕コーディネーターが教える「中国人富裕層」という宝の山を掘り当てるための方法とは?

18
美しい歯と口 オーラルフレイル予防の秘訣
佐藤裕二

美しい歯と口の条件とは、歯並びや歯の白さではない。本当に大切なのは、食事や発音、表情などの機能が整った〝美〟なのである。中高年から注意したいオーラルフレイル(口の虚弱)についてズバリ解説。

親が認知症になる前に読む お金の本

速水陶冶

あなたの親や家族が築き上げてきた財産が狙われている！意外なことに金融機関や身近にいる知人・親族による悪質行為が平然と行われている現実が。こういうワルイ奴らから大切な人を守るための対策方法を収録。

19

あなたは「孤独」にどう向き合うのか？

向谷匡史

私たちにとって「孤独」とはいったい何なのか？ 僧籍を持つ著者による仏教の視点から光を当て、その〝正体〟を白日のもとにさらすことで、孤独の悩み、人間関係の苦悩から解き放たれる為の方法論を収録。

20

実況中継！大人の読みなおし

世界史講義

祝田秀全

私たちの「いま」はどのような道をたどってつくられてきたのか？人類のあけぼのから21世紀の現代まで、世界史全体の流れをわかりやすい講義調と豊富な図版を通して紹介する、世界史入門の決定版。

21

一度は買いたいSA・PAの「五つ星みやげ」

日本サぱ協会／山形みらい

全国約800箇所を超える、高速道路のサービスエリア（SA）・パーキングエリア（PA）で売られている数あるすべてのお土産の中から、日本サぱ協会が調査、実食を通し本当に美味しいもの、貰って嬉しいものだけを集めた、門外不出「五つ星みやげ」251選！

23

小和田哲男 Owada Tetsuo

1944年、静岡市生まれ。早稲田大学大学院文学研究科博士課程修了。現在、静岡大学名誉教授、文学博士、公益財団法人日本城郭協会理事長。専門は日本中世史、特に戦国時代史。『明智光秀・秀満』(ミネルヴァ書房)、『今川義元』(静岡新聞社)、『NHKさかのぼり日本史⑦戦国』(NHK出版)など著作多数。またNHK大河ドラマ「麒麟がくる」「おんな城主 直虎」「軍師官兵衛」等の時代考証を担当するなど多方面で活躍。

デザイン・DTP・図版 伊藤知広(美創)

編集担当 遠藤和宏

戦況図解
信長戦記

2019年7月20日 初版 第1刷発行

監修者――小和田哲男
発行人――星野邦久
発行元――株式会社三栄
〒160-8461 東京都新宿区新宿6-27-30
新宿イーストサイドスクエア 7F
TEL:03-6897-4611(販売部)
TEL:048-988-6011(受注センター)
装幀者――丸山雄一郎(SPICE DESIGN)
制 作――オフィス・エス
印刷製本所――図書印刷株式会社

Printed in Japan ISBN 978-4-7796-3962-3